U0749658

图书馆精选文丛

大众哲学

艾思奇　著

生活·读书·新知三联书店

Copyright © 2021 by SDX Joint Publishing Company.
All Rights Reserved.

本作品版权由生活·读书·新知三联书店所有。

未经许可，不得翻印。

图书在版编目（CIP）数据

大众哲学／艾思奇著．—北京：生活·读书·新知三联书店，
2021.1（2021.11 重印）

（图书馆精选文丛）

ISBN 978 – 7 – 108 – 06984 – 9

Ⅰ．①大…　Ⅱ．①艾…　Ⅲ．①马克思主义哲学 – 通俗读物
Ⅳ．① B0-0

中国版本图书馆 CIP 数据核字（2020）第 219384 号

责任编辑　胡群英
装帧设计　刘　洋
责任印制　董　欢
出版发行　生活·讀書·新知 三联书店
　　　　　（北京市东城区美术馆东街 22 号　100010）
网　　址　www.sdxjpc.com
经　　销　新华书店
印　　刷　河北松源印刷有限公司
版　　次　2021 年 1 月北京第 1 版
　　　　　2021 年 11 月北京第 2 次印刷
开　　本　880 毫米 × 1230 毫米　1/32　印张 14.125
印　　数　6,001 - 9,000 册
定　　价　49.00 元
（印装查询：01064002715；邮购查询：01084010542）

写在前面

本书是一部论述马克思主义哲学的通俗读物。作者开篇即拉近哲学与日常生活的关系，进而点明哲学的含义，接着用四章篇幅系统论述唯心论、二元论和唯物论，辩证唯物论的认识论，唯物辩证法的基本规律及基本范畴。作者运用通俗的笔法阐释马克思主义哲学原理，此为当时出版界之仅有。

本书原名《哲学讲话》，写于 1934 年 11 月至 1935 年 10 月，连载于李公朴主编的《读书生活》半月刊上，1936 年 1 月结集由上海读书出版社出版了单行本，同年 6 月在出版第四版时更名为《大众哲学》。作者于 1947 年对原书进行修订，1949 年 4 月由长春新中国书局出版。在修订版中，作者进一步结合中国革命的实际问题，以解决问题为出发点，突破了书本知识点和名词的繁琐空论。2012 年，生活·读书·新知三联书店将此书收入《三联经典文库》第一辑中，以此修订版为底本，重新出版发行。

艾思奇（1910—1966），原名李生萱，云南省腾冲人。蒙古族后裔。早年留学日本。1935 年加入中国共产党，任上海《读书》杂志编辑。1936 年与李公朴、黄洛峰等创办读书生活出版社。1937 年赴延安，历任抗日军政大学主任教员、中央研究院文化思想研究室主任、中共中央文委秘书长、《解放日报》副总编辑。1949 年后，历任中共中央党校哲学教研室主任、副校长，中国哲学学会副会长，中国科学院哲学社会科学学部委员。1966 年 3 月在北京逝世。著作有《哲学与生活》、《艾思奇文集》，主编《辩证唯物主义与历史唯物主义》等。

生活·讀書·新知 三联书店编辑部

目录

重改本例言 ……………………………………………… 1

第一章　绪论 ……………………………………………… 5

一　哲学并不神秘——哲学与日常生活的关系 …… 5

二　果树林里找桃树——哲学是什么？ ………… 20

第二章　唯心论、二元论和唯物论 …………………… 35

三　两军对战——哲学的两大类别 …………… 35

四　一块招牌上的种种花样——主观唯心论和

客观唯心论 …………………………………… 54

五　从"乡下姑娘学打扮"说起——二元论、

机械唯物论 …………………………………… 71

六　不如意和碰钉子——辩证唯物论 ………… 89

第三章　辩证法唯物论的认识论 …………………… 111

七 用照相作比喻——反映论 …… 111

八 卓别麟和希特勒的分别——感性认识与

理性认识的矛盾 …… 128

九 原来是一家人——感性认识与

理性认识的关系 …… 146

十 由胡桃说起——认识和实践 …… 163

十一 是爷老子还是豺狼——真理论 …… 182

第四章 唯物辩证法的基本规律 …… 203

十二 天晓得——立场、观点和方法 …… 203

十三 无风不起浪——事物的有机联系的规律 …… 220

十四 不是变戏法——事物自己运动

发展的规律 …… 236

十五 追论雷峰塔的倒塌——质和量互相

转变的规律 …… 252

十六 岳飞是怎样死的——矛盾统一的规律 …… 268

十七 没有了——否定之否定的规律 …… 288

第五章 思想和范畴 …… 307

十八 再谈一次卖樱桃的事——思想的秘密 …… 307

十九 青年就是青年 ——形式论理学

和辩证法 …… 326

二十　七十二变——现象和本质 ················ 344

二十一　"谈虎色变"——形式和内容 ··········· 365

二十二　规规矩矩——规律与因果 ·············· 385

二十三　在劫者难逃——偶然、必然与自由 ······· 404

二十四　猫是为吃老鼠而生的——目的性、
　　　　可能性与现实性 ··············· 422

重改本例言

　　《大众哲学》的旧版是在十二年前写成的，到了今天，自然它的内容已是十分陈旧了。日本投降后，这本书还在各地行销得很多，表示这类通俗读物的需要还不小，因此不能不在工作之暇，把它作了一番比较彻底的修改。

　　旧本缺点，一方面由于写作时处在反动环境中，为要争取公开出版，许多观点就不能写得很明确；举例也只限于普通生活的事例，而没有采用政治经济斗争的例子。另一方面又限于作者自己的理论水平，写作方法只是以外国书本上的某些知识的通俗解释为主，而不能把解决中国革命的实际问

2

题为根本的着眼点，因此就免不了有许多拘泥于书本和名词的烦琐空论，自然也就带有某些错误的论点。这一次的修改，是尽自己的力量想把这些缺点改正。

全书的结构，大体上还保持着旧本的形式，这是因为这种形式是本书获得较多读者的条件之一，而一时也还想不出更好的形式。但就内容来说，它和旧本已有基本的不同，读者只要比较一下，就可以知道。

十二年来，中国已跨过了土地革命和伟大的抗日战争时期，又进入了目前的自卫战争时期。在毛泽东同志的领导下，中国革命运动得到空前的发展，中国的马克思主义理论知识也大大提高了，并且也因此使我们看见，辩证法唯物论的哲学，是如何在中国得到了新的发展。本书是根据作者近年的学习所得，尤其是整风以来的学习所得，努力想把这些发展的成果加以吸收，但个人的了解能力有限，而革命运动不断前进，自卫战争以及土地改革的日愈更新和日愈丰富的经验，都不断地在增加和提高我们的哲学知识。因此本书一定是不完备的，它的缺点当然很多，现在刊印的只算是初稿，还望各方面的同志提出批评和意见，以便再版时能够加以改正。

作　者

1947 年 7 月 7 日

第一章　绪论

一　哲学并不神秘

——哲学与日常生活的关系

哲学的踪迹可以在日常生活里找到。 提起哲学，有的人会想到大学校教室里的一种难懂的课程，也有的人会想到都市里有些算命先生。许多人总以为哲学是一种虚无缥缈的学问，或者是一种谈命运说鬼神的神秘思想，以为哲学和我们的日常生活是隔得天地一般的远，普通人决难过问。其实，哲学和人类社会生活的关系，是非常密切的。在我们的日常生活里，随时随地都可以找到哲学的踪迹。只因为是日常生活，我们太习惯了，太觉得平淡了，因此即使有了哲学，如果不仔细反省和体会一下，也就不觉得它是哲学。例如你有一个朋友，抗战以后和你离别了七八年，现在又相见了。这时你作何感想？你首先就会觉得他和以前有种种不同，你觉得他的面容多少有些苍老了。但是，经过八年抗战的锻炼磨折，你会看出他的思想知识更进步，经验更丰富更成熟了。你们再攀谈攀谈，把七八年来各人的经历再叙述一番，就会使你有更多的感触。你会觉得一切都不同了。世界变了样，中国变了样。希特勒没有了，墨索里尼没有了，在中国的领土上也没有日本军阀横行霸道了。中国有很大的地方成了解放区，广大的人民在政治和经济上都翻了身，另外的地方却仍在国民党反动派专制独裁统治之下，在那里，美帝国主义代替了日本帝国主义地位，广大人民遭受着比以前更厉害的压迫和痛苦，也更加积极更加团结地要起来反对这种压迫。就你们以前的朋友亲戚的情形来说，变化一定也很多。有的由小孩变成青年，有的由衰老而死亡了。有的人参加过抗战成了英雄，有的成了牺牲者，有的发了国难财或者胜利财，有的穷困失业。总之，你们会感到一切和以前都有不同，你们会觉得在七八年的时间过程中，有的事物新生出来，有的事物毁灭了。有的事物正欣欣向荣，成为新世界的主人，有的事物衰老没落，或者奄奄一息地进了坟墓，或者在作疯狂的临死挣扎。这一切现象会使你们感动、叹息、兴奋，并且在你的头脑里，深深的印上一个"一切都变了"的观念。这时，即使你是对哲学毫无研究的人，你在无意中已经有了一个真真实实的哲学思想了。你能觉察到这就是一种哲学思想吗？你只以为朋友的久别重逢是人们生活里一件很平常的事情，在这件事情当中你的一切感想也只是日常生活里很平常的感想。你以为这种感想和你平常想象中的那种高深玄妙的哲学是毫不相干。你不但不了解这里面就有哲学，而且如果听见有人说这就是一种哲学思想，说不定还会大吃一惊，说：为什么这样普通的一件事和这样普通的感想中也有哲学呢？其实，你本来一点也用不着吃惊，你所以吃惊，只因为你向来有一个错误的观念，以为只有那种哲学专家们所写的书本里才有哲学，而忘记了千万人在生活中和社会斗争中所发生的思想，才真正是哲学思想的基础。

千万人的生活和斗争中所发生的思想，是哲学思想的基础。 请你注意，我们说在日常生活里，随时随地都可以找到哲学的踪迹。我们又说，千万人在生活中和社会斗争中所发生的思想，才真正是哲学思想的基础。这些话，包含着两方面的意思：一方面是说，哲学这东西并没有什么神秘玄妙，它和我们的日常生活联系得很密切，书本上似乎很高深的哲学，和日常生活中我们的某些很平常的思想中间，并没有隔着铜墙铁壁；另一方面是说，日常生活中的普通思想，还不就是完整的哲学思想，它是哲学思想的基础，没有它，就不能建立起哲学思想来，就好像没有地基就不可能建立起房屋来一样。但是，完整的哲学思想必须是相当有系统的、明确的思想，日常生活中的思想却常常不是这样，它常常是片断的、含糊的、零零碎碎而前后不一贯的感想，因此它和完整的哲学还是多少有些差别。

如像前面所说的，你和朋友久别重逢，觉得世界上一切都变了。这是你一时的感想。请问你对于自己所遭到的事物，是不是任何时候都作这样的想法？我想你一定很难作肯定的答复。你一定会觉得，有的时候，对于某些事物，你往往又会发生固定不变的感想。例如，你往往会以为石头是没有变化的东西，你在黑暗环境里生活和工作，碰到许多困难问题无法解决的时候，你往往会发生一种绝望的想法，以为黑暗环境无法改变。你有朋友不进步，不学好，你劝他许多次还没有效果的时候，你往往会想起"江山易改，本性难移"的成语。你还可以从你自己和别的朋友的日常思想中，举出其他许多例子，来证明这许多的感想，和你与朋友久别重逢时所想的并不一样，或者甚至于完全相反。这就是说，日常生活中的感想，常常是动摇不定的，常常被暂时的事物现象所影响，不能前后一贯。究竟是"一切皆变"呢？还是许多事物都不会变化呢？两种互相矛盾的思想，往往在你一个人的头脑里混杂在一起，你往往觉得两种思想都好像有道理，没有方法辨别哪一种对和哪一种不对。这就是表明日常的感想常常是没有系统、不明确，这里虽然有"一切皆变"的哲学思想的断片，但还不能集中起来，成为前后一贯的完整的哲学思想。

日常生活中的感想常是没有系统和不明确的；它还不能算完整的哲学思想。 因此，如果把哲学看成非常神秘玄妙的东西，以为它和人类日常生活隔着十万八千里，这是错误的，我们必须明白肯定地说，哲学就在千万人的日常生活和思想里。但是，另一方面，如果以为日常生活中的感想就是完整的哲学思想，那也同样是犯了错误。因为这就等于说，每一个人生来就是哲学家，天生就能掌握一套完整的哲学思想，这样一来，也就等于说，任何人都用不着研究哲学了，而我也就用不着写这本《大众哲学》了。即使写了，你们也用不着读它了。

要研究哲学才能获得完整的哲学思想。 为什么日常生活中的哲学思想不是完整的哲学思想？为什么它常常是片断的、零零碎碎的、含糊不明的呢？为什么必须要经过一番研究，我们才可能掌握一种有系统的、明确的、前后一贯的完整哲学思想呢？

什么是我们的生活和思想？ 要答复这些问题，必须先了解什么是我们的生活和思想。大家知道，我们的生活，不是平静无事的。在我们中国，广大的人民的生活都是非常艰难困苦的。一两千年来，人民受着封建统治阶级——皇帝、官僚、土豪劣绅、地主、恶霸以及民国以来的新旧军阀——的压迫剥削，一百多年来，又加上了一个帝国主义的侵略。封建统治阶级和帝国主义经常勾结在一起，就像两座很大的山，压在中国人民的身上，其恶果首先是使中国广大的农民没有地种，或种了地自己也吃不饱，工人失业，或有业也难养活家庭。学生不能安心读书，工商业不能发展，民族资本家找不到出路，总之，广大的人民都不能过好的生活。中国人民要过好的生活，必须推翻这两座大山。百多年来，中国人民为了推翻这两座大山，进行了艰苦、英勇的伟大斗争。这些斗争发展成几次的革命高潮，最主要的是，满清时候的太平天国运动，辛亥革命运动，民国十四年到十六年的第一次大革命运动，十六年到二十六年的中国共产党所领导的土地革命，二十六年到三十四年的抗日战争。中国人民经过了这样长期的英勇斗争，到现在已经得到了很大的成绩，在中国已经出现了大块的解放区，四万万五千万人口中已经有一万万几千万人得到了解放，在这些地方，封建势力和帝国主义的压迫都被推翻了，农民得到了田地，工人生活得到了改善，工商业界能够自由发展生产贸易。总之，广大人民都得过好的生活。但是，我们的斗争还是没有完结。因为，一方面，解放区以外的三万万多人民，现在还是在封建势力（现在是国民党反动派）和帝国主义（现在是美帝国主义和它的中国买办）的大山下面受着压迫；另一方面，这些万恶的专制独裁军阀和帝国主义，他们残酷剥削自己统治下的三万万人民还不够，还要狼狈为奸，挑起中国的内战，向解放区进攻，想把已经翻身了的解放区人民再压到大山下面。因此全国人民，不论是解放区的或非解放区的，在今天都还不得安宁，还要继续努力，和封建势力与帝国主义势力作斗争。一定要争取得到胜利，使全中国人民走上自由幸福的生活前途。这一个斗争，对于我们每一个人都有影响，我们每一个人的日常生活，都直接或间接和这斗争发生关系，决不能逃避它的影响。所以，如果有人要问什么是我们的生活时，就应该答复说：我们的生活，就是广大人民对封建势力和帝国主义势力的斗争；或者说，我们的生活，就是和广大的人民站在一起，对封建势力和帝国主义进行不断的斗争。我们也许不觉得自己是在这样的斗争当中，但实际的情形却是如此。

我们的生活，就是广大人民对封建势力和帝国主义势力的斗争。各种各样的斗争。 封建势力和帝国主义压迫剥削人民的方法是非常复杂的，因此，我们的斗争内容，也是非常复杂的。举最大的来说，首先就有军事的斗争。一方面是封建势力和帝国主义向解放区发动军事进攻，另一方面是解放区军民的自卫和全国人民反内战的斗争。其次还有政治的斗争，一方面是帝国主义帮助封建势力坚持专制独裁，另一方面是全国人民争取实现民主政治的运动。此外还有经济的和文化、思想的斗争。我们现在特别要讲一下文化、思想的斗争。这种斗争表现在报纸、杂志、书籍、电影、广播、戏剧、小说、诗歌、理论、科学、哲学、法律、道德等许多方面，封建势力和帝国主义通过这些方面，散布他们的一套反动的、专制独裁的、殖民地奴化主义的思想，这些思想的内容主要的是要广大人民忘记自己是中国真正的主人，盲目服从专制独裁的"领袖"，向帝国主义者屈服。如果广大人民真的接受

了这些思想，那他们就等于吃了麻醉药，就没有人
要起来反抗压迫剥削，就不要推翻封建势力和帝国
主义的两座大山，而封建势力和帝国主义的残暴统
治就安稳了，他们就胜利了。因此，人民必须和这
种思想作斗争，必须用一套进步的、民主的、民族
独立的思想来反对它，这种思想的主要内容就是反
对少数封建买办的专制独裁，要求广大人民在政治
上做主人翁，在经济上得到翻身，反对帝国主义的
侵略和干涉，反对向帝国主义者献媚讨好，要求中
国人民与世界各国人民建立平等的友好关系，总
之，要求推翻一切封建的和帝国主义的压迫和剥
削，使广大人民都能过好的生活，这种思想如果得
到胜利，为广大人民所完全接受，那么，人民就等
于从睡梦中或麻醉中清醒过来，就要积极地起来反
抗一切压迫剥削，就会大家团结一致进行斗争，这
种团结就会合成一个非常伟大的力量，能够把压在
自己身上的无数万斤重的大山推翻。这就叫做人民
的觉悟。中国人民的敌人是封建势力与帝国主义势

力的结合，它的压力之大，是空前的，要推翻它是很费力的，但是中国人民的斗争已有一百多年的历史，而在最近二十几年间又产生了中国共产党，首先提出了打倒帝国主义和封建势力的明确目标，领导人民进行了英勇艰苦的斗争，使得中国人民在思想上更觉悟起来，在力量上更加团结，终于在今天得到了部分的胜利，建立了一万万人以上的解放区。中国人民今后斗争下去，还会要更团结、更觉悟，一直到完全得到胜利，完全推翻封建势力和帝国主义的压迫剥削。但是，这就需要我们在坚持军事、政治、经济的斗争之外，同时继续坚持文化、思想的斗争。

文化、思想的斗争是要反对思想上的麻醉，使广大人民觉醒起来。 现在要回到我们原来的本题上说话了。已经讲过，我们每一个人的日常生活，和全中国人民对封建势力与帝国主义的伟大斗争是分不开的，是时时刻刻受着这斗争的直接或间接影响的。我们的日常思想，也同样地和这一个文化、思想方面的伟大斗争分不开，也经常受着它的影响。在这种影响下，我们普通人的日常思想，常常不能是有系统的、一贯明确的、进步的革命思想，而往往是混乱的，其中掺杂许多反动思想成分。有的地方也许很符合广大人民的革命思想，而有的地方又不免包含着封建统治者和帝国主义者的思想毒素。举最普通的例子来说，有的人一方面不满意生活的压迫，另一方面又羡慕官僚军阀的阔绰生活（实际上是腐朽堕落的生活）。这种思想上的混杂和自相矛盾，就是同时受了斗争两方面的思想影响的结果。这种情形，不仅仅在普通的人们中间，就是在长期参加革命队伍的人们中间，也常常是不能免的，革命队伍里往往也有的人追求个人享受，不顾革命利益，甚至于腐化堕落，这也是在思想上受到了封建势力帝国主义者的影响的结果。这种情形告诉我们，文化思想的斗争，是非常深刻普遍的，它深入到我们的日常生活中很细微的地方，我们如果不随时随地加以防范，经常学习研究，经常检查反省，那就往往会不知不觉中吃进封建思想或殖民地奴化思想的毒药。我们的觉悟就会受到妨碍，就会麻醉睡觉，就不能发挥最大力量来向反动派斗争。

我们的日常思想，经常受到全国文化、思想斗争的影响。 哲学思想，也是思想斗争的一个重要部门，也深入到我们的日常生活中。在我们的日常生活中，不但常常受正确的、进步的、合乎真理的哲学思想的影响，而且也常常受反动的、错误的、蒙蔽真理麻醉人民的哲学思想的影响。当我们想到"一切皆变"的时候，我们就有了前一种哲学思想，如果把这种思想明确而有系统地掌握住了，我们就会相信：中国的现状也要变的，封建势力和帝国主义的大山是可以推翻的，广大人民是迟早要翻身的，我们愈更深刻地坚决相信这种思想，就愈更有斗争的勇气和信心。这种哲学思想就符合于广大人民的利益。当我们从相反的方面来想，觉得黑暗的环境无法改变，或者如许多不觉悟的农民一样，以为一切都决定于鬼神命运，自己只能听天由命，或者如法西斯哲学所宣传的，一切都由英雄或"领袖"人物来决定，而普通人只能盲目服从时，这时我们就受到了反动的哲学思想的影响，我们就会失去向封建势力和帝国主义斗争的勇气和信心，这种思想对于广大人民的团结和觉悟非常有害，而对于反动势力的统治却非常有利。两种相反和敌对的思想在中国人民中间进行斗争，影响到我们日常生活，如果我们不研究，不辨别，就常常同时受到两方面的影响，这就会使得我们的思想没有系统、混乱、零碎、不明确、不一贯，就难于掌握完整的正确的哲学思想。如果我们满足于日常的哲学思想，而不加一番研究的工夫，我们就不可能有彻底的觉悟和正确的认识，不可能有充分的信心和勇气和全国广大人民站在一起来进行革命的斗争。

在两种敌对的哲学思想影响之下，我们的日常思想就常常混乱。研究哲学的目的就是要抓紧正确的哲学思想，免除思想上的混乱。 写作这本《大众哲学》，就是想在中国人民的文化、思想斗争方面尽点小小的力量。其目的，就是想帮助读者研究一下：什么哲学思想是进步的、合乎真理的、合乎广大人民斗争利益的，什么是反动的、带欺骗麻醉性的，只能帮助封建势力与帝国主义加强统治和侵略的。我尽可能用大家日常都知道的事例来说明这些问题，以便大家能够把日常思想中正确有益的思想抓紧，而把错误有毒的思想清除，以便较系统、明确地掌握人民大众哲学的思想，以便更有勇气和信心为广大人民的斗争贡献自己的力量，这是我的奢望，能不能做到，要经过广大读者的阅读之后才能证实。如有不对的地方，很希望大家提出批评，以便改正。

二　果树林里找桃树

——哲学是什么？

我们已经了解哲学并不神秘，已经知道哲学的踪迹在日常的思想里到处都可以找到了。但是，究竟什么是哲学呢？在我们的日常生活中，发生各种各样的思想，哪些思想是属于哲学一类的，哪些不能算是哲学思想呢？假使有一个人走在各种各样的果树林中，想要找寻桃树，如果我们仅仅向他说，你到处都可以找到桃树，那他是不能满足的。我们一定再告诉他，什么样的树是桃树，什么样的树不是桃树，这样他才能够容易找到桃树。

在同样的环境之下，不同的人会发生不同的感想。 我们还是从生活的问题讲起吧。现在中国除解放区之外，人民的失业和生活困难仍是一个非常普遍的现象。处在失业和生活困难的情形之下的人，会发生一些什么思想呢？首先他们自然要对于自己的目前境遇表示不满，对于社会现状表示不满。这是一切失业和生活困难的人大致共同的思想。但是，事情是不是就这样简单呢？当然不是。除了一般的不满之外，不同的人还会有各种不同的想法。有的人会由不满而变为绝望，会感到人生没有意味，会以为世界无可留恋，以至于进行自杀。有的人相信命运的观念，遇到困难的时候，只埋怨自己的命苦，认为现状无法改变，即使是牛马的生活，也只能默默地忍受，而不敢希望翻身抬头。又有的人却相反地认为生活困难不是生前命中注定，而是由社会上的许多事实原因所造成，因此相信这令我们不满的社会生活现状一定有方法可以改变，只要能看清楚这些原因，并且努力从事实上打破这些原因。例如说看清楚了中国人民经济生活困难的最主要原因，一方面是由于帝国主义的侵略和封建势力的专制腐败统治，另一方面是由于人民不够团结、不够觉悟，没有足够的力量来彻底打退侵略和推翻这种统治，因此我们努力的方向就是放手发动广大群众，团结全国人民，把他们的觉悟和积极性充分发挥出来，向帝国主义和封建势力进行坚决斗争，而这样的努力也就成为我们解决中国问题的最主要的方法。好了，我们看，同是处在失业或生活困难境遇中，而各人的想法是那么不同！我们在前面就举出了三种想法，事实上当然还远不只三种。为了节省篇幅，我们只想把另外一种人的思想问题再谈一两个例子：在遭受封建统治和帝国主义侵略的社会上，除了生活困难的广大人民以外，还有少数生活优越的人，他们是军阀、官僚、地主、买办、大资本家，他们专门依靠剥削广大人民，过着奢侈腐化的生活，对于他们，生活困难和失业之类的问题是没有关系的，他们除了剥削和压迫人民的职业之外，说不上什么职业。他们以为自己生来就是社会上的统治者，广大人民应该受他们的压迫剥削，他们命定的应该征服别人，而别人也命定的应该被他们征服。他们认为中国只是属于他们的，而不是属于广大人民的，例如打败日本之后，只准他们去"接收主权"，而不准广大人民接收，如果广大人民要接收，他们要用武力、用内战来禁止这种接收。这是他们中间的主要思想。他们中间也有一部分人，完全坐食游荡、无所事事，每天所追逐的只是消遣作乐，这些人的思想又稍不同，他们用游戏作乐的眼光来看一切，说："人生不过是寻乐而已，不过是美梦而已！"

我们举了以上各种人的各种思想，这些思想正是日常生活中很容易可以碰到的，而同时也是包含着各种哲学在内的。这是些什么哲学呢？让我们加以说明吧：第一种人感到人生无聊，世界不值得留恋，这里面就有"悲观主义"的哲学思想；第二种人以为生活困难是命中注定，无法改变，主张消极忍受，这里就有"宿命论"的哲学思想；第三种人认为我们只要能够把生活困难的现实原因研究清楚，就可以找出克服困难的方法，这里面就有"现实主义"的以至于"唯物主义"的哲学思想；第四种人坚持少数人的优越地位，反对广大人民的生存权利，这就是"专制主义"和"法西斯主义"的哲学思想；最后一种人把人生看做游戏，以追逐乐趣为能事，这是一种"享乐主义"的哲学思想。

各种感想中就包含着各种哲学思想。 这种种思想，我们都加上了什么什么主义之类的名字，是不是有人要说太大胆了呢？那些惯于在书斋里和大学教室里推敲词句的教授学者们，是不是会笑我们浅薄呢？也许会如此！但是，让他们去说笑吧！我们不需要在他们的书本里找是非的标准，而要在人类生活事实中去找真理。我们做的并没有错，而且完全正确。因为我们所举出来的这些思想，的确可以叫做哲学思想，这些"主义"，和那些砖一样厚的专门哲学书里所谈的"主义"并没有根本的分别。

为什么说这些就是哲学思想呢？它们的共同的特点是什么？这些思想，和那些专门的哲学书上所讲的思想有一个共同的特点，就是，它们代表着不同的人们对于世界的各种根本的认识或根本的看法。悲观主义的人认为世界上的一切根本都是没有希望的，宿命主义者认为世界上的事情根本决定于鬼神上帝，唯物主义者认为世界上一切事物变化都有它现实的原因和规律，专制主义者和法西斯主义认为世界需要向少数统治者或独裁领袖屈服，享乐主义者认为世界上一切事情都是游戏，值不得用严肃、认真的态度去看待。这些不同的思想，都是不同的人们对于整个世界的不同的根本看法，用哲学上的专门名词来说，就是各种不同的"世界观"。

哲学思想就是人们对于整个世界的根本认识或根本看法，也就是世界观。 我们有各种各样的思想，但很多都不是对于整个世界的根本认识或根本看法，而只是对于世界一部分事物的部分认识，如像各种各样的果树林很多都不是桃树，而是李、杏、梨以及其他别的果树一样。例如在抗战开始的时候，对于怎样抵抗日本帝国主义进攻的问题，曾有各种不同的思想，有国民党的一些军事将领们以阵地战为主的思想，有另外一些人以运动战为主的思想，还有中国共产党以发动广泛的游击战，辅之以有利条件下的运动战的思想；关于抗战的前途，有国民党中一部分人的"速胜论"思想，也有国民党中另外一些悲观失望的人们的"亡国论"的思想，也有中国共产党所提出而为全国人民及进步人士（包括国民党中的进步人士）所接受的"持久战"的思想。这些不同的思想，都是对于抵抗日本这一个具体事件的认识或看法，而不是对于全世界一切事物的总的认识或根本看法，所以不能叫做"世界观"，而只能叫做"抗战观"，都不是属于哲学思想的范围，而是属于战争科学的范围。

现在我们可以完全弄清楚了，不论在我们的日常思想中，或是专门书本所研究的问题中，都可以同样找到哲学思想。只要这种思想所解答的，是关于整个世界如何如何的问题，那么，我们就可以把这种思想包括到哲学的范围内；如果这些思想所解答的，是关于某一件事或某一类物如何如何的问题，我们就可以断定它不是属于哲学的范围。这是哲学思想和一切其他思想的分别。

哲学思想解答整个世界的问题，其他思想只解答某一事物的问题。 但是，在我们认识清楚了哲学思想和其他思想的分别以后，我们还不要忽视它们中间的关系。就把刚才抗战问题的例子拿来说吧：例如"亡国论"思想，一方面它是某一些人对于抗日战争这一件事的不正确的认识或看法，在这种认识和看法中，虽没有直接提到整个世界是如何如何的问题，但它仍然包括着一种世界观在内，这就是对于事情悲观失望，根底里有一种悲观主义的思想。又例如那持久战的思想，这种思想已经在中国抗战的实际历史事实中证明的确是真理。这种思想一方面固然是关于中国抗战的科学思想，另一方面，这种思想，是按照中日两国力量对比和各种主要的事实条件，加以深刻研究而得到的结果，因此，这种科学思想的根底里，又包括着一种唯物主义的哲学思想。好了，这两个例子，已经很明白地告诉我们：我们的一切思想，我们对于每一件事或每一类物的认识和看法，都在根底里包括着一种哲学思想，或者照专门哲学的说法：都有一种世界观的基础。

哲学思想是其他各种思想的世界观基础。我们还要知道，哲学思想，对于我们的一切思想，不但是世界观的基础，而且还有很大的作用。这种作用叫做方法的作用或思想指导的作用。亡国论的思想，在思想方法上是受了悲观主义的指导，把日本的强和中国的弱看做不能改变的，把世界上的事情看做绝望的。如果他肯虚心学习，接受唯物主义的思想，抛弃悲观主义的思想，按照唯物论的方法，把中日两国的力量对比和各种最主要的事实条件认真研究一番，那么，只要他不是汪精卫的死党，或昧着民族良心要跟反动派去和敌人讲妥协，他就能够承认亡国论的不对，就能够接受持久战的真理。这一种情形告诉我们：如果我们有了不正确的哲学思想，在我们看事情和认识问题的时候，就有了不正确的方法，而这种方法就会把我们引到错误思想里面去；反之，如果我们掌握了正确的哲学思想，在我们看事情和认识问题的时候，也就掌握了正确的方法，而这种方法就能使我们对于每一件事和每一类物找到正确的认识和看法。因此，哲学是世界观，同时又是思想方法。我们研究哲学，目的就在于学习掌握一种正确的哲学思想，也就是在于要学到正确的世界观和正确的思想方法。

哲学是世界观，同时又是思想方法。研究哲学就是要掌握正确的世界观和正确的思想方法。

我们现在已经懂得什么叫做哲学了。但是，我们就此能算完全找到桃树了吗？不，还有一个问题需要作一番解答。我们不仅要求懂得什么叫做哲学，而且还希望懂得什么是正确的哲学，什么是正确的世界观和方法论。

要解答这个问题，我们最好先一般地解释一下：什么是我们对于事物的正确认识和看法。还是用抗战的例子来说，对于抗战的三种看法——亡国论、速胜论和持久战，哪一种是正确的呢？抗战八年的历史已经证明了，亡国论和速胜论的看法都不对，而持久战的战略思想才是正确的。这种正确的思想，它的特点在什么地方呢？它和前两种不正确的思想有什么主要的区别呢？它的特点和主要的区别就在于：持久战的思想，和抗战的事实发展规律是完全一致的，它不只是我们头脑里的思想，而且是把事实的发展规律正确地反映在这一个思想里。

至于那不正确的亡国论和速胜论的思想，它的内容却和抗战的事实发展规律全不符合，它之所以叫做错误思想，就在于这种思想不能正确地把事实发展规律反映出来。什么是这里所谓的规律？规律就是事物变化发展中一定不移的关系和过程。由于敌强我弱以及其他许多事实条件，抗战必定要经长期的战争而不能速胜，必定要通过防御、相持和反攻的三阶段的道路，必定要展开广泛的游击战争到处打击敌人，才能渐渐削弱敌人以至使敌强我弱的力量对比发生根本变化。由于我们是进步的敌人是倒退的、我们多助敌人寡助、我们是大国敌人是小国这些事实条件，因此只要坚持抗战，最后胜利必定归于我们，而事情的发展决不会如亡国论者的悲观想法。这些，以及其他一切关于中国抗战发展的规律，抗战一定不移的各种关系和过程，都在持久战的思想里正确地反映了出来，而速胜论和亡国论的思想却完全违反了这些规律，因此持久战是正确的思想，其他两种思想就是错误的思想。

　　正确的思想就是能够正确反映事实发展规律的思想。　现在我们就可以谈到什么是正确的哲学思想了。各种正确的思想，都是反映了一定事物的发展规律。而正确的哲学思想，则是正确地反映了整个世界发展的总规律。研究各种事物规律，是科学的任务，因此，我们如果要想对于一定事物，获得正确的思想，避免错误的认识和看法，就必须对这一类事物作科学的研究。研究整个世界变化发展的总规律，是哲学的任务，因此，我们如果想获得一种正确的世界观，避免受到错误的反动哲学思想的影响，就必须很好地研究一下哲学。

　　正确的哲学思想，是要能正确地反映整个世界发展的总规律。研究哲学必须时时刻刻抱着解决实际问题和指导行动的目的。　研究哲学，掌握正确的世界观，认识世界发展的总规律，对于我们有什么必要呢？这个问题在本章前节里已讲过一些，现在还要加上一点补充：哲学又是思想方法，正确的哲学，就是一种科学的思想方法，它能够帮助我们对于事物进行科学的研究，找出它们的真实的发展规律，获得正确的认识和看法，有了这种正确的认识和看法，我们在革命行动中和斗争中就不至于摸错道路，就有胜利和成功的希望，否则就要受到挫折或失败。例如在唯物主义的思想方法基础上，就找到了持久战的科学思想。在八年抗战中，中国人民所以能够以号称贫弱的国家，挡住一个强大敌人的侵略铁蹄的前进，给它以有力的打击，最后把它打败，并且发展了人民的力量，建立了广大的解放区，其重要原因之一，就是由于我们依照了持久战的思想进行抗战，而不是依照亡国论和速胜论的错误思想来指导行动。正确的哲学思想，对于我们的实际行动是有这样重大的作用，而我们研究哲学，也必须时时刻刻抱着一个解决实际问题和指导行动的目的，在研究中必须经常联系工作和斗争中的问题，切不要缠绕在与当前实际毫无关系的空洞议论和名词的纠纷里。

第二章　唯心论、二元论和唯物论

三　两军对战

——哲学的两大类别

现在还要再讲一次生活困难的问题。

同是一个生活困难的问题，对它的认识和看法却因人而不同。认识和看法不同，结果也就大有差异。有的人在生活困难的压迫之下自杀了，有的人拼命忍受着牛马的生活，得过且过，能多活一天算一天，有的人勇敢坚决地起来和困难作斗争。……我们已经把第一种人叫做悲观主义者，把第二种人叫做宿命论者，把第三种人叫做现实主义或唯物主

36

义者。还有一种人把压迫和剥削别人当做自己当然的权利，再有一种人每日闲游浪荡、追逐乐趣，我们把前一种人叫做专制主义者，后一种人叫做享乐主义者。以上种种的人，都是社会上容易看到的普通人，决不是什么哲学专家，但我们却把他们的认识和看法都加上了专门的哲学名词，好像他们都不是普通人，而是一些专门学者的样子。这一点，我们已用不着再加解释，大家读过前面两节文章，早已明白了，这些人虽然不是专家，他们的思想仍可以叫做什么什么主义，因为这些思想代表各种人们的各种不同的世界观。

各种人之所以有不同的世界观，是由于他们所处的社会地位不同。 同是一个世界，不同的人就有不同的世界观，不同的认识和看法；这就是说，在各种人的眼睛里，世界呈现为各种不相同的面貌。在悲观主义者的眼睛中，世界上好像充满了愁云惨雾；在宿命论者的眼睛中，世界上一切都好像被一种神秘的力量所支配；在唯物主义者的眼里，世界上的一切变化发展，都是由事物本身的一定的原因所引起，而一切发展变化都有着一定的规律；专制主义者把世界看做少数独裁者的奴隶集中营；享乐主义者把世界看做游戏场。为什么世界会有这样多的面貌，是世界自己在化装做戏吗？当然不是！世界只是这一个世界，它自己并没有什么装扮，我们觉得它有各种各样的面貌，那只能怪我们人类眼睛上常常戴着各色各样的着色眼镜。你们看，凡是戴着色眼镜的人，世界在他的眼睛里就失去了本来面目，而呈现出各种人工的色彩。戴了青眼镜，世界就好像都是青色的；戴了红眼镜，世界就好像都是红色的。我们这里说的着色眼镜，自然只是一个比方，各种人的世界观之所以有不同，并不是简单地由于他们在街上眼镜店里配了各种不同的有色眼镜，他们对世界的看法不同，乃是由于他们所处的社会地位不同。中国有一句老话，叫做"坐井观天"，意思是说坐在井底的人眼里所看见的天和在井外所看见的是有不同的。天只有一个，井外的人看起来是空旷辽阔的，而井底的人看起来就只像一个圆盆。

又譬如这里有一个乞丐的小孩，在他的母亲看来，他一定是非常可爱的宝贝，但在另外一些太太小姐们，他就成为非常龌龊讨厌的东西，甚至于似乎比狗还要肮脏。这些譬喻和例子，就是说明世界虽然只有一个，人的地位不同，也就会有不同的认识和看法。

中国社会两大营垒内，都包括各种社会地位不同的阶级和集团。　在前一章里早已说过，我们的生活，是离不开一种斗争的状态，而这种斗争，在根本上说来，就是中国广大人民对封建势力和帝国主义的斗争。这个斗争把中国社会分成了两个大营垒，在这两大营垒里，各自包含了许多社会地位不同的人的集团，包含着各种不同的阶级。在人民的营垒方面，有农民、工人、手工业者、城市小资产阶级、民族工商业资产阶级、知识阶层（学生、教授、文化工作者等等）以及一切进步开明人士的阶级和集团；在封建势力和帝国主义的营垒里，有大买办、大地主、大银行资本家、军阀、官僚、汉奸、特务等等的阶级和集团。我们可以看见，这些复杂的阶级和集团由于他们的社会地位不同，他们对于事物和对于世界的认识和看法，也有种种不同。首先两个营垒是处在根本对立的地位，在中国问题上，就有了一个根本对立的思想。在人民的营垒方面，根本的思想是希望中国得到解放，使中国成为民主、自由、独立、富强的国家；在封建势力和帝国主义的营垒方面，他们的根本思想却是不惜使中国成为帝国主义（目前是美帝国主义）的殖民地和附庸国，以便在帝国主义的援助之下，在中国建立起他们少数人的独裁统治。这是两个营垒的根本的对立思想，是两个营垒对于中国问题的根本相反的看法。但是，两个营垒中包含各种不同的阶级和集团。他们在中国社会上所处的地位也各不相同，因此他们所有着的就不简单只是这两种针锋相对的思想。同是站在人民的营垒方面，有的集团坚决要求广大人民的民主自由，有的主要只关心一部分人的自由，例如只关心资产阶级的自由，或只关心思想文化的自由，有的集团能和反动营垒进行坚决的斗争，有的集团常常表示动摇妥协的倾向。在封建势力和帝国主义的反动营垒方面也是一样，一部分集团坚决反对人民，另一部分由于与其他部分的矛盾冲突，往往竟能够和人民营垒方面建立一时的和一定条件之下的联盟。就抗日战争中的情形来说，以汪精卫为首的一群大地主大资产阶级，就是和日本帝国主义站在一起来坚决反对抗日的广大中国人民的，而另一部分大地主大资产阶级，这时就和中国广大人民暂时联盟，短时期内并且直接参加了抗日战争。现在抗日战争胜利了，情形就有了改变，从前和人民暂时联盟的大地主大资产阶级（包括他们的军阀、官僚、特务集团），现在是和美帝国主义一起，站在坚决反对人民的立场上了。我们讲了这一长篇，是想说明什么呢？我们是想说明：在两个大营垒中间，在两种根本对立的思想中间，因为还有各种各样的阶级和集团，他们的地位不同，他们的关系常有变化，因此他们对于同一中国问题的看法也就表现出各种各样复杂的情形，并且也常会发生变化。

各种不同的社会集团，有各种不同的世界观。 就世界观的问题来说，同一个世界，在中国人的眼睛里呈现出各种不同的面貌，形成了多种多样的世界观，这正是因为中国社会上有各种各样的阶级和集团，他们的社会地位不同，因此他们对于世界的认识和看法也就各不相同。例如那宿命论的世界观，是从什么地方来的呢？你要找它的根本来源，最好走到一些不觉悟的农民群众中去。农民在中国人口中占百分之八十，他们如果觉悟和组织起来，就成为无敌的力量。但是，不觉悟的农民，生活被狭小的生产范围所限制，不知道团结、组织，不能集合成一个很大的力量，因此也就不懂得自己的力量，在困难和压迫的前面，就没有反抗的信心。这一种生活地位的限制，再加上封建统治阶级的思想麻醉影响，使得他们认为世界上的事情是命定的、无法改变的，对于痛苦，除了拼命忍受没有方法可想。因此，宿命论的世界观，不管它是日常生活中听闻到的也好，或者是专门的哲学书上读到的也好，大体上来说，它是代表了不觉悟的受了封建统治思想影响的农民集团地位的哲学思想。同样是农民，如果受到了共产党的思想政策影响和领导，他们就觉悟起来，就能够组织、团结，就能够勇敢地起来反抗封建势力和帝国主义的压迫，就会发挥伟大的力量，能够把敌人最后打败。这样的农民，就没有了宿命论的世界观，就接受了进步的唯物主义的世界观。这种世界观否认世界上的事情由于命定，而相信广大人民的团结和组织是世界上最伟大的力量，能够战胜一切，改变一切，创造一切。

哲学思想是有阶级性的。 我们讲了宿命论的世界观和唯物主义的世界观，找出了它产生的社会原因：一种是不觉悟的农民中间产生的，一种是共产党的或无产阶级的世界观，这就是说，哲学思想是有阶级性的，各种不同的世界观，是各种不同的社会地位上的人们对世界的认识和看法。专制主义是大地主大资产阶级（包括他们的军阀、官僚、特务）对世界的看法，享乐主义是依靠剥削游荡寄生的一部分大地主大资产阶级的思想，而悲观主义则是一种软弱无力的思想，这种思想的基础，是那些受压迫很深而又脱离了广大的群众斗争，因此失去了反抗力量和信心的社会集团。

任何一种世界观，都可以在一定的社会阶级集团里找到它的来源，像中国这样的社会，内部包含着的阶级和社会集团是多种多样的，因此中国社会里的世界观也是多种多样的。我们在上面只举出了五六种，如果要完全列举出来，那么，五六十种恐怕也举不完。例如什么阎锡山的唯中主义啊，陈立夫的唯生哲学啊，蒋介石的力行哲学啊，这只是属于大地主大资产阶级方面的。此外还有什么集团主义、个人主义、功利主义、唯情主义、直觉主义、虚无主义等等。现在我们没有时间，没有篇幅，也没有必要再举下去了。

也许有的人会觉得有点惶惑了。世界只有一个，在我们的眼睛里却变幻出这样多的面貌，这样多的世界观！要从这样多的面貌中，去找真正的面貌，是不是容易，是不是可能呢？什么是世界的真面貌，什么是正确的世界观？这问题我们在以前已解答过，那就是要能够正确反映世界发展的总规律的思想。要在这样复杂的各种各样的世界观里，找出一种能够正确反映世界发展规律的哲学思想来，岂不非常吃力？岂不要把人弄昏头脑，甚至于徒劳无益？好的，如果有人发生这样的忧虑，觉得事情难办，那么，我可以先说：请你们放心，不必那样着急！

人们的世界观虽然种类复杂，都可以归结为唯物论和唯心论两种世界观的斗争。 你说我是在吹牛吗？决不是吹牛，问题就在于要研究。世界上的一切问题，如不加以研究，总会觉得茫无头绪，如果仔细研究一番，就可以找到它的条理，找出比较方便的解决办法。人们的世界观是那么复杂多样，这自然是一个事实，但是，如果更深刻地来看，我们就会发现，它们归根结底，只有两类。就好像在中国社会里，虽然包含着多种多样的阶级和社会集团，他们的地位和利益不同，并且也常常互相发生冲突矛盾，但归根结底，总可以划分为两个大营垒的对立，即一方面是封建势力与帝国主义势力的营垒，另一方面是广大人民的营垒。哲学也有类似的情形，多种多样的主义、派别，它们的内容各不相同，互相间也经常有争论、战斗，但在根本上都可以归结为两种世界观的斗争，都可以归结为唯物论和唯心论的两军对战。

为什么事情又是这样简单明了呢？请听我慢慢讲来。

世界上的一切事物都可以归为两大类：一类是精神、心意等"主观的事物"，一类是外界物质或"客观的事物"。我们天天睁着眼睛看我们的世界，就知道这里的事物是多到计算不清，从天空到地上，从周围的一切到我们自己，这形形色色的事物，就是用"万花缭乱"这句话也不够形容它们的繁多。但事物虽然繁多，我们还不至于被它们弄得头昏眼花，而仍然能够清清醒醒地生活下去。这不能不归功于我们的观察分析的能力。我们有了这种能力，能够从表面上好像零乱不堪的宇宙万物中，发现它们的秩序、种类、规律。我们能分清楚某些东西是动物，某些东西是植物，能分别春夏秋冬的时序，能从人类社会里看出各种的阶级和集团，能看清楚什么是帝国主义，什么是封建势力，……最后，我们还能看出世界的一切事物都可以归为两大部类：一个部类是属于我们自己的，如我们的思想、感觉、感情、意志等；另一部类是属于我们以外的，这就是天上地下以及周围的一切事物。属于我们自己的，也即是精神、心意一类的东西，我们叫做主观的事物；属于外界的，也即是物质一类的东西，我们叫做客观的事物。这是世界上一切事物的两大分类，任何一件事物都可归入这两类之一，不是主观的、精神的，就一定是客观的、物质的。

主观的事物和客观的事物经常有着密切的相互联系。 但是，这两大类的事物中间，虽然有明显的分别，但并没有隔着永远不能越过的鸿沟。相反的，它们中间经常有着密切的关系。例如这里有一把椅子，我们说它是客观的事物，是物质，但它映进我们的眼睛里，就在我们心中引起了椅子的感觉和认识，这样它就和主观、精神（我们的感觉和认识）发生了关系。又如我们想拖开那把椅子，让它不要拦着我们走的道路，这是主观的思想，是精神的作用，但这思想立即引起了我们的动作，我们就把椅子拖开，这就是以主观改变了客观，于是主观就和客观的事物、和物质发生关系了。又例如帝国主义侵略中国，中国人民起来反抗，这是一件客观的、物质的事物，这件事物反映在我们头脑中，就有广大人民反对帝国主义的思想，就转变为主观的、精神的东西。中国人民在抗日和反对一切帝国主义及封建势力进攻的斗争中，掌握了持久战的战略思想，这是主观的、精神的东西，中国人民用这个思想来指导自己的行动，使自己在斗争中获得胜利，这又变成了一种客观的物质的胜利。像这样，主观与客观、物质与精神的互相关系，是无时无刻不存在的，是到处可以看见的。为什么会发生这种关系呢？无形的主观思想怎样能与有形的客观物质发生互相影响和作用呢？这一个问题，就成为哲学上最根本的问题。因为主观与客观、精神与物质，是世界上一切事物的两大根本分类，对于这个问题如何解决，就决定了我们对世界的根本认识和看法，也就是决定了我们的世界观的性质。

主观与客观如何发生关系的问题，是哲学上的根本问题。 我们以前举出了五六种世界观，我们说还有几十种以上的世界观。它们的性质是这样五花八门，它们所解决的问题，也是多种多样，但如果我们仔细研究一下，终于可以发现，归根结底，它们所要解决的问题，最根本的仍只有一个：不论哪一种哲学思想，最后都得要答复：主观与客观、精神和物质是怎样发生关系的？

唯心论是根本思想，是把"主观"、"精神"的作用过分夸大，把它看做决定一切的最高的力量。 试把前面享乐主义的世界观拿来看一看，它把世界的一切都看做梦，看做人们心中的幻影，它是怎样解决了主观与客观、精神与物质的关系的问题呢？它是完全不承认客观、物质的存在了，它把客观、物质都当做主观的幻影，以为世界上除了主观的东西以外，什么也没有了。它过分夸大了主观、精神的东西，把主观、精神看做世界上最高的和唯一的东西，以至于否定了客观、物质，这种认识和看法，在哲学上就叫做唯心论。再拿那宿命论的世界观来看吧，它把世界当做神灵手中的玩意儿，以为世界的一切都受着神的心意支配。这种世界观，虽然并不完全否认客观物质的存在，但把一切客观事物都看做神灵的心意所引起的，也就是说，认为一切都是由一种神化了的主观、精神创造出来，并且服从着这种主观、精神，这仍是把主观、精神当做最先的存在和最高的存在，把客观、物质当做附属的产品，所以仍然是唯心论的世界观。此外，专制主义者和法西斯主义者，主张独裁领袖的思想、意志可以决定一切（如国民党中一部分反动派所主张的"领袖脑壳论"——即一切由"领袖"脑壳中的思想决定）；抗战中的速胜论者，不顾中国的客观物质条件的困难，只按照自己希望速胜的主观愿望来判断问题；抗战胜利以后，国民党的反动派空空洞洞地说胜利是由于精神战胜物质，而抹杀了广大人民尤其是解放区人民在抗战中所发挥的伟大物质力量的决定作用。这一切思想，都是把主观、精神的作用过分夸大，把它看做最高的决定一切的力量，在根本上都有着一种唯心论的世界观。

唯物论的根本思想，是承认物质有独立的存在和自己的规律，物质是第一位的东西，精神是第二位的、派生的东西。 和上面的一种世界观相反，在解决主观和客观、精神和物质的关系问题时，不是把主观、精神摆在第一位，而是把客观、物质摆在第一位，认为客观的世界在人的主观、精神之外独立存在着，是实实在在的物质，而决不是幻影。客观物质的变化、发展，是依照它自己本身的性质，通过一定的关系和过程，也就是通过它自己本身的规律，决不是由什么不可捉摸的神灵心意所能任意创造和任意支配，也不是一个独裁"领袖"的"脑壳"就能随便决定一切。我们不能违背着客观物质本身的规律，任意改变事物，我们要想改变事物，只能利用这些规律，顺着这些规律去推动事物，才能达到目的，否则就不能达到目的。顺风行船，船才能前进，逆风行船，就不可能前进，因为帆船靠风力推动，是它的客观规律。市面上流通货币太多，物价一定高涨，这是"通货膨胀"的规律，我们要使物价跌落就不能违反这个规律，让纸币以及其他通货增加发行，而是必须顺着这个规律，设法把通货数量减少。抗日战争以及中国人民的反封建反帝的战争，由于力量的对比以及其他客观物质条件的关系，必须经过长期、曲折、困难的斗争道路，这是中国革命的规律，中国人民要想在这战争中获得胜利，就不能违反这规律，就不能依照唯心论的急躁心理希望速胜，而必须依照着这规律，以"愚公移山"的坚忍精神，以持久战的战略思想，一步一步地夺取反动派的阵地。这就是唯物论的世界观的主要特征之一，这就是认为客观物质是独立的存在并且是有独立的规律。除此以外，唯物论的另一主要特征也要说一下，这就是认为主观、精神并不是独立存在的东西，而只是从客观物质中产生出来的，是第二位的东西。是先有了人的脑髓然后有人的思想呢？还是先有了思想才有脑髓？当然是先有人的脑髓然后才有人的思想。由此可见主观精神是在客观、物质之上产生出来的（也叫做派生的）。是先有椅子然后才有椅子的感觉，还是相反的呢？是先有中国革命战争长期性、曲折性的规律然后才有关于中国革命的长期性的认识以及持久战的思想呢，还是相反的呢？事实证明决不是相反的情形，事实证明客观事物和它的规律存在在先，而关于事物及其规律的认识、思想（也就是主观、精神）只是前者在我们头脑中的反映。

一切哲学上的争论，都可以归结为唯心论和唯物论的两军对战。找不到真正第三种的中间的哲学。　世界上的事物分为两大类——主观和客观，或精神和物质。对于这两类事物的关系，有两种根本相反的看法：把主观、精神看做第一位，而把客观、物质看做第二位的，是唯心论的看法；认为第一位的东西是客观、物质，而主观、精神只是附产物，只是"派生的"东西，这是唯物论的看法。哲学史上所有千种万样的世界观和什么什么主义，归根结底，都可以归入这两大类别之中。各种哲学中间无限错综复杂的战斗和争论，都可以最后归结为唯物论与唯心论的两军对战，就好像中国社会各阶级集团间的无限错综复杂的斗争，都可以最后归结为广大人民与封建势力帝国主义的两军对战，进步势力与反动势力的两军对战。在进步势力与反动势力的两大营垒之外，找不到真正的第三个营垒，即使有，也只是那一种摇摆在进步与反动之间的一种不坚定的营垒；在唯物论与唯心论之外，也找不到真正第三类别的哲学，即使勉强去找，也只能有把唯物论和唯心论拉在一起的哲学，即所谓二元论的哲学。关于这些，我们在后面再加解说吧。

四　一块招牌上的种种花样

—— 主观唯心论和客观唯心论

从前听见过这样一个故事：据说在一条路上，有两个人对面相逢，并且同时看见路旁挂着的一块招牌。招牌的正面涂着金色，背面涂着红色。甲向正面走来，看见了金色，说招牌是金子做的。乙向背面走来，看见了招牌的另一面，一口咬定是红漆的。两个人都坚持自己的主张，不肯相让，于是发生争执、吵闹，以至打起架来。后来是一个和尚出来调解，提醒了两人的偏见，大家才明白刚才的争执，都是毫无意味。原来招牌本身兼有两面，而每人只看见一面。所有的争执，其实都是各人眼光狭隘的结果。

故事就只这一点。大约因为一经和尚指点，两人不再争执，于是故事也就完结了。但我们若能再深刻地想一想，就可以知道这还不能完全没有问题。两个人中如果有一个人肯再用一点思想，马上就会追问："招牌两面的颜色果然不同，但仅只知道这一点，还不能满足我们。我们还要再问：招牌的本身究竟是什么造成的？是木头吗？金属吗？抑或其他的东西？"这问题，自然还不难解答，因为木头或金属等等东西是很容易辨别的，掂一掂重量，敲一敲声音，不必十分麻烦，就可以大致判断它是用什么造成。但是，如果问题是从哲学的观点上来提起，那么，事情就不这样简单，而花样也就多起来了。那时人们就要依照着自己的世界观来解决这个问题。主张"人生如梦"的唯心论者，会告诉我们说："你说是一块招牌，在我看来什么也不是，只是一团感觉，一团幻影罢了。你有时感觉到它是金色，有时是红色，或者又感觉得它是木头或金属，但这些看法，也不外都是从感觉上得来的，没有你的感觉，这一切东西都不会存在。"另外一个宿命论者，我们已经说过，他是相信冥冥中有神灵主宰一切的唯心论者，他发表意见道："世界是神灵随自己的高兴安排成功的，那一块招牌挂在前面，也不外是神的心意的表现，而并不全是我的感觉。"唯物论者的意见却直截了当得很："招牌就是挂在那儿的招牌，它本身就独立地在那儿挂着。它并不是我们的感觉，我们的感觉，乃是招牌在我们的感觉器官里的反映或影像。它也不是神意的表现，它只是自己存在那儿的物质。"

这就是一块招牌上的种种花样，每种花样表现着一种世界观，世界观有几十几百种，那么一块招牌上也就可以翻出几十几百种花样。但是归根结底，世界观都可以划分为两大类，花样也可以最后归结为唯物论和唯心论两大类。这一点，以前已经讲过，现在想更详细地说明一番。

主观唯心论认为世界一切都是我们主观精神以内的东西。 我们先谈一谈那把世界和招牌当做一团感觉的唯心论。它的特点，是完全否认了客观物质的存在，以为世界的一切都是我们主观精神以内的东西，这就是说，如果我和我的感觉、思想、意志等等消灭了，那么世界也就没有了。这一种唯心论，它有一个特别的名字，叫做"主观唯心论"。它的拥护者很不少，单就西洋来说，两千年前希腊的诡辩哲学家，就有一大部分拥护过它。以后在十七世纪的时候，英国又有一个哲学家叫勃克莱的，把它捧上天去。二十世纪以来，在第一次世界大战前，更有一种叫做经验批判论的哲学，更把主观唯心论戴上了一副科学的假面具，它甚至于影响了俄国的几个马克思主义者，把它在自己的营垒大大地宣扬起来，使得马克思主义的唯物论世界观，在这种偷进内部来的敌对思想前面，几乎吃了大败仗，幸亏列宁看清楚了这个危险，亲自费很大的力气，写了一本叫做《唯物论与经验批判论》的厚厚的书，给了它一个彻底的反驳，才算把它从马克思主义的思想营垒里驱逐出去，俄国当时马克思主义者的哲学战线才算巩固起来。在中国也有不少主观唯心论的信徒，三百多年前明朝的王阳明，就是最有名的一个，他说"世界万物都包含在我的主观里面"（万物皆备于我）。唐朝诗人李白说"浮生若梦"，也有主观唯心论的思想。就日常生活里的情形来说，有一种人，常常以为自己所想的一切都是对的，而不管事实上究竟对不对，这里面也就包含着主观唯心论的成分。现在的专制主义者，和享乐主义者往往有一个共同点，就是在自己主观的梦里找生活，而不管客观的现实是否容许。中国已经经过辛亥革命，人民决不容许专制皇帝存在，而袁世凯却梦想做皇帝。第二次世界大战已经完毕，世界三大法西斯匪首已经打倒，各国人民都欢迎新民主主义，而中国的专制主义者还梦想做中国式的希特勒。中国的法西斯哲学主张"诚"能创造一切，说"不诚无物"，这也就是说，不管客观事实是否容许，只要诚心诚意盲目地跟着"领袖"去干，去"力行"，就能创造一切，否则就没有一切，所以又叫做"力行哲学"。这一些思想，也都是主观唯心论世界观的各种表现。

日常生活中也有主观唯心论。中国法西斯的力行哲学也是主观唯心论。主观唯心论的错误，首先要在事实面前暴露马脚。 唯心论是错误的世界观，主观唯心论尤其容易露出马脚。在什么情形之下它会露出马脚来呢？在两种情形下它会露马脚。第一是在生活事实前面对照的时候，它会露出马脚来。一切自以为是，只相信自己主观所想的，而不肯仔细考察一下客观情形的人，一定要在事实前面碰钉子，一定要失败，也就是在事实前面证明他所想的不对。中国的抗日在事实上只能依靠游击战运动战，你偏要梦想依靠阵地战，"八一三"上海抗战国民党军队的失败事实就证明了这种梦想不对。中国抗战必须持久，你却幻想三个月半年打退日本，八年抗战的事实就把你的幻想打破了。袁世凯要做皇帝梦，结果是众叛亲离，活活气死。墨索里尼吹牛说他的法西斯主义要在世界上实行一千年，结果不过二十来年，这个法西斯祖宗自己也一命呜呼。希特勒独霸世界的幻想完全垮了，想学希特勒的中国专制主义者也就会走到垮台的一天。不顾事实条件如何，只凭自己的主观愿望和感想办事，这又叫做主观主义，主观主义是一定要失败的。失败就证明它的错误，失败就是主观唯心论的马脚的暴露。

主观唯心论在理论上也是荒谬不通的。除了生活事实之外，如果我们用点脑筋，把道理仔细想一想，主观唯心论的马脚在理论上也就会露了出来。哲学史上早已有人证明主观唯心论的道理是讲不通的。拥护主观唯心论的人说世界上的一切都只是我的感想、梦幻或思想、意志的表现。但是我们就要追问："这些感觉、梦幻等等是从哪里来的呢？这万花缭乱的世界上的一切现象，总有一个产生的来源。这一个问题，似乎不难答复，但仔细一想，主观唯心论者就要感到非常为难。因为如果要使他的主张彻底，他就应该答说："世界就只是我自己的感觉、梦幻，所以也就是我自己的主观内部产生出来的，并没有其他来源。"这样一来，我们马上就可以看出它的荒谬不通："世界既然只是我的主观里产生的，那么，整个世界就只有我一个人了。除了我之外，一切东西都不是真实存在的了。"这就成了哲学上所谓的"独在论"，除了狂妄的哲学家之外，只要思想上稍稍谨慎一点的哲学家，都不敢公然主张独在论。有谁敢于说："我不是我的父母所生的，恰恰相反，我的父母才是我的主观所生的！"有谁敢说："并不是我生存在世界上，恰恰相反，整个世界才是生存在我的主观里！"主观唯心论者为要避免这一个荒谬不通，所以一般都不敢把自己的道理彻底推到独在论上去。他们不能不在我的主观之外，给世界另外找一个来源。从哪里找呢？他们当然不肯说，世界就是我的主观之外独立存在的，因为这样一来就会成为唯物论，而不是唯心论了。那么，怎样解答呢？英国的勃克莱的解答是一个最好的例子。他很狡猾地也很勉强地，用神的主观来代替"我"的主观，说："世界是在神的感觉里，是由神的感觉产生的。我的感觉，只是神的感觉的一小部分。"这样一来，他固然避免了独在论的荒谬泥坑，但却又陷入另一个荒谬的泥坑，因为这样一来，他的主观唯心论也就不能保持彻底了，他除了他自己的主观以外，又不得不承认还有一个神了。

唯心论是要把人引到宗教迷信的泥坑里去。

但是最值得我们注意的，是勃克莱的这种解释里，另外包含着一个阴谋企图，那就是想把我们引到宗教迷信的圈套里去，要我们相信宿命论，相信神的主观精神支配着世界。我们还要进一步指出，不仅勃克莱有这种阴谋，一切唯心论都有这种阴谋，它们总是直接或间接地要把你引到宗教迷信以及宿命思想的圈套里去。为什么呢？因为一切唯心论的根本特点，就是过分夸大了主观的精神的作用，结果就主张世界上只有精神，没有物质，或至少也要主张物质完全受精神的支配。而在宗教迷信的思想里，也认为世界的最高支配者是神，是神的心意和精神。这一点，在根本思想上不是和唯心论完全一致吗，因此一切唯心论在道理说不通的时候，就常常索性丢开道理不讲，把神灵硬拉来顶救兵，好像《西游记》上孙悟空对妖怪没有办法的时候，就请南海观世音菩萨来帮忙一样。有些主观主义者办事失败以后，常常不肯反省自己主观的错误，不肯虚心地研究事实，却埋怨自己的失败是由于"运气不好！"当他这样诅咒的时候，他虽然不一定会想到这是一种宗教迷信思想，但实际上已经进入了这一个圈套：就是不知道反省自己失败的原因，是由于自己的思想违背了事实的规律，而以为是违背了冥冥中的神意。

唯心论是通向宗教迷信的很精致的桥梁。自然，宗教也有宗教自己的特点，不能完全和唯心论混为一谈，宗教的世界观一般都是用迷信神话来表现，宗教里还有种种仪式行为。这些特点，都不是哲学的唯心论所有的。但是，如果从根本思想来讲，从世界观的基础上来讲，那么，唯心论和宗教就完全一致。唯心论不用神秘的仪式来迷惑你，而是用冠冕堂皇的一套道理和巧妙的言论来说服你，使你不知不觉相信了那宗教的根本思想，不知不觉被拖到庙宇里去。唯心论并不就是宗教迷信，但它却是一条通向宗教迷信的很精致的桥梁，神话和仪式只能欺骗和吓唬愚昧落后的被压迫群众，使他们迷信神力，看不见真实的被压迫的原因，使他们失去了反抗的信心，糊里糊涂地以烧香拜佛来安慰自己。但在唯心论的影响之下，就是学者、思想家也有不少心甘情愿地去敲木鱼过生活，它的思想麻醉力量实在不小。因此，世界上的大宗教，如基督教和佛教，除了它们的神话仪式之外，都有一套宗教哲学，如经院哲学和佛教的佛学。这种宗教哲学对于宗教的传播，是起了很大作用的。

客观唯心论认为世界的一切都是神的感觉、

思想的活动。　我们刚才所讲的，已经超出"主观唯心论"范围之外了。一般的"主观唯心论"，都害怕陷入独在论的荒谬泥坑，不敢把自己的一套道理讲彻底，说世界上除"我"之外，什么也不存在，因此都要向神灵求救，承认除了"我"之外，世界上还有一个客观存在的神，这个神才是世界的真正支配者，一切事物的产生、变化，都决定于这个神的心意。但是这样一来，就不是"主观唯心论"，而变成另外一种唯心论，即哲学史上所谓的客观唯心论了。这种唯心论和主观唯心论的不同，就在于主观唯心论认为世界一切都是"我"的感觉、思想等等，世界一切都只是个人的主观精神的表现，而客观唯心论则认为世界一切是神的感觉、思想等等，是一个伟大的充满在宇宙各处的主观精神的表现。一切宗教迷信的思想，都认为神是世界的最高支配者，认为神意创造一切，因此在根本上说来，一切宗教迷信里都包含着一种客观唯心论的世界观。当然，宗教迷信里的客观唯心论，比起专门哲学上的客观唯心论来，是很粗糙的，它的荒谬的神话，使人容易感觉到它的不合理。哲学上的客观唯心论，在根本上虽然和宗教迷信的世界观一样，但它却要讲一套很巧妙曲折的道理，使人一下子很难看出它的宗教迷信的马脚，但它迟早总要露出马脚，因为在它花言巧语地说到最后时，总要承认，他所谓的伟大的充满宇宙的精神就是神。

世界上最有名的客观唯心论，是十九世纪德国哲学家黑格尔的哲学。他认为整个世界就是一个伟大的精神运动，这个精神，他叫做绝对精神，这个精神的特点，就是思想活动。这种思想，他认为是一种不断变化不断发展的思想，他叫做辩证法的思想。世界上的一切变化发展，在黑格尔看来，并不是物质的变化发展，而是这个绝对精神的思想活动。用手抛石头，石头飞起来，在黑格尔看来，飞起来的不是物质，而只是绝对精神自己的思想。中国的抗战，如果要黑格尔来解释，他就不会看做是中国民族与日本帝国主义的物质斗争，而要看做是绝对精神自己的思想斗争，是这种思想发展到一定阶段上的内部矛盾的表现。

日常生活中的公式主义，就是一种客观唯心论。 客观唯心论的世界观，也是荒谬的，不管它的道理讲得怎样动听，它仍然像主观唯心论一样，经不起生活事实的对证。为了把问题解释得简单明了，让我们且撇开专门的哲学理论，从我们日常生活中容易碰到的事情来说明。要在我们日常思想中找客观唯心论，最好的材料就是公式主义的思想。大家知道，凡是有公式主义毛病的人，都不会按照事实的具体情况灵活解决问题，不管在任何情形之下，他们永远只会用一套呆板的办法来办事。都市里办国民党教育的一套正规办法（如集中很多学生，分班分年级上课等等），到地广人稀的西北农村里就行不通，但有的人一定要这样办，这就是公式主义。从外国学了一套阵地战术，在中国的抗日战争中也想照样应用，这也是公式主义。抗战初期，国民党中一些人曾想用曾国藩打太平天国的公式，主张以守为主，以攻为辅，反对游击战运动战，这也是一个好例。公式主义的思想基础，就是一种客观唯心论。为什么呢？因为它把一定的思想公式看做决定一切的东西，以为世界上的一切事物都要受这些公式的支配和安排，而不知道世界万物各有各的变化发展规律，不受任何既定公式的限制。公式主义者当然不会宣布世界万物是受神的支配，或受到一种伟大的精神和思想的支配，但在无形中它是承认了这种支配，因为盲目相信思想公式的力量，在这一点上它根本就是和客观唯心论一致，甚至于和宗教迷信一致的。

公式主义在事实面前也要露马脚。 好了，这一下子我们好捉着客观唯心论的马脚了。它既然是把死的公式迷信成为世界万物的支配者，那么，一旦碰到了活的事实，碰到并不受这些公式限制的事实，这种迷信就要被打破了。城市的正规教育拿到乡村里就办不通，阵地战的公式在"八一三"淞沪抗战中碰得头破血流，曾国藩的公式想拿来对付日本帝国主义只落得一个愚昧落后的笑柄！

黑格尔的客观唯心论也有公式主义的性质。

公式主义的破产，也就是客观唯心论的破产。但是你们也许要问了："不错，公式主义固然是这样荒谬的，难道黑格尔的问题也是这样简单吗？这样一个大哲学家的思想，你只这样轻描淡写地几句话，就想把它驳倒，这不免太轻率了吧？不是马克思也曾称赞过黑格尔的哲学吗？"请不必着急，让我慢慢告诉你们。我们并不是这样轻率，而是要有分析，要分清楚黑格尔的哲学中有合理的部分也有荒谬的部分。不错，马克思称赞过黑格尔的哲学，那是只称赞他的合理的一部分，这一部分就是他们的辩证法的方法，这种方法承认世界上一切事物永远变化发展，这是和事实一致的、合理的，但是马克思并没有因此连他的荒谬部分也加以称赞。这荒谬部分，就是他的客观唯心论。要知道，马克思对于黑格尔的唯心论也是坚决反对，并且给予过彻底的驳斥的。马克思怎样驳斥黑格尔的唯心论呢？在根本上说来，他也不外是指出了它的公式主义的荒谬性质。黑格尔写了一本叫做《大论理学》的书，把绝对精神写成一套固定了的思想公式，并认为一切事物的变化，都不能超出这些公式。马克思的驳斥，主要的就是指出黑格尔的思想公式（也叫做唯心论体系）常常和事实不符合，并且和他自己的辩证法的方法也有冲突。因为辩证法承认事物是永远地向前发展，而唯心论体系却又要把这种发展死死地限制在一些思想公式的框子里。马克思称赞黑格尔的辩证法，说这是他的哲学的合理核心，但同时又指斥他的唯心论体系，说这是一个荒谬的外壳，所以主张要打破这唯心论的外壳，以便救出它的合理的核心。

马克思主义怎样打破黑格尔的唯心论外壳呢？那就是抛弃一切死的"公式"、"体系"，切切实实地研究活的客观事物的变化发展，这就是采取了唯物论的世界观。

五　从"乡下姑娘学打扮"说起

——二元论、机械唯物论

现在我们要先讲一下二元论在招牌上所看见的花样，然后再讲唯物论。

二元论是唯心论和唯物论的混合物，不是第三种哲学。　俗话说："乡下姑娘学城里打扮，半土不洋。"二元论的哲学思想，正好用这句话来说明。以前早已说过，二元论并不是唯心论和唯物论之外的第三种哲学，只是把两种世界观硬凑在一起，成为两种根本对立的哲学思想的混合物。二元论的哲学表现一种动摇的立场，它既不敢彻底地主张唯心论，又不愿完全赞成唯物论，想把一种荒谬的思想和一种合理的思想调和起来，就好像那位姑娘，既脱不了乡下的土气，又不能完全学成城里的洋气。在社会的斗争方面，也有类似的情形，有一种人既没有勇气坚决反对封建势力和帝国主义，又没有决心坚决加入到广大人民的营垒里来，就站在反动势力和进步势力的阵线中间摇摆。这种动摇的阶级和集团，在反动势力对他采取某些拉拢政策的时候，他们可能就更靠近反动营垒，来反对进步势力，当反动势力把他们压迫得很厉害的时候，他们又会倾向进步势力方面，来反对反动势力。哪些阶级和集团是属于这种动摇的分子呢？这问题倒不能用一个死的公式来答复，因为中国的阶级和集团很复杂，它们中间互相关系的变化也很多，要看具体情形来决定。有些中间集团在抗战初期曾经靠近大地主大资产阶级方面，反对共产党和解放区，但在抗战末期，尤其是到了近来，就比较坚决地和人民站在一方面反对现在的专制独裁主义者和美帝国主义。现在专制主义的大地主大资产阶级和美帝国主义勾结在一起反对中国人民，但在抗战初期，也曾和人民暂时建立了统一战线，反对日本帝国主义的进攻和另一部分投降日本的资产阶级（但同时还在暗中和他们勾结来往）。因此，实际情形是十分复杂而又变化不定，需要具体研究，而我们现在的任务并不是要专门研究中国的社会阶级问题，还是要回到哲学的二元论的问题上来。哲学的二元论，也是一样的摇摆，它有时会更偏向唯物论，有时又在实际上和唯心论、宗教迷信等打成一片。其中道理请让我们慢慢解释。

康德的二元论，是把唯物论和主观唯心论硬凑在一起。 世界上最有名的二元论哲学家，就外国来说应该要数十八世纪末叶时候德国的康德。如果他的前面挂着那一块招牌，他会怎样去了解它呢？他一定首先承认，这招牌是客观的东西，是在外界独立存在着的，并且它的本身是物质。但如果你再向他追问："你所说的这招牌的物质是什么？是木头吗？是金属吗？"那回答一定出乎你的意外。康德的回答是："物质固然是物质，但那物质的本身究竟是什么东西，我们没有办法知道。"如果你反驳他，说："为什么没有办法知道呢？只要敲一敲声音，掂一掂重量，或者再试一试它的坚硬如何，不是就很容易判断是木头或者金属了吗？"康德就会很巧妙地把你驳回来："你所说的重量、声音以及坚硬等等，都是我们人的感觉。你所知道的只这些感觉。你把某些感觉联合起来，说这是金属，或者是木头，所以，你所谓木头，或金属，都只是一团感觉集合起来的名称。除了你的感觉之外，你不知道任何东西，外界存在的那木头或金属的本来面目究竟是什么，我们是没有办法认识到的。"康德的哲学思想的特点，就是认为物质的本来面目（康德叫做"物自体"）和我们的感觉完全不同，所以他一方面承认物质是存在的，并且承认我们的感觉是由于物质和我们的感官接触才引起的，就这一方面来说，他是赞成了唯物论。但另一方面，他又坚持我们所知道的世界一切事物，都只是一些感觉，我们不知道"物自体"是什么面目，这也就是说，我们是在自己主观感觉里过日子，这样一来，又成为主观唯心论了。这样，康德把唯物论和主观唯心论硬凑在一起，就成了他自己的二元论。

康德的二元论，是偏向唯心论和宗教迷信方

面的。 康德的二元论，是偏向唯心论方面的，他的哲学里有许多漏洞，恰恰适合替唯心论开后门。首先有人就要问他："你既然说没有办法认识物质的本来面目，那为什么你敢断定它一定存在呢？譬如，你前面有一间屋子，当你还没有方法认识它的内部的时候，你怎能断定里面一定有人呢？"唯心论哲学者就常常抓着康德哲学思想里的这样一个漏洞：说他既主张我们不能认识到屋子的内部，却又武断说里面一定有人；说他一方面主张不能认识"物自体"，一方面又偏要说"物自体"存在，这在道理上就讲不通。要想把道理讲通，只有取消二元论，或者站在唯物论方面，承认感觉就是物质的本来面目的反映，我们通过感觉就可以认识"物自体"，这样，我们肯定"物自体"存在就有理由了。或者相反的，干脆否认"物自体"这东西的存在，跟主观唯心论一样地主张世界就包含在我们的主观精神里。康德的学生和他的许多后继者，都走了后面的一条路，把"物自体"干脆丢掉，以后就发展成有名的德国唯心论。这德国唯心论变来变去，最后就出现了黑格尔的哲学，又成为客观唯心论，这是以前我们已讲过的了。至于康德自己，最后也是偏到唯心论和宗教迷信方面去。因为还有这样一个困难的问题逼着他不能不走向这方面去：世界的本身是物质的，我们也是在这个物质世界内部生活的，但是我们却看不见这世界的本来面目，那我们的生活不是就像瞎子走路一样的危险了吗？而且也许，我们的情形比瞎子更坏吧？因为瞎子虽没有眼睛，还可以利用触觉来摸索道路，而我们却根本没有方法摸索我们的道路。我们就好像梦游病者，只能看见自己的梦、自己的感觉，前面有危险的悬崖，我们也不可能自己觉察。这样，世界上的人全是梦游病者，为什么都能好好地生活下去呢？为什么人类在生活中还不至于莫名其妙地落进"物自体"的悬崖里去呢？如果康德肯丢掉唯心论，他对于这问题就很容易回答，因为他可以改变他的主张，承认感觉是"物自体"的反映，我们的感觉能够引导我们认识物质的本来面目，因此我们能够看清道路，不至于在悬崖前面失足。但是，康德不肯丢掉唯心论，一定要坚持二元论，结果他就只好偏向唯心论方面，作了一个带宗教迷信味道的解答，就是说：我们之所以不失足，"是由于幸运"。这样，命运之神的心意，就被康德看做世界的支配者了。

乡下姑娘学城里人打扮，实际上还是个乡下姑娘。真正把乡下和城市很调和地结合起来，是不可能的，如果她能够打扮得完全像城里姑娘一样，那么，她又已经不是乡下姑娘，而是城市化了。二元论者也是在道理上站不稳脚跟的。它如果不偏向唯物论，就一定要偏向唯心论和宗教迷信，否则它本身就有一大串难题解决不了。要想把"领袖"决定一切的专制思想和广大人民决定一切的民主思想结合在一起，是不可能的，要一个人不放弃公式主义而又能够按照事实情况灵活办事，也绝对做不到。要想一个有速胜论思想的人执行持久战的战略，一定会发生危险。中国两千年前有个孟轲说过这样的话："我想同时吃到鱼和熊掌两样食品，但是不可能，那只好选择一样，丢掉鱼，吃熊掌了。"二元论者想同时把唯心论和唯物论都吃进自己的哲学肚子里去，但事实已经证明是做不到的事，那么，怎样办呢？那只能在两种世界观中选择一种，而丢掉另一种。选唯心论好不好？唯心论的情形，我们已经讲过，不论是主观唯心论或客观唯心论，都是荒谬不通的思想，都会要把人引进宗教迷信的圈套里去，我们应该坚决反对它。因此，问题的解决是很明白的：我们要选择唯物论，而丢掉一切种类的唯心论；要反对"领袖脑壳论"、"主观主义"、"公式主义"等等，而相信广大人民力量，注重研究客观事物的规律，要按照事实的具体情况灵活解决问题……

现在我们就要详细说明什么是唯物论了。

唯物论首先要承认世界是物质的，但更重要的是了解什么是物质。如果认为物质不会自己变化活动，就不能站稳唯物论的脚跟，就会落进灵

魂不灭的迷信思想里。 唯物论的一个起码的特点，就是一定要承认，我们的世界是一个物质的世界。这是谁也能够了解的。如果连世界的物质性也不承认，那怎么还能叫做唯物论呢。但是，仅仅承认这一点是不够的。因为有人还要进一步问：你所谓的物质，是怎样的一种东西？对这一个问题如果答复得不好，你的唯物论就往往站不住脚，而且会在无意中被唯心论所打败。

例如我们平常往往有这样一种感觉：我们往往以为凡是物质都是没有知觉、没有认识，而且它自己本身是不会变化活动的东西，就像木头和石头一样。如果我们是用这样简单的看法来看物质世界，那么，我们的唯物论包管站不住脚！因为大家知道，我们的世界，是包含着千变万化的现象，包含着继续不断的运动和发展。如果你说物质自己本身不会变化活动，那么人就要问你这些千变万化运动发展的现象是从何而来？如果我们说物质自己不会变化活动，那么我们势必要承认世界上除了物质之外，还得要有另外的一种力量，来推动物质，使它发生变化运动，如像沧白堂、校场口、北平中山公园的石头，必须有特务的手力推动，才能飞起来打在民主人士头上一样。是什么力量呢？世界上的事物只有两大类，除了物质，自然就是精神。这样一来，你就势必要承认世界上的一切运动变化都是由于精神力量的推动，也就是在事实上要承认精神支配世界。这样你就完全失去了唯物论的立场，你不但是承认物质精神并存的二元论者，简直是主张精神高于一切的唯心论者了。而且你这种思想，早已普遍地受到宗教迷信家的利用，他们把世界看做耍木头人戏。把物质看做木头人，它的背后隐藏着精神，使它活动起来。人的身体是物质，人的身体所以能够活动，全靠在躯体里有一个灵魂，灵魂一离开，躯体就失去一切的活动能力，这就是死亡。大家知道，这正是宗教迷信里最普遍的灵魂不灭的思想。你如果把物质世界看做僵死的木头石头，你就不可免地要做灵魂不灭的思想俘虏。

灵魂不灭思想的谬误。 当然，灵魂不灭的思想，也是很幼稚、很不合理的。只就最重要的一点来说：它把精神或灵魂看做能够自由离开物质而独立存在的东西，这在事实上就永远得不到证明。我们在事实上所见的一切精神的东西，都是附属在一定的物质上表现出来的，例如说到感情和思想，我们只能看见张三或李四的某种感情和思想，决不会在张三李四之外，在什么地方发现一种独立存在的感情和思想。迷信的人会说梦中的鬼怪神灵就是独立存在的精神，殊不知那只是他自己的梦，那只是他自己的头脑中幻想出来的东西，也离不开他自己的头脑，同时这种幻想的产生，也由于白天看见或者想到了什么东西，也不能离一定的所感所想的对象，因此决不能说梦境是一种独立存在的东西。再说，就算退一万步讲，假定精神是能够离开物质而存在，那也不能答复这样的问题：无形无体的精神，怎么能推动有形有体的物质呢？石头飞起来，是从特务的手里抛出来的，不是特务的精神想要它飞，它就此飞起来。你们试试看，你们单单心里想要一个石头飞起来，它是不是就能飞呢？绝对不会的！世界上决没有人心想要怎样便怎样的如意事，只有经过物质力量才可能推动物质运动，单单精神作用是什么也推动不起来的。耍木头人戏的都是活的人，我们从来也没有见过鬼耍的木头人戏，如有人说到这些事，那一定是巫神蛮婆假造的鬼话。

但是，不管"灵魂不灭"的思想是怎样幼稚而不合理，你如果对于物质的性质没有正确的了解，你就不但不能驳倒这种思想，而且不知不觉就要被这种思想所征服。要避免这一个危险，最主要的问题，就是你切不要被平常的粗糙的想法所束缚，也就是不要把一切物质都看成木头石头，看成不会变动的僵死的东西。你要承认，物质本身自己就会变化发展，世界上的一切千变万化运动发展的现象，都是物质自己的变化，而不是任何物质之外的神秘力量推动起来的。如果你的思想不是那样粗糙，而是能够比较仔细一些看问题，那么，你还应该承认，就是木头石头，也并不是丝毫不能变化，木头会腐朽，石头会风化，不过这种变化很缓慢，要经过较长的时间，表面上一下子看不出来罢了。

唯物论不但要承认物质自己会变化发展，而且要正确了解物质怎样变化发展。 但是，单单承认物质自己会变化发展，还是不够的。因为有人还要问，你所谓的变化发展，是怎样的一种变化发展？你对于这问题如果答复得不对，你也就不能把唯物论的世界观坚持下去。为什么呢？让我现在举出历史的事实来证明给你看。过去有一种唯物论，叫做机械唯物论。在欧洲，这种唯物论是从十七世纪就流行起来，一直到十八世纪末了，还在法国大大地发展。这种唯物论在那时是最进步的哲学思想，它曾经和宗教迷信思想坚决地战斗过。它否认物质的变化发展是由物质以外的任何力量推动的结果，它认为一切变化发展的原因都是在物质本身内部可以找到。它认为物质和物质中间的相互作用和相互关系，就是一切变化发展的原因，这样，机械唯物论就把鬼神的支配作用从自己的世界观里驱逐出去。

机械唯物论认为一切物质变化只有位置和数量两种变化，把物质变化看得太简单了。 但是，这种唯物论思想就是有一个缺点，它把物质的变化发展的性质看得太简单了。它认为世界上物质的变化在根本上说来只有两种，就是位置的变化（一件东西从这里移到那里）和数量的变化（一件东西增多或减少了，集合了或分散了），而没有性质的变化（一种东西变为另外一种东西）。它认为世界上一切千变万化的现象，归根结底，都可以看做各种不同的位置变化和数量变化。世界上不会有新的东西，世界的舞台上转来转去的都是一些老的角色。世界上如果出现了新的东西，照这种唯物论说来，这并不是真有新的东西出现，而是原来隐藏在什么地方的东西突然露了出来，或者是原来分散的东西突然集中起来，我们以为以前没有这个东西，只是因为以前隐藏着或分散了，我们注意不到的缘故。好像军事上所谓的"化整为零"或"化零为整"的变化一样，一个军队"化零为整"，并不是由无到有，而是由分散到集中，"化整为零"也不是由有到无，而是由集中的大队伍化为分散的小队伍。机械唯物论就是这样把世界上一切事物的变化发展，都归结为位置和数量的变化，也就是机械的变化，它认为只有机械的变化才是根本的变化、真实的变化，而其他的各种变化，例如新的东西的产生和旧的东西的消灭，都只是表面的现象，根本上还是位置和数量的变化的表现。

机械唯物论不但认为世界上一切物质的变化根本上只是简单的机械变化，并且认为，各种物质和物质中间的相互关系和相互作用，根本上也只是很简单的机械的关系和作用，如相互推动、吸引、冲突、摩擦之类。风吹树叶落，是风对树叶的推动作用；磁石吸铁，是吸引作用；特务的石块打破民主人士的头，是冲突作用；石头上磨刀，这是摩擦作用。机械唯物论认为这些关系和作用才是物质中间的真实关系和作用，而其他的一切关系和作用，如社会现象、人的身体上的生理变化等等，都是表面的，而且归根结底，都可以用这一些机械的作用和关系来解释，都可以看做机械的关系和作用所引起的结果。有一个法国唯物论者叫做拉美特利的，甚至于写了一本书，名叫《人就是机械》，这书就是用机械的关系和作用来解释人的身体的生理现象。

机械唯物论不能说明新的东西的出现和旧的东西的消灭。 现在我们可以来看一看机械唯物论的弱点在什么地方了。照机械唯物论的观点看来，那么，世界上就不会发生任何新的东西，也不会有任何旧的东西消灭掉。这种看法，和我们所看到的事实就大不符合。我们在世界上就常常看到许多新的东西出现和旧的东西消灭，这些现象如果硬要依照机械唯物论的道理，就会解释不通。特别是社会现象：就新生的来说，例如中国现在有了共产党，这是最近二十五六年来才出现的；中国有了解放区，这是抗战八年以来才建立起来的；世界上有了社会主义国家苏联，这是最近二十七八年来的世界大事；就消灭的来说，例如德意法西斯国家被打垮了，希特勒、墨索里尼之流死了；满清帝国被推翻了，袁世凯以及北洋军阀没有了。如果硬要照着机械唯物论的世界观，说中国共产党、解放区和苏联，都是盘古开天地以来就有的，不过以前是分散和隐蔽在什么地方，现在才集中出现，这岂不要闹大笑话？又如果说德意法西斯国家、希墨罪魁、满清皇朝、袁世凯北洋军阀等等都没有消灭，而且永远也不消灭，我们觉得它消灭了，只是因为它们都分散隐蔽到世界的什么角落里去了，这岂不要令人骂你发疯？

机械唯物论在两三百年前的欧洲是进步思想，到现在就落后了。 你们也许要问了：机械唯物论既然是这样荒谬的思想，为什么从前还有许多大哲学家提倡它呢？并且为什么曾经要把它看做进步的思想呢？要了解这问题，必须注意时代的条件。机械唯物论是十七、十八世纪的哲学，离现在两三百年了，那时世界上的科学还没有像现在这样发达，那时主要的科学就是机械科学。那时的社会，虽然是正当欧洲资产阶级起来革命、推翻封建社会的时候，但是资产阶级对于社会问题没有人用科学的方法来好好研究，没有深刻了解当时社会变化的真正性质。因此，那时资产阶级的革命思想家，只能利用机械科学作思想武器，来反对封建思想和宗教迷信，因此在那时提倡机械唯物论的世界观，在反对封建思想宗教迷信、提倡科学这一点来说，还是在人类思想上起了革命的进步的作用。但是在今天，世界上已经有了高度发展的各种各样的科学，包括马克思主义的社会科学，也有了最进步的科学的世界观，即辩证法唯物论的哲学，并且我们已看见了无限复杂的新旧事物产生和没落的事实。在这种情形下，如果有人还提倡机械唯物论，那就成为落后反动的思想了。十几年前，苏联有一部分提倡机械唯物论的哲学，受到了苏联哲学界严厉的批评；它的首倡者布哈林，最后还被发现和苏联的敌人勾结，成为苏联国家的叛徒。就是一个证明。

不承认物质能变化发展的就是形而上学的唯物论。 凡是否认物质本身能变化发展的唯物论哲学，都叫做形而上学的唯物论，机械唯物论虽然主张物质有位置和数量的变化，实际上不承认物质本身的产生和消灭过程，因此也仍然是形而上学唯物论的一种。和形而上学唯物论相反的，是辩证法唯物论，这是马克思主义的革命的哲学，是无产阶级的世界观。从下面一段起我们就要开始说明什么是辩证法唯物论的哲学了。

六　不如意和碰钉子

——辩证唯物论

在日常生活中，我们常常会碰到许多不如意的事情。举最简单的例子来说：天气冷了，如果我们衣服准备得很少，那么即使心里想不受冻，也不可能。在上海这样穷人很多的都市里，每年冬天要冻死很多人，这些人是不是自己愿意死呢？当然不是，但是他们还是死了，这在他们就是大不如意的事。抗日战争开始的时候，为什么会有速胜论的思想出现呢？就是因为中国有一部分人很希望马上得到胜利，但是抗战继续了八年，对于他们说来又是不如意的事了。共产主义社会是很好的理想，但在中国目前的条件之下还实行不起来，如果我们希望现在就实现共产主义，那么事情对于我们也要不如意的。现在中国一部分地区已经实行了新民主主义，成为解放区了。我们觉得新民主主义很好，希望在全国实现，但又有封建买办和帝国主义的势力阻碍着，现在还达不到目的，这也算是一种不如意。照这样，我们可以举出无数的例子，证明我们常常会遇到不如意的事。

世界的事物是在我们主观心意之外独立存在着。 我们如果把一切不如意的事情总括起来，仔细地想一想，那么我们就不能不承认一个道理：就是说世界上的一切事物，是在我们的主观心意之外独立存在着，它们是不受我们的心意随便支配的。世界上的事情，决不是我们希望怎样便会怎样，相反的，常常是我们希望这样，而偏偏事实上就不会这样。如果我们按照主观唯心论的思想，想要用我们的主观心意去随便支配一切事物，想要一切事情都照我们所想望的去做，例如硬要在中国立刻实现共产主义，硬要计划使抗战三个月胜利，那结果怎样呢？结果只有一个：就是做不通！也叫做碰钉子！主观唯心论不对，那么客观唯心论又怎样呢？我们的主观心意既不能随便支配事物，那么是不是也可能有一种非常伟大的客观存在的心意，能够对一切事物起支配作用呢？是不是有神灵呢？那么，也请试一试吧！就照着求神拜佛的公式，做一番祈祷吧！冻死的人能因祈祷而复活吗？持久战能因祈祷而速胜吗？帝国主义和封建买办的阻力能因祈祷而立即消灭吗？显然是不能的。读历史的人，都知道四五十年前，中国曾有过一次义和团运动，这个运动的目的，主要是反对"洋人"，表现了中国农民对帝国主义侵略的反抗。但是这个运动的领导者是用迷信落后的方式来组织群众，标榜能够用一种神术，抵御枪炮，打退洋鬼子，结果大家都知道，神术毫不灵验，八国联军还是打进北京城里去了。这类历史的事实，足够证明，世界上的事物决不受任何神灵的支配，也不受任何类似神灵的客观心意的支配。

事物是依照它本身的规律互相发生作用和变化发展的。 世界上的事物既不受我们人的主观心意随便支配，也不受客观的神的心意支配，这一点既然得到证明，那我们就不能不承认，世界的一切现象，根本上是物质自己在变化、自己在发展，物质变化发展的最后原因，不能从精神力量里去找，而只能在物质自己的相互关系和相互作用中去找。衣服少了受冷，是北风跟我们的皮肤发生作用。强大的帝国主义的侵略和中国广大人民的反抗运动发生关系，就造成持久战的局面。封建买办和帝国主义势力在中国人民中间的作用，就是激起了广大人民为实现新民主主义而斗争。总之，物质和物质中间发生相互关系和作用，就成为世界一切事物千变万化运动发展的现象。如果你再仔细研究和思考一下，你就会发现，各种物质中间的关系和作用，都有一定的特点，它们的变化发展，也有一定的经过和结果，也叫做一定的过程。北风吹在皮肤所给予的感觉一定是冷，而不是热；帝国主义一定要侵略弱小国家民族，被侵略国家的广大人民，对于侵略一定要反抗，而不是屈服，甘心屈服的一定只有少数，而不是大多数，这些关系，都是一定的。在冷风中不穿衣服，经过长久时间人一定冻死；中国广大人民反抗日本帝国主义一定要经持久的战争，而结果日本侵略者一定要失败。这样我们可以举出无数的例子，来证明事物中间的关系和作用以及它们的发展变化，都有一定的特点和一定的过程，这种一定的特点和一定的过程，就叫做事物发展的规律。世界上的事物，就是依照本身所具有的一定的规律和其他事物发生关系，依照它本身一定的规律变化发展。它们之所以一定要如此发生关系和作用，一定要如此发展和变化，这是它们自己的规律使然，而不是受到人的心意支配或者鬼使神差的结果。

不如意和碰钉子的原因，是由于我们的主观愿望和事物规律不符合。 现在我们可以懂得，为什么在我们日常生活中，常常有不如意和碰钉子的事了。这个世界是独立的物质世界，世界上的一切事物都依照它们自己的独立的规律变化发展，不管我们的心里高兴不高兴，愿意不愿意，它总是要按照它自己的规律变化发展。我为什么会有不如意的事呢？因为我主观的心意里所希望的，我所高兴愿意的，常常与客观事物本身的规律不符合；在这种时候，事物是服从我的愿望呢，还是它各自按照本身的规律变化发展呢？当然它一定不会服从我的主观愿望，而一定要照它本身的规律变化发展。因此，事情的发展当然就不如我的意了。俗话说，"癞虾蟆想吃天鹅肉"，癞虾蟆能够捕水边的蚊虫，但不能捕空中的天鹅，这是物质的一定的规律。如果你所希望的事情和物质规律相违背，例如说，要想希望在冬天种出庄稼来，希望帝国主义不对中国有侵略的野心，希望中国不经过新民主主义而立刻实现共产主义，希望人能长生不老，那你就必定要落一个"癞虾蟆想吃天鹅肉"的笑柄。如果你不肯服气，一定不顾事实的规律，一定要按照你所希望的去做，那么，请试试看罢，包管你费尽了天大的力量，还是得不到半点结果，还是要失败，碰钉子！

希特勒想独霸世界，日本军阀想征服地球，墨索里尼想使法西斯主义在世界上支配一千年。这是全世界人人明白的"癞虾蟆想吃天鹅肉"的好典型，世界大势趋向民主，专制独裁终归要消灭，这是世界发展的规律，不管法西斯头子怎样梦想，世界大势仍要这样发展下去。希特勒、墨索里尼、日本帝国主义者现在都失败了，因为他们硬要违反世界发展的规律，所以碰了大大的钉子。中国的大地主大资产阶级现在还有人想学希特勒、墨索里尼，一定也要大碰钉子，美国以及其他国家的反动派，想使法西斯残余复活起来，同样要大碰钉子！

不同的事物，有不同的变化发展规律，对不同的事物不能用同一个简单的看法去对待它们。

世界上的事物是千种万样，从日常生活的小事到国家大事，从地上的河流山川，到天上的日月风云，每一事物，都有它自己特殊的规律，和别的事物的规律不同。植物生长的规律和动物不同，各种动物的生长规律就互相不同。资本主义国家一定会发生失业、恐慌，社会主义的苏联国家却人人有工作，经济天天向上发展。中国大地主大资产阶级经常要依附一个帝国主义，即使反对某一帝国主义，也经常会发生动摇投降的倾向，广大人民尤其工农群众对于帝国主义的侵略却始终采取坚决反抗的立场。国民党的官员和军队在抗日战争中大批地公开地投降敌人，共产党领导的军队却一个也没有投降敌人。中国抗战是持久战，是经过防御、相持、反攻的三阶段，是以游击战为主而辅之以运动战。苏联对希特勒德国的战争却比较迅速地得到胜利，并且只经过防御和反攻两个阶段，而采取的战术是正规战争而不是游击战争。不同的事物，有不同的规律。因此，我们的思想和愿望，对于不同的事物，也要分别对待。如果对于不同的事物，我们只有一个简单的想法和愿望，那么，我们的这种想法和愿望，即使能适合此一事物的规律，但却一定要违背另一事物的规律，在此一事物上能够如意，在另一事物上却要碰钉子。例如我们相信广大中国人民尤其是工农群众一定能坚决抗日，这种想法是合乎事实规律的，但是如果我们对于大地主大资产阶级，也以同样简单的想法去对待，说他们也是中国人，以为他们也一定坚决抗日，那么，事实的规律就要打破你这一个幻想，就要给你碰钉子。在抗战中间，的确有许多人碰了这样的钉子。由于这个钉子的教训，许多人才知道要把大地主大资产阶级和广大人民分别看待，才知道要放手发动广大人民，要团结和组织他们。而对大地主大资产阶级，却要经常警惕他们的动摇投降倾向，和这些倾向作坚决斗争，加以揭露、打击，而不要片面地对他们抱有幻想。

公式主义者就是不懂得不同事物有不同的规律。　不同的事物有不同的规律，因此我们也必须对它有不同的看法，才能够免于碰钉子。如果不然，用一种简单的看法去对待一切事物，这就叫做"公式主义"。"公式主义"是什么？我们已经讲过，它是一种客观唯心论，它以为世界上有一种客观存在的死的思想公式，能够支配一切事物，因此只要我们抓着这一个死的公式，就能够当做万应灵药，来对付一切事物。其实，如果我们让自己的思想和愿望受到死的公式的束缚，而不能适应各种不同的事物规律，那我们所有的，将不是万应灵药，而是到处有害的毒药！

好了，现在我们把唯物论的基本观点讲得很透彻了，这就是要承认世界的一切事物都有它自己独立的变化发展规律。但仅仅这样说，还不能明白地把机械唯物论和辩证法唯物论分清楚，因为机械唯物论和辩证法唯物论同样承认物质有它自己独立的规律。要怎样说才能把两者分别清楚呢？我们已经知道，机械唯物论认为物质的变化，只限于位置的移动和数量的增减，而不承认物质本身能发生性质的变化，因此，机械唯物论把机械运动的规律，当做一切事物变化的唯一的真实规律，想用简单的机械规律来说明一切现象的变化发展。十七世纪法国的笛卡儿用机械规律来说明动物的生活现象，十八世纪法国的拉美特利用机械规律来说明人类身体的生理现象，苏联的机械唯物论者想用机械的规律来说明社会的现象。

机械唯物论用机械运动作为公式说明一切，不是彻底的唯物论。 说到这里，我们又看出机械唯物论的一个毛病来了。原来它在不知不觉中已经陷入了公式主义的圈套里去，它已经不是彻底的唯物论，不能照顾到各种不同事物的不同的规律，它对于自然界的机械运动现象还能够坚持唯物论的立场，但对于其他的现象，特别是社会现象，就站不稳这一个立场，就只能用主观的公式任意胡说了。这种唯物论自己既然站不稳脚跟，因此也就不能够彻底打败唯心论。相反的，在十八世纪末和十九世纪初时，德国的唯心论曾经把机械唯物论完全打败，这一方面固然是因为当时欧洲资产阶级已经有些不愿意革命，因此就丢开了唯物论，而采取了唯心论，把唯心论当做和封建宗教势力妥协的思想桥梁，但另一方面，机械唯物论本身的弱点，也是战败的一个原因。

辩证法唯物论承认事物的性质变化，以及事物的产生和死亡的规律。 辩证法唯物论就没有机械唯物论的弱点。它不但承认世界事物有数量和位置的变化，而且承认事物自己会发生性质的变化，承认一事物在适当发展条件下，能转变为另一事物。辩证法唯物论不但承认机械运动的规律是物质运动的真实规律，而且承认化学的变化，生物的进化、生长，社会的发展、变革、斗争，也各有各的规律。承认每一种事物有它自己独立的规律。世界上经常有新的事物出现，也经常有旧的东西死亡。什么事物该新生起来，什么事物该死亡没落，也是由于事物本身的规律使然，不受任何主观的心意的支配。结了婚的夫妇一定要生小孩，除了有病或其他不正常的条件，要想这新的生命不产生出来，那是不可能的；人太老了一定要死，即使不愿死也没有办法。奴隶社会在世界上早消灭了，封建社会也将近消灭了，这是社会历史的规律，谁要想恢复奴隶社会和全盛时代的封建社会，那是妄想！法西斯统治世界的幻想也打破了。现在世界上新生的社会制度，是社会主义和新民主主义制度，这种制度一定要生长起来，是历史的规律，谁也不能违抗。以美国的反动派为首的世界许多国家的反动派，要想用一切力量阻止社会主义苏联和各国新民主主义制度的生长，也一定要大碰钉子，就如像希特勒、墨索里尼一样！

我们讲了上面一大篇，有的人也许会觉得不耐烦，要提出质问了；他说："请不要再讲下去了吧！

我已经发现了你的大漏洞：你说你在讲辩证法唯物论，我看倒有点像宿命论。你说一切事物都有它本身一定的变化发展规律，人的主观心意决不能违反这规律，这不是等于说一切都已命定，一切都没有办法改变，那么，人在世界上岂不是只有听天由命或者随波逐流了吗？人的任何主观努力和奋斗，对于世事岂不都是徒劳了吗？这难道还不是宿命论吗？"

唯物论认为人的心意不能随便支配事物，但决不是宿命论。 这个质问发得很妙，问得很有些道理，但是，这决不会把我们问倒。因为辩证法唯物论和宿命论是有根本分别的，他说没有区别，是因为没有完全了解。不错，辩证法唯物论承认事物有它本身的规律，我们不能加以改变和违背，因此我们也不能用我们主观心意随便支配事物，但是，这并不等于说，我们已经是命运的奴隶，不能对世界上的事物作丝毫的改变。说农民不能希望冬天种出庄稼，并不等于说农民不能设法改良耕作法，使庄稼长得更好；说我们不能希望帝国主义不侵略中国，这并不等于说我们不能战胜帝国主义的侵略；说我们不能幻想大地主大资产阶级坚决抗日，并不等于说我们不能利用他们内部的矛盾规律，拉一部分大地主大资产阶级到抗战营垒方面来。按照宿命论的思想，就要把上面的"不等于"看做"等于"，因此就要取消一切主观努力，反对农民改良耕作法，反对抵抗帝国主义，反对和一部分大地主大资产阶级建立暂时的统一战线。

认识了事物的规律，人就可以利用这种知识去改变世界。 但是，按照辩证法唯物论，却是要从积极方面来看：正是因为知道冬天不能种庄稼的规律，因此就可以选择最适宜的天气，采取最适当的方法，使耕作改善，生产增加；正是因为知道帝国主义一定要侵略中国，并且知道广大人民的反抗可以战胜侵略，因此我们就要发动广大群众，争取胜利。……由此可以知道，承认事物有自立的独立规律，并不见得就会把我们引到宿命论的消极无能的泥坑里去。恰恰相反，认识了事物的规律以后，我们就有可能避免碰钉子、走错路，我们就能按照规律，采取适当的方法进行工作，使工作容易成功。

只有唯心论才会碰钉子，才会成为宿命论。

而只有违背事物规律的唯心论，才会使我们到处表现无能，到处碰钉子，才会使人误认为自己是在受命运的播弄。所以宿命论只是唯心论的思想，只是在唯心论者碰了太多的钉子之后，以为一切没有办法，才会发生这种错误的思想。

唯心论把主观精神放在第一位，以为世界一切事物都受心意的支配，这是错误的。唯物论把主观精神放在第二位，认为人的心意如果违背物质规律，就没有丝毫作用，但是，这并不是说人的心意的作用完全要被否认了。人的思想如果能够与事物的规律一致，如果能认识这规律，适当地利用这规律，它就能发挥很大的力量，利用这些规律知识，去改变世界上的事物，就能创造许多新的事物。例如能制飞机飞上天空中，能把地瘠民贫的陕北地方人民变成丰衣足食，能把分散落后的农民改变为有组织的革命队伍，能推翻强大的封建买办和帝国主义统治建立新民主主义社会。这就是说，它能改变世界，支配世界。

革命胜利不会自然而然地到来，必须要认识革命规律，要有正确的斗争指导。 我们不能像宿命论者那样，甘心忍受帝国主义和封建势力的大山的压迫，我们要把这些大山推倒。但是不是心里想要它倒，它就自然而然地倒了呢？这是唯心论的妄想，世界上决没有这样便宜的事。要推倒两座大山，必须懂得怎样才能使山倒的规律；要进行军事、政治、经济、文化等各方面的复杂斗争，要学会认识这些复杂事物中的各种规律。如果我们能够找到这些规律，就一定能指导革命走向胜利，如果不能，那就会失败，就会永远被压在大山下面，不得翻身。我们说革命一定会胜利，反动势力一定要失败，这个"一定"，必须包含着这一个条件：就是指导革命者必须能认识各种斗争规律，给群众以正确的指导，而不要犯错误。不能认识斗争规律，就要犯错误，就会使革命碰钉子。我们今天对革命之所以有充分的信心，就是因为中国共产党已经认识了中国革命的规律，已经有了马克思主义思想的正确领导，已经有把握胜利，不至于像太平天国、辛亥革命及民国十四到十六年第一次大革命那样的失败了。

要认识事物规律，必须对每一事物的情况具体了解。要怎样才能认识革命斗争中的各种规律，这不是简单的事情，这要对于每一件事物的情况有具体的了解，即使是同一事物，情况不同，规律也就不同。例如要把山推倒：如果我们有开山的机械，就是一种情况，在这种情况之下，我们就有"速胜"的规律。如果没有这种机械，只能用人力挖土，挑土，这又是一种情况，在这种情况之下，我们就不能希望"速胜"，而必须用愚公移山的办法，作长久坚持的打算。如果我们能认清这个规律，照这个规律做去，一担一担慢慢挖。那么，时间虽然长一点，还是一定可以有胜利的把握。如果我们不按照这规律办事，一定要和开山机械赛快，那么，事情一定不如意，一定弄得筋疲力尽而毫无成功希望。中国人民反抗帝国主义侵略，不能像苏联打德国那样速胜，而必须作长久坚持的计划，就是这个道理。

怎样才能了解每一事物的具体情况，正确认识它的规律呢？这就不是马马虎虎随便看一看，心血来潮的偶然想一想，就能达到目的。事情既然是十分复杂，所以就必须要下一些苦工夫，对你所要认识的事物，加以仔细的调查、研究，（例如研究清楚中国的情形和苏联的情形有些什么不同，乡村的情形和城市的情形有什么不同。）然后才可能得到结果。中国革命领袖有一句名言说："没有调查，就没有发言权！"革命需要非常谨慎细密的工作，如果不经调查研究，只凭自己的"想当然"，乱说一顿，例如把中国抗战和苏联打德国的战争同样看待，把城市办学校的工作和乡村办学校的工作同样看待，用这种轻率的态度来指导群众，一定要违反革命斗争规律，一定要犯错误。在这种时候，即使你嘴上讲很多唯物论的革命的名词，你在实际行动上却不是唯物论，而恰恰是唯心论，你这样的行动，必定不能推进革命，而恰恰会妨害革命。这是在中国革命历史有了不少教训的。只有停止这种态度，才能使革命不碰钉子。

唯物论者必须凡事仔细调查、认真研究，才能认识事物规律，正确地解决问题。 如果你有心要做一个辩证法唯物论者，那么，对于你最重要的事情，就不是嘴上讲什么是唯物论，而必须在行动上有一套唯物论的本领。这就是说你要使自己养成这一种习惯：遇到任何事情、任何问题，都能够认真地调查，仔细地研究，把它本身特别的规律寻找出来，然后按照这规律去办事，去解决问题，使事办得好，问题解决得顺利，不至于碰钉子，或至少不碰大钉子。

中国革命现在已经有了共产党的正确的马克思主义领导。但要在中国这样大的国家，这样复杂的斗争中，把这领导贯彻到各个地方各个斗争部门，就必须每一地方和每一部门从事革命工作的人，都能够在行动上表现唯物论的观点，凡事谨慎调查研究，认真掌握规律，正确指导群众进行斗争。我们能不能做到这一步呢？只要努力，是可以做得到的。为什么能够？怎样才能够？这些问题等以后慢慢讨论。

第三章　辩证法唯物论的认识论

七　用照相作比喻

——反映论

照相是我们大家都熟悉的事。谁都知道，要照相，总得要有一个照相机，这是一种方形的暗箱，前面装着一个镜头，外界事物的影像，经过镜头射进暗箱内部，暗箱内部装着涂有化学药品的底片，影像射到底片上，使化学药品发生变化，照相的手续便告完结，再把底片拿去冲洗、晒印，影像便映到纸上来了。

暗箱、底片、镜头以及其他附带的许多东西，是每架照相机所必不可少的要件。这些东西适当地配合起来，就构成照相机，就具有摄取影像的作用。重要的是不单要有这些东西，而且要把这些东西适当配合，才能成为这样一个具有特别作用的机械，没有适当的配合，那么，镜头永远只是镜头，暗箱永远只是暗箱，底片也只是底片，绝对照不出相来。人类认识周围的事物，情形与这照相机有点仿佛。通常我们总是说：因为人类有意识、有思想、有精神……所以人类能认识周围的一切。当我们碰见一间房屋时，我们的意识使我们知道这儿有房屋；我们走在路上，我们的精神就知道这儿有一条路；我们的国家被侵略，广大人民被压迫，我们精神上认识到要准备对封建势力和帝国主义势力作战，我们的民族意识使我们懂得要坚决和敌人战斗等等。……

意识、精神以及认识能力，是一种最高级物质的作用。 但是，我们更应该知道的是：这认识能力，这精神和意识，也就好像摄影的能力一样，不是凭空存在的，要有镜头等等适当配合起来，才能摄影。同样，要有人的活的肉体，以及健全的头脑和五官的组织，才会有精神和意识的现象，才能够认识事物。世界上的物质很多，有矿物和植物，它们也有一定的组织，但是不能够认识事物。也有很多的动物，大部分都没有认识能力，只有一部分高等动物略有认识能力。像人类这样的智慧，却仅仅是人类这一种最高等的动物才能具有。所以，意识、精神以及认识能力，离不开一种最高级的物质，离不开人类的肉体和五官，它是这一种最高级物质所发生的作用，就如摄影是照相机的作用一样。

人的认识，是外界事物的反映。 还有，照相机所摄的影像，是外界事物的影像。外界没有的东西，决不会在底片上出现。人的认识，也是外界的反映，我们的感觉器官能接触到什么，我们也就只能认识什么。城市的知识分子初到乡下，往往要笑乡下人不懂卫生，但是乡下人也要笑知识分子，说他们五谷也不能分辨。中国穷苦的农村里见不到卫生设备，城市知识分子没有接触过庄稼，所以各人都有不认识的东西。孙中山的言论里没有抗日民族统一战线的问题，马克思、列宁的书里也从没有谈到反法西斯的世界人民统一战线。世界上所没有的，或不曾发生过的，或没有接触机会的东西，也不会凭空在人的思想意识里出现。就是做梦和神话，你仔细分析一下，它的内容也是以日常见过的事物做基础的。如果世界上没有猪和猴子，小说家决不会造出猪八戒和孙悟空的幻想。

认识、精神和意识是第二位的、派生的东西，物质才是第一位的东西。 因此，摄影必须要有两个物质条件做基础，第一要有照相机，第二要有能摄的外界事物。人的认识也要有两方面的物质基础，第一是健全的五官和头脑，第二是直接或间接能接触到的事物。没有这些物质基础，就没有意识，就没有精神意识。认识、精神和意识，是高级物质的作用，它不是独立的、第一位的东西，而是派生的、第二位的东西，而物质才是第一位的东西。这是唯物论认识论的一个最基本的观点。

人的认识能否摄取外物的真相？这是一个需要回答的问题。　喜欢寻根究底的人，可能要发出这样一个问题：“我们的认识，是像照相一样，把外界的事物影像摄取到我们的意识里，但是，它所摄取的影像，是不是和外界事物一样呢？我们所能认识的，的确是世界物质的真相吗？或者只是自己骗自己的假像呢？如果你相信我们能认识世界的真相，那就要把它为什么真的道理讲清楚。”

“不可知论”认为人不能认识外物的真相。这一个问题，是需要回答的。因为在哲学历史上，曾经有过一种“不可知论”，就主张我们不能够认识世界的真相，认为我们就像梦游者一样地生活在自己的幻想里。在我们的日常生活中，常常听得有人说这么一句话：“天晓得！”说这话的人虽然不是在讲哲学，它往往是人在一件事情做坏了的时候偶然发出的叹息。但是在这种叹息中间，却包含着一种不可知论的思想，这就是对于人的认识能力表示绝望，认为事物的真相究竟怎样，只有天老爷才晓得，人是无法晓得的，在世界的哲学史上，"不可知论"的最重要的代表，就是前面说过的康德派的哲学。他们的看法，若用照相作比喻，那他就说照相机所摄取的完全不是外物的真实影子。为什么呢？他们说，照相机的性质是这样的：它一方面虽然能够和外界接触而摄取影像，但一方面却在摄取时把真实的影像改变了。试把照片上的人和真正的人比较一下吧，你就可以看见，照片上的人影是多么缩小了，颜色又只有明暗二色，嘴唇的红色和眼球的褐色，在照片上一点也没有了。还有，真正的人是活动的，照片上的人却永远只有一个死板的姿势。……这一切，难道还能算是真正的人影吗？根据以上的理由，他们就断定，照片上的影子，经过了底片和照相机，本身的性质有所改变，因此它与外物的原来真相是完全不同了。由此推到人类的认识，他们以为也有类似的情形。他们说：我们所能认识到的一切，都经过了我们的感官和头脑的一番改变，而不是事物的本来面目了。譬如这里有一块糖，我们觉得它是甜的，这只是我们舌尖上的感觉，离开了我们舌尖上的感官，甜的味觉就不会存在。同是小米饭，西北的农民觉得是很好的美味，拿到南方的有钱人的面前，那简直看都不愿意看一眼。小米饭究竟是好吃呢还是令人讨厌呢？这与小米饭本身性质都没有关系，只是人的主观作用不同，所以感觉也就不同。美国反动派在中国广大人民的眼里是豺狼、是骗子，在中国反动派的眼里却好像又成了亲老子。"不可知论"者对于这种现象，又会下判断说：既然同一事物在不同的人的眼里，可以发生这样不同的感觉，这就可以知道：我们的感觉都是主观的，要认识美国反动派本身究竟是什么东西，那是我们的认识能力所达不到的事！

好了！我们不要跟着"不可知论"跑得太远，要快回过头来批评批评它才行了。我们是赞成唯物论的，如果一直跟"不可知论"跑向前去，结果势必要把自己的生活看成是梦游病者的生活，这就是丢掉了唯物论，而只落得一个主观唯心论了。所以，要使我们的唯物论站稳脚跟，就必须把"不可知论"驳倒。聪明的读者在这里一定会问："唯物论既然反对不可知论，那么唯物论的认识论一定可以称做可知论了吧！"是的，哲学史上固然从来没有人用过"可知论"这一个名词，但一定要说唯物论的认识论就是可知论，也并不见得就不对。唯物论不但承认客观世界里有独立地存在着的物质，并且认为物质本身的真相是可以认识到的。用照相的比喻来说，唯物论就认为照相机是能够摄取外界事物的真相的。为什么能够呢？让我们把"不可知论"驳倒以后，你自然明白。

唯物论主张物质的真相可以认识，"不可知论"是不对的。 就从照片的颜色说起来吧。"不可知论"者因为上面只有明暗两种颜色，就以为完全不是外物的真相了。这是不是对呢？不错，因为照片本身的性质只能摄取明暗两色，而不能保持住唇的红色和眼睛的褐色，所以照片上的影像和原来的东西是有点不同了。虽然这样，你总不能说，即明暗两色的影像，完全是底片上平白无故发生的幻影，你总不能不承认，这影像根本还是由外物本身投来的。外物不同，影像也就不同，没有外物，也就根本不会有影像。同时，不论就影像的形态或内容来说，虽然由于底片本身特有的性质，使它不能反映外物的各方面的色彩，但它所反映的明暗两色，还是外物本身各种色彩的一部分，还是外物的部分影像。因此，你就不能说它完全不能摄取外物的真相，你只能说它反映的不是外物全貌，但总之它还是反映了外物的部分面貌。

我们的每一次认识，都可以反映外物的一方面或一部分真相。 一块糖，我们觉得甜，这甜味当然只是舌尖上的感觉，也是我们主观上的感觉，但我们决不能说它只是一种幻觉。因为谁也不能否认，这种感觉的的确确是由糖的本身性质所引起的，如果糖的本身不能发生甜的作用，我们就万万不会有这种感觉。拿一碗药来叫你喝一下看，你还能说它是甜的么？除非你是疯子或者故意骗人，就决不会说甜，而一定要说苦，这就可以证明你的味觉原来也要靠客观事物本身的性质来决定。所以，当我们说糖是甜的时，这是表示我们已认识到了糖的本身的一种作用，也就是认识到了一种物质的客观性质。同样，农民觉得小米是美味，而不会觉得观音土是美味，这是认识了小米的一方面的性质，有钱人觉得小米不能入口，而只有大米白面才能入口，这也是小米的一方面的性质；美国反动派对中国人民像豺狼、像骗子，对中国反动派像老子，这也是美国反动派的不同方面的反映。由此可以知道，"不可知论"的思想是不正确的。外界事物反映到我们的主观意识里，并没有像"不可知论"所说的那样完全改过了样子，它仅只是不能一下子摄取外物的全部真相，但我们每一次的认识，总可以反映外物的一方面的性质或一部分的真相。除了神经错乱的疯子之外，我们所有的认识都不会只是主观幻觉，都一定有一点一滴的客观物质的真实面影。承认外物可以认识，这是辩证法唯物论认识论的基本观点之一。

认识是运动发展的过程，逐步地达到事物的全面认识。 唯物论的认识论，又可以叫做"反映论"。它承认我们的认识，就是外界物质世界在我们主观里的反映，就如像照相是外物在照相机的底片上的反映一样，但是，这种反映，不是一下子就能认识事物的全部真相，每一次认识，都有一定的限制，都只能认识事物的一个点滴，或一个部分的面貌。"不可知论"夸大了这一个限制，断定说我们完全不能认识外物，这是错误的。因为我们虽然不能一眼马上看穿事物的全部，但是我们可以慢慢一部分一部分认识，这样来一步步地达到掌握全部。我们的认识能力是活的，是能够运动发展的，对于周围的一切，可以逐渐地更完全地认识它，这叫做认识的过程。用照相的比喻来说：一张照片只能摄明暗两色，多费一点手续，就可以摄天然色相片，把红色的唇和褐色的瞳照出来，如果用活动电影机连续摄几千万张片子，就可以把一连串的行动和许多方面的人物事实活生生地反映出来。在抗战胜利一年多来对于美国帝国主义政策的认识上，就是认识过程的一个很好的例子。起初因为它和我们配合抗日，中国人民认为它是我们的友邦；后来来了一个赫尔利大使，露骨地帮助反动派反对人民，这时中国人民开始看见了它的帝国主义的本质。赫尔利失败，来了马歇尔，开始对共产党和国民党采取调停的态度，促成了一月停战协定、政协决议等进步的协定，中国人民又觉得美国当局还有一部分和赫尔利不同的人物，他们对中国不是采取死硬的露骨的反动政策。但是，日子久了，中国人民又得到了新的认识，一月停战协定及政协决议等协定不断地被国民党政府撕毁，而马歇尔并没有加以阻止，相反的，对于积极扩大内战，反对人民的国民党政府，美国政府所采取的政策是不断地给予物质的援助。到这里，中国人民才认识了美国帝国主义政策的全貌：它的根本方针是要维持中国独裁政府，压迫中国人民，把中国降为它的殖民地。在抗日时期与我们配合，是为了它本身与日本法西斯争夺太平洋的利益，马歇尔的"调停"，一则是为了掩饰，不要像赫尔利那样露骨，以免很快引起中国人民的反对，二则是为了缓兵，在调停休战的期间帮助独裁政府准备实力，以便进行全国内战。中国人民经过了一年多的认识过程，对美帝国主义政策得到了全面的认识，才能发起全国普遍的"美军退出中国运动"。

人的认识可能发生错误。　也许有人又要质问了："如你所说，那么，一切人的认识都能够反映事物的真相，世界上岂不是就没有错误的认识了？"我们答复说："我们主张人类有认识事物真相的能力，但并不因此就否认人的认识常常会发生错误。"例如唯心论的世界观就是错误的认识，这我们不但不否认，而且要坚决地这样主张。我们所要否认的，只是"不可知论"。"不可知论"的特点，是认为人的一切认识都是错误的，都不能反映外物的真相，这样一种极端的主张，才要遭到我们的反对。我们说我们有能力认识事物的真相，但要使这种能力发挥出来，必须克服许多障碍，否则我们就不能得到正确的认识。为什么呢？让我们还是先用照相的比喻来说明。有了照相机，我们就有可能摄取外物的正确的影像。但这也只是可能，如果要使这可能成为事实，就有许多附带的问题要解决。例如，倘若你没有学过摄影的技术，那即使有好的照相机械，也没法摄出影来，这样，你就首先必须克服这技术上的困难，才能达到摄影的目的。又，即使你学过技术，倘若你没有很多实习的经验，或者即使有经验，你在摄的时候马马虎虎，不仔细对准光度和焦点，那你也不可能摄成正确的影像。因此要摄成正确的影像，你又必须练习，必须在每一次摄影的时候仔细研究，仔细处理。技术、经验、仔细等等，这些是方法上的问题，要摄好照片，这些问题是必须解决的。但还有一个根本的问题，就是照相机本身质量的好坏问题。好的照相机可以正确地摄各种各样的事物对象，不管是天上的、地下的、飞的、走的、动的、静的、明的、暗的，但是坏的照相机却做不到这一点，它只能摄取一部分的事物，例如它感光很慢，就不可能摄飞行的东西。如果镜头坏了，或者是表面凹凸不平，那么，它甚至于任何东西的正确影像也不能摄取！所以，有技术有经验的摄影工作者，还要选择质量好的照相机，才可能发挥他的摄影能力。

要使我们的认识不发生错误，必须有正确的方法、观点和社会立场。 现在再回过来说认识的问题，要发挥人的正确认识能力，也必须克服方法上观点上的阻碍。例如你依照了唯心论的观点，遇事不仔细调查研究，只凭"想当然"来解决问题，那么，即使你是天下奇才，也没有方法正确认识客观的事物。至于方法，那就是一定要学会辩证法，不学会辩证法，也会成为正确认识的障碍。这些问题，以后才能详细说明，这里我们要特别提到一个最根本的问题，那就是我们的社会立场问题，这个问题，跟照相机的质量好坏问题一样重要，坏的照相机就根本不可能照出好的照片，即使世界第一的照相师也没有办法。社会立场不对，也就根本不能正确认识世界，即使你是世界第一的聪明人也是枉然。所谓社会立场问题，就是你站在什么人的利益上来看问题。例如认识中国的问题，先就要问你是站在大地主大资产阶级的利益上来看问题呢，还是和工农群众及广大人民站在一起来看问题？如果你是站在大地主大资产阶级利益上说话，那你就会把美国帝国主义者看做亲老子，把今天的菲律宾看做"独立国"，你就也希望建立一个菲律宾式的国家，并且把坚决抗战的共产党、八路军、新四军和解放区人民看做菲律宾式的"国家"的敌人，把民主的同盟以及一切要求民主的人民看做建立这种国家的障碍物。如果你是站在工农及广大人民的利益上看问题，那么，你就把美国帝国主义看做"豺狼"、"骗子"，把菲律宾看做殖民地、假独立，反对中国成为菲律宾第二，把共产党、八路军、新四军以及解放区人民看做中国人民争取独立解放的中坚力量，把民主同盟以及一切民主人士看做为中国独立、和平、民主而战的一支有力的队伍。同是对中国问题的认识，因为立场不同，看法也就这样完全相反，请问这两种看法，哪一种对呢？哪一种才是正确的认识呢？当然对的还是后一种看法，还是站在工农及广大人民的立场上，才能够有正确的认识。

同是对中国问题的认识，因为立场不同，看法也就是完全不同。要获得正确的认识，首先就要能站在广大工农人民的利益上看问题。 因此，如果你决心要使自己成为一架最好的照相机，能够正确地认识一切事物，那么，首先要解决的一个根本问题，就是你必须站在工农及广大人民的立场上。怎样才算站到了广大人民的立场上？这就是要能使你自己全心全意忠实于人民的利益，就是要决心以你的全部工作、全部能力，用到广大人民的解放事业上，而为了这个目的，不惜牺牲一切。你如果能这样，而没有一点个人的私心，不受一点大地主大资产阶级的自私、卑鄙的思想影响，那么，你看问题的时候，就不会有任何成见、任何顾虑，来妨害你彻底了解问题的真相，你就有可能对一切事物获得正确的认识。

八　卓别麟[1]和希特勒的分别

——感性认识与理性认识的矛盾

人类的认识和照相并不完全相同。　前面我们用照相机作比喻，来说明我们的认识是怎么一回事。但是，世界上的比喻，都是不完全的，它只在某一些方面比得对，在别的方面，也许就不对了。用照相比认识，就是这样的。以前我们专讲照相和认识是如何相似，以下我们就要讲两者如何不同了。

由感觉器官所得到的认识，叫做"感性的认识"，这是和照相机相似的。　我们的认识，和照

---

① 　现通译为"卓别林"。

相最相似的，主要的还是感觉器官所得到的认识。我们的感觉器官，从周围摄取种种色色的影像，使我们能够认识周围的事物。假使卓别麟走到我们面前，眼睛就会告诉我们：这位先生的嘴唇上有小小的胡子，头上戴顶破礼帽，裤子、皮靴都大得很不相称，手上捏着一根竹杖当做司的克，走路的姿式也不大平稳……眼睛里所感到的这一切，和照片上的卓别麟是一个样儿。照片上所能摄取的，都是事物的外表形象，感官所能感觉到的，也是事物的外表形象，这些外表形象是可以由直接的感官接触而认识得到。一撮胡子、一顶破帽、一根竹杖……卓别麟这些外表的各个部分的特征，都可以由照片直接摄取，也可以由感官直接认识。这种由感觉器官可以直接认识的事物形象，我们叫做"感性的事物"，由感觉器官所得到的认识，我们叫做"感性的认识"。

我们说人类的认识不能完全用照相机来比，如果只就感性的认识来说，那我们的话就不对了。因为感性的认识只能做到照相的地步，只能像照相机一样的摄取外表的形象。如果我们人类仅仅只有感性的认识，那我们就永远只是在照相，永远只能认识一些外表的事物形象，如胡子、破帽、竹杖……等等。但事实上并不是这样简单，我们的认识能力，除了"感性的认识"之外，还有另外的一种认识，使我们不只是能摄取外表的形象，而且能认识更深刻的东西。……还是把卓别麟拉来具体地讲一讲吧。已经说过，照片上印着的卓别麟只是一个留着小胡子的人，照片上除了他那一副褴褛的外形之外，不再告诉我们什么。但是，请你仔细想一想，卓别麟仅是一个留着小胡子的人，仅仅是你在照片上所看见的这一个外表形象吗？我相信你一定要答复不是。你一定说卓别麟决不仅只是留着小胡子的人，而且还是另外的一个东西。这一个东西，我们的感官是直接"感觉"不到的，但我们用自己思想却可以"了解"得到，他有一个名字，就是"滑稽大王"。我说我们所感觉到的是一个留小胡子的人，但我们所了解到的却是"滑稽大王"。这话你肯相信吗？你也许不肯相信，并且还要反驳我说："滑稽大王也能为我们直接感觉到的。我们不是经常看滑稽大王的电影吗？这不是表明滑稽大王可以直接看到吗？"你这种说法，似乎有道理，但是事实上却并不正确。让我们把事实分析给你看看：如果你单凭感性的认识，那么，试把一张希特勒的照片和卓别麟的照片摆在一起，你能分别它们的不同吗？卓别麟扮演过"大独裁者"，如果把他扮的大独裁者的相片，和德国法西斯独裁者的相片摆在一起，外表上能看出什么不同吗？仅从外表上看，一定是一模一样，没有什么分别的。但是，这时如果有人说卓别麟和希特勒没有分别，你一定要大不服气。为什么不服气呢？因为你除了承认他们在外表上一模一样之外，你心里总认识他们在根本上还有不同的地方，这个不同，不是外表上直接感觉到的，是你心里了解到的：你能了解他们一个是滑稽大王，一个是法西斯魔王，你这种了解，并不会因为他们有外表上的共同点而被蒙蔽起来。

再用另外一方面的例子来讲一讲，事情就更容易明白了。假使你是从来没有看过电影的人，我们把卓别麟的相片，和罗克、劳莱、哈台、裴司开登等人的相片，一起摆在你的面前，你会发生怎样的认识呢？你一定只能认识到这些人的不同，而决不会想到他们中间的共同点。因为在这种时候，你仅仅能够凭着照片上的表面形象来认识他们，你对于他们只能有感性的认识，你只能感觉到卓别麟有小胡子，罗克戴眼镜，劳莱是瘦子，哈台是胖子，……各人有各人的特征，无论如何也不能混成一起。但是如果这里来了一个看过很多电影的人，他一定笑了起来，说："看呀，这一群滑稽大王都摆在一起了！"这位看电影很多的人，他对于卓别麟、罗克等人就不仅只感觉到他表面的不同，他对于这些人已经有了另外一种认识，就是能了解到他们同样都是电影上的滑稽大王。

我们的认识有两种：一种是感性认识，只能认识事物的外表形象；一种是理性认识，能了解

事物本身深刻的特性。 现在我们可以完全明白了：我们有两种认识，两种认识反映事物的两个方面。一种是感觉器官所得到的感性认识，这种认识只能为我们反映事物的外表形象，如小胡子、戴眼镜、胖子、瘦子等等；另一种认识所反映的，却不是外表上直接可以感到的东西，它是比较深刻的东西，它是代表事物本身深刻的特性，如滑稽大王、法西斯魔王等等；这种东西只能凭我们的"了解"、"理解"来认识，这种认识，叫做"理性的认识"。我们又看到，感性的认识和理性的认识不但是两种不同的认识，而且常常是相反的认识，两种认识的结果，是常常相互矛盾的。不论在日常生活中或世界的人事里，我们都可以举出无数的例子来证明这种矛盾。例如这里有一个苏联人和一个美国的反动分子站在一起，只从外表上看，那么他们都是高鼻子白皮肤的西洋人，如果你了解到他们本身的特性，你就知道他们是相反的人物，一个是反动分子，而一个是革命者。日本军阀和中国老百姓，从皮肤颜色来看，同样都是黄种人，比起苏联人或英美的工农群众及民主人士来说，在外表上他们还是更接近的，但从社会地位和性质上来看，日本军阀是侵略者，是中国老百姓的敌人，而苏联人和英美的工农及民主人士，却是中国老百姓的朋友。感性认识和理性认识，就是这样相反、这样矛盾的。这种矛盾还被法西斯主义者所利用，他们强调人类皮肤颜色的关系，而故意抹杀了人的社会性质的关系，强调种族的对立，而蒙蔽了社会阶级的对立，这样来制造出他们的侵略思想。例如希特勒宣传雅利安人是世界上最优秀的民族，生来有征服世界的使命；日本法西斯宣传黄种人的东亚，而黄种人又以大和民族为最优秀，应该成为盟主，这样来为它的侵略行为辩护。丘吉尔想使英美帝国主义分子联合起来，发动第三次世界战争，也利用英美两国语言相同的外表特点，作为他的一个重要理由，而抹杀了英美两国中间的矛盾，以及英美帝国主义者和英美人民中间的不同。

感性认识和理性认识的矛盾，引起了几百年

哲学界的争论。 现在我们碰到一个困难问题了：感性认识和理性认识，它们同样都是人类的认识，它们本来就像是一家人，像是两公婆或两弟兄，但这两公婆或两弟兄是那样的不和气，经常要大家抬杠。"感性"先生说是这样，"理性"先生偏要说是那样，究竟谁靠得住呢？"公说公有理，婆说婆有理"，这场纠纷，实在难得排解！从古以来不知出了多少专门研究哲学的人，为了排解这场纠纷而费去无数的脑汁。可惜很多的哲学家，虽然头脑可以算得聪明，但因为态度不好，不能公正对待问题，常常只是偏袒着一方，因此让这公婆俩争吵了两千多年，也没有办法制止。一直到离现在百年以前，马克思、恩格斯的辩证法唯物论出来了，才算公平合理地解决了纠纷。

偏袒感性认识，认为只有它才能认识事物真面目的，叫做经验派哲学。 让我们简略地把情形说一说吧：有许多哲学家，是偏袒感性先生的；有许多哲学家，又是跟理性先生一鼻孔出气的。偏袒感性先生的哲学家，就只相信感性的认识才能反映事物的真面目，以为只有像照相一样得来的认识才靠得住，没有错误。这一类的哲学家在哲学史上总称为经验派的哲学家或经验论者。为什么叫做经验派呢？因为他们相信经验是一切正确认识的来源，而他们所谓的经验，就是指感觉上的影像或感性的认识。这些经验论者太偏袒感性认识，结果就把理性认识打入冷宫里去，认为理性的认识都不是事物的本来面目。例如对于卓别麟，他们只相信那小胡子、破礼帽，才真正是卓别麟身上的东西。如果有人说："卓别麟是滑稽大王。"那么经验论者便要皱起眉头来，说："你错了。卓别麟只是一个留小胡子的人，因为只有他的小胡子和他这个人的形状，才是我们实实在在看得到的东西，只有实实在在看得见的东西，才是事物的本来面目，只有留着小胡子的人才是卓别麟的本来面目。至于'滑稽大王'，那只是你嘴上说说的一个名词而已。滑稽大王这几个字，并没有生在卓别麟的脸上，也没有刻在他的身上，你并没有在他的脸上或身上看见它，而只在你的心里觉得他是滑稽大王，那么，他本身究竟是不是滑稽大王，你是没有办法证明的。"所以，经验论者只相信直接感触得到的感性认识，他们认为直接看不到的理性认识，只是我们主观里的东西，而不能反映客观事物本身的真面目，它只是嘴上说说的名词，并没有反映任何客观事实，它只是抽象的或空洞的名词。

在我们日常生活和工作中，有没有经验论者呢？当然，经验论的哲学专家，是不容易碰到的。但是有些普通人的观点，也可以归入经验论一类，这种人倒常常可以碰见。这类人虽然不至于像哲学专家那样极端，连卓别麟是滑稽大王都要否认，但他们在事实上却常常袒护感性认识。例如在苏联战争的头两年，当德国法西斯军队一直向着莫斯科前进，还没有被苏联军队阻止住的时候，有许多人对于苏联就抱着悲观失望的看法，以为希特勒军队真是无敌的。在这种时候，你向他宣传社会科学的理论，说法西斯一定要没落，社会主义的苏联一定要胜利，他是不会相信的。因为他只相信他直接看得到的才是真实的东西，而认为理论是不合事实的空洞名词或抽象言论。在这种情形下，我们就可以说他是有了经验论的观点。盲从希特勒的人，以为皮肤的颜色不同是人类中间的敌视和斗争的原因，而不相信社会科学关于阶级关系的理论，这也可以说是受了一种经验论观点的欺骗。在革命队伍中，有些人只重视自己个人或自己周围的人们的直接斗争经验，而轻视理论知识，认为谈理论是空洞无用的，这也是一种经验论的观点，这叫做狭隘经验主义。

偏袒理性认识，认为理性才是正确认识的来源，这叫做理性派的哲学。 现在要谈一谈那些和理性先生一鼻孔出气的哲学家了。这一些哲学家，又太偏袒理性的认识，以为感性的认识只是表面的、虚假的、混乱不清的幻影，以为只有理性的认识才是正确认识的真正来源，才能反映事物的真面目。这种哲学叫做理性派的哲学。拿卓别麟的例子来说，理性派的哲学一定要坚持卓别麟只是滑稽大王，而不是留小胡子的人。他的理由是："只有滑稽大王才能代表卓别麟的根本特性。至于小胡子，希特勒嘴上也有一撮，你不能把卓别麟的小胡子和希特勒分开，你说卓别麟就是留有小胡子的人，就只表示你没有真正认识卓别麟。"理性论的哲学家，既然认为感性的认识是不可靠的，因此他们以为我们要求得真正的认识，就不必依靠感性认识，他们以为我们有一种内心的理解能力，只要运用这种理解能力，就不需要任何的经验、任何的调查研究，直接就能够了解事物本身的特性，就能认识事物的真正面目。在中国的哲学史上，有人主张聪明的人对于事物的深刻知识是天生的，不是学习来的，也就是不必经过长久经验以及调查研究得来，这就是一种理性论的观点。在明朝时候有个王阳明，更把这种观点发挥到极点，提倡一种名叫"致良知"的哲学思想。他所谓良知，就是人类生来就有的知识能力，所谓致良知，就是要我们专门按照生来的知识能力去求知，而不要去下调查、研究、观察学习的工夫。他举他自己的例，说他曾坐在竹子旁边观察了七八天，想来想去人都病了还是毫无结果，所以还是不观察的好。

经验派和理性派都各有偏袒，不能解决认识问题的争论。 在我们日常的工作和生活里，自然不会碰到那么多理性派的哲学专家，我们周围的人，谁也不会把道理讲得那么极端，以至于连卓别麟有小胡子这一件明明白白的事情也要否认。但是类似理性派的观点，却常常在很多人的思想言论中表现出来。特别是有许多读书较多而又没有社会经验和工作经验的知识分子，常常犯一种毛病，就是过分看重书本上的理论知识而轻视实际经验和实际知识。遇到问题要解决的时候，他们不是根据实际情况来决定办法，而是依靠书本上引证的词句，加上他自己主观的一套推论，以为这样就可以掌握事物的真理。这种人对于自己的言论思想的实际效果如何，是不看重的。他们只相信书本上的词句和自己的"想当然"，只要把这两件东西加起来，作成一篇文章，看起来好像"言之成理"，他们就很满足，就很得意了，至于这一篇文章是否"合乎实际"，是否能正确解决问题，这不是他们所关心的。即使是与实际情形完全不合，他们也满不在乎，因为实际的东西，本来是他们所轻视的。这种人走在革命的队伍中，就会把外国书本上的革命理论，生硬地搬到中国来用，而不管是否适合中国的实际情况。他们把外国书本上的革命理论当做宗教信条，一字一句不敢更动，而对于中国革命的实际情况和实际经验，却不放在眼里，所以也叫做"教条主义"。教条主义既不注重中国的实际情况和实际革命经验，因此也就不能正确地指导革命，如果一定让他们指导，革命就会受到损失。这就是偏袒理性的害处。国民党中也有教条主义，在抗战初期，主张打阵地战的人，就是抄了满清时候镇压太平天国运动的反动首领曾国藩的教条，说打仗要以"守的为主，攻的为客"。这是封建社会的反动的教条主义，也使抗战遭受了不少的损失。

我们看，经验派和理性派的哲学家，本来是想给感性和理性这两公婆或两兄弟排解纠纷的，但结果不仅没有成功，反而使他们自己互相对垒起来了。在外国，经验派的大本营是在英国，理性派的大本营是在欧洲大陆德、法、荷兰等国。两个大营垒在哲学史上对立了很久，抬了几百年的大杠了。为什么他们要这样呢？这是由于他们的看法不对。在他们的眼睛中，感性认识和理性认识好像是两只绝对势不两立的老虎，如果把两只老虎放在一起，它们一定要拼个你死我活，决没有并存的道理。"一山不容二虎"，因此他们以为排解纠纷的办法只有一个，就是救活一只，杀死另一只。但是究竟要杀哪一只，而哪一只又应该留着呢？对于这一个问题就发生分歧了。经验论者喜欢感性认识，就说要杀死理性认识。理性论者看中了理性认识，就说要杀死感性认识，于是就争吵起来。这样感性认识和理性认识的纠纷不但没有排解得了，反而发展成为经验派和理性派的两大营垒，把纠纷扩大，变成了战争，事情倒弄得更僵了。

经验派和理性派都是形而上学的方法。 把两公婆和两兄弟的纠纷，看成了两只老虎打架，这种看法自然是不正确的。这种看法在哲学上叫做形而上学的看法，它和辩证法的看法是相反的。它喜欢把不同事物看成相互孤立的、绝对分离的东西，而不注意事物中间的联系。一切不同的事物在他们眼中都不可能有联系，至于互相抬杠互相闹纠纷的事物，那更是不能两立了。

感性认识和理性认识有密切联系，不能分开，不能偏废。 其实世界上事物的实际情形，和形而上学的看法是不符合的，两公婆和两兄弟尽管天天吵架，但他们仍然是一家人，而不是两只老虎。如果你把人类的认识多研究一下，你就知道，任何一个人的认识，都是同时兼有感性和理性两方面，这两方面经常结合在一起，简直难分难舍。你要把任何一方面撇掉，都觉得有些不妥，就好像单身的男女不能建立完全的家庭生活一样，单独的感性认识或单独的理性认识都不可能成为完全的认识。你说卓别麟只是留小胡子的人吗？那只是看见了卓别麟的外形，不能了解他的特性。你说他只是滑稽大王吗？那么这又太抽象、太空洞了，罗克也是滑稽大王，你怎样说明他们两人的具体分别呢？你要说明这分别，就必须向感性求救，说卓别麟是留小胡子的（当然还有其他特点）滑稽大王，而罗克则是戴眼镜的（当然也还有其他特点）滑稽大王。只有这样把感性和理性的认识都拉在一起，你才能够对一件事物得到完全的认识，否则你不是只落得一个外表，就是只落得一个抽象空洞的名词。我们的革命领袖说得好：那些只看重书本上的理性知识而轻视实际知识的人，虽然自己以为是知识分子，其实只是半知识分子。同样，只有实际经验而不学习理论的人，也只能算是半知识分子，因为他们同样都没有完全的知识，而只有片面的知识。好了，情形既然是这样，排解纠纷的办法就不能采取形而上学的态度，只偏袒一方而抹杀另一方，如像经验论或理性论所做的那样，而是应该把两方面好好地拉拢，使他们很好地合作起来，这就必须要公平地承认大家的地位、权利，正确地调整互相间的关系，不要使一方受无理的压迫，而另一方又过分的威风，那么就可能使双方都很服气，愉快地互相帮助，建立繁荣的家务。这就是说，如果我们懂得调整感性和理性的关系，适当地发挥它们各自的作用，那么我们就可能经常获得正确的完全的认识。

要正确了解感性认识和理性认识各自的作用，以及它们相互的关系。 所以，我们的认识论虽然叫反映论，并不完全像照相，照相里只有类似感性认识的反映，人的认识却除了感性认识之外还有理性认识，必须好好调整感性和理性的关系，才能反映事物的全部真相。究竟要怎样调整，究竟感性认识和理性认识有什么关系？这问题必须要用辩证法的看法来解决，但是这里已没有篇幅了，等下一段再讲吧。

九　原来是一家人

——感性认识与理性认识的关系

当一个电影院要放映卓别麟的影片时，照例很早就有广告铺张出来。这时，我们就在街角上、墙壁头、报纸里，到处发现这位留着小胡子的外国瘪三的画像。这小胡子的印象，前次曾经说过，是我们的感觉器官可以认识到的，所以叫做感性的认识。感性认识给我们的影像，是不是真实的呢？当然是的，小胡子留在卓别麟嘴上，是的的确确的事实，谁也不能怀疑。但是这里立刻又发生了问题，卓别麟的小胡子跟希特勒的太相似了，如果只从小胡子上来看卓别麟，那我们就很难把他和希特勒分开。于是我们又想到要从更根本的地方来认识卓别麟，就是要认识他是在性质上和希特勒根本不同的人物。这时我们就运用自己的理解力，认识到他是滑稽大王了。

感性和理性认识的矛盾是反映着事物本身的矛盾。客观事物的表面现象如果和它的性质一致，我们的感性和理性认识里也就会一致。 已经说过，我们用理解力认识到滑稽大王这种性质，这种认识作用，叫做理性的认识。我们还说过，理性的认识是怎样专门喜欢和感性认识抬杠，感性先生说是这样，理性先生偏说是那样，他们的争吵是这样激烈，以至于有些形而上学的哲学家误认为是两只老虎打架，想打杀其中的一只来解决纠纷。但在打哪一只的问题上，这些哲学家自己也争吵起来了。现在我们站在辩证法反映论的观点来看，才明白了事情的真相，原来他们不是两只老虎，而是兄弟或公婆，尽管他们激烈地争吵个不休，始终还是一家人，还是要共同生活下去，拆散不了的。如果我们再仔细研究一下，更可以知道，这种争吵抬杠，并不简单只是我们自己的两种认识能力在互相捣蛋，追根究底，这种争吵抬杠原来是包含在客观的事物里。原来卓别麟这个人本身就是包含两个方面的：

一方面他是留小胡子的人，这是他的外表；一方面他是滑稽大王，这是他的性质。因为卓别麟这个客观事物本来有这两方面，所以反映在我们人的脑子里也就有两种认识，因为卓别麟的这两方面本来有些不一致，反映在我们脑里的两种认识也才会互相抬杠。所以这两弟兄或两公婆的争吵抬杠，并不是我们的认识能力自己爱兴风作浪，而只是反映了事物本身的复杂内容罢了。如果事实本身的这两方面是一致了，它的外表和它的性质一致，那反映在我们的脑里，也会觉得好像是很和谐的夫妇或兄弟，这时感性认识和理性认识就不会抬杠了。例如最近一年来，在上海北平各地的人们，经常看见美国军队欺负中国老百姓，这是他们从感性认识里经常看到的。在这种情形之下，如果我们再从理论上告诉他们说："美国是帝国主义国家，美国对中国现在采取侵略政策。"他们会不会反对呢？当然不会反对，因为这时他的感性认识和他的理性认识是一致的。他们所感到的美国的外表行为，和他们所了解的美国政策性质是不抬杠了。这种情形，在抗战刚刚胜利的时候，或者马歇尔最初来中国"调停"停止内战的前后，是不会有的，那时美国军队的坏行为还没有完全暴露，美国政府的政策在外表上装得好像是一个公正的"友邦"，既帮助了中国抗日，又似乎不偏袒国内各党派的任何一方。在那时候，它所给人们的感性认识，好像是与帝国主义的性质不一致的，它就与理性认识有些抬杠的作用，因此，那时如果我们说美国的政策是帝国主义的侵略政策，有些人还不肯相信。所以，感性认识和理性认识的关系，原是客观事物在我们头脑里反映的结果，理性和感性抬杠不抬杠，是由事物本身的性质和它的外表一致不一致来决定，客观事物本身没有的东西，也不会在我们的头脑里凭空出现。

理性认识是怎样产生的？ 现在恐怕有人会生发这样一个问题了："理性认识是怎样发生的呢？这是我们很难了解的。我们很容易了解感性认识是如何产生的，因为你在前面已经用了很浅近的比喻，把它说得十分透彻了：感性认识是像照相一样，由我们的感觉器官直接由外物摄取的。但是，理性认识是怎样来的呢？它不是直接由外物摄取的，并且也不可能摄取，因为它所反映的不是事物的外表，而是事物的根本性质。前面说是要用我们的理解力去'了解'，才能得到理性的认识。这个所谓了解，岂不有些神秘吗？性质是外界事物本身的性质，而'了解'是我们头脑中的了解，这两件东西不是隔得很远吗？怎么能够连接起来呢？"

由客观事物反映为理性认识，要以感性认识做桥梁。 是的，这是一个必须要解答的问题，而现在也正是解答的时候了。我们的理解力和事物的性质之间，的确是有相当的隔离，不能直接接触，那么怎么会发生理性认识呢？要想把一条河流的两岸连接起来，应该靠什么呢？自然要有一座桥梁。的确，事物和我们的理解力之间，需要有一座桥梁，才能达到理性认识的目的。什么是这一座桥梁呢？在答复这个问题时，我们就更进一步发现了感性认识和理性认识的亲密关系，更加看出两方面果然是真正的一家人。原来从事物的性质达到理性认识的桥梁，不是别的，正是感性认识。换一句话说，如果没有感性认识，那也不可能有理性认识。我们知道，一个从来没有看过电影的人，乍然看见了卓别麟的照片的时候，一定不会想到这是一个滑稽大王，即使你告诉他这是一个滑稽大王，他也不会真正了解你所说的是怎么一回事。什么人能够了解滑稽大王呢？一定是常常看电影的人，电影看得愈多的人，愈更能够深刻了解卓别麟这个滑稽大王。我们以前说，看见卓别麟的小胡子的人，往往误认为这是希特勒。这也只是指那些从来没有看见过卓别麟电影的人说的，例如中国解放区乡下的小孩子，对希特勒是很知道的，如果把卓别麟的相片给他看，他一定告诉他妈妈说："看呀，希特勒变叫花子了！"这就因为他没有看过卓别麟的影片。凡是看过卓别麟电影的人，他一定一眼就能认出这是滑稽大王，而不是那欧洲的法西斯魔王。因为当他一看见照片的时候，他就会联想起以前看过的许多卓别麟的影片，每部影片都是讽刺社会、使人发笑的。他的脑子里的卓别麟，不仅仅是眼前的一个留着小胡子的人，而是一连串的滑稽电影故事，这些故事的总体，在他脑子里形成了一个牢固的滑稽大王的认识，和他对希特勒的许多侵略疯狂行为的认识完全不同，因此他决不会把卓别麟的相片和希特勒混淆起来。

要先把很多感性认识积累起来，才有可能达到理性认识。 现在我们懂得理性认识是怎样发生的了。原来理性认识的产生先要有许许多多感性认识积累起来。没有感性认识或者感性认识很少，就不可能有理性认识，但如果感性认识多了，那你就有可能经过它而达到理性认识了。只看见一张照片，决不能想到这是滑稽大王，看了许多电影，你那滑稽大王的认识就牢固起来了。只看见美国政府人员或军队的一两件事情，你决想不到他是帝国主义，甚至于相反，以为他是好朋友、公正人士。等你经过很长的时间，反复地看了他们许许多多行为事实之后，你的脑子里对于他这帝国主义的认识就愈更明确了。又譬如对于今天中国当权的国民党大地主大资产阶级，你倘若只听见他们的某些漂亮的言论，或者只看见他所做的一两件表面上似乎很好的事——例如你只看见他们参加抗战，参加政协会议，和各党各派共同签订政协决议，以及提出允许言论自由等四项诺言，你或者会以为他们是真正爱国家、赞成民主的人，但是等你长时间地观察了他的一切反对民主、压迫人民的行为之后，你才深刻地了解，他们原是非常顽固的专制独裁主义者，他们的一切漂亮的说话都只是假装门面骗人的手段。所以，没有很多感性认识做基础，是不能有理性认识的。为什么把许多感性认识积累起来，就可以达到理性认识呢？因为有了许许多多的感性认识，我们就能够反反复复地观察到各种现象的相互关系，就有可能把它们加以比较、分析，就能够看出，有些关系是一定不移的，是反复出现的，是真实的关系；有些关系却不是经常的确定的，而只是偶然出现的，甚至是表面的不真实关系。这就是说，我们由此可以找到事物中间的某些确定的关系，也就是认识到事物的规律。卓别麟这小胡子的外国瘪三，经常出现在电影银幕上，每一出现，必要引得观众发笑，这是卓别麟与观众中间的确定的关系。美帝国主义的许多行动，都是要扩张它的势力，侵略别的国家，它帮助中国抗战，也是为着在中国扩大它的势力：它一面表面上"调停"中国内战，另一面却拼命帮助独裁政府进行内战，把这些现象中反复出现的各种关系加以综合，又可以得到一条规律，就是美帝国主义当局的一切行动，都是为了扩大自己的势力，把中国降为殖民地。就中国当权的大地主大资产阶级来说，也是一样，我们从它的许许多多可以直接看到的事实里，能够归结出一些固定的规律，就是它一定要反对民主、压迫人民！

从许许多多感性认识中，可以看出事物间的确定的关系或规律。 总之，许许多多的感性认识，使我们能够看见客观事物里的许许多多现象，从这许多反复出现的、内容丰富而且复杂的现象中，我们就可以认识到事物的许多确定的关系，认识到它们的规律，这样也就能够认识了事物的根本性质。因为所谓事物的根本性质，不外就是它们的各种规律的总名称。不同的事物有不同的性质，是因为它们有不同的规律，是因为它们与其他事物发生不同的关系。如卓别麟的演技使人民愉快，希特勒的行为使人民遭殃，美帝国主义和大地主大资产阶级的行为使人民愤怒和反抗等等；而卓别麟和希特勒之所以有根本性质的不同，就由于他们和人民的关系不同，就由于在这种关系中的规律不同。

单单感性认识的积累，并不就是理性认识，而要加上分析比较的思想工夫。 这样，我们可以明白，为什么感性认识的积累，是理性认识的桥梁了。但为什么只是桥梁呢？为什么不能说许多感性认识积累起来就成为理性认识呢？因为，单单把感性认识积累起来，仍然只是感性认识，仍然只能认识一团十分复杂的，甚至于似乎是很混乱的、自相矛盾的外表现象，单单靠感性认识，就不能超出这混乱矛盾的现象，找出其中一定的秩序、一定的规律来。要找出这规律来，就不能只依靠感觉，而要再用一番思想的工夫。就是要把这许多现象加以比较，加以分析，要分辨出哪些现象中间的关系是经常出现的、一定不移的，哪些只是偶然出现的、不重要的，甚至于是表面的、虚假的，然后把这些固定的重要的关系抽出来，把那些偶然的、不重要的撇开。中国人民能够认识到美帝国主义要想把中国降为殖民地，并且能看出马歇尔的调停内战的"公正"面目乃是虚假的表面现象，这不仅只是长期感性认识的结果，而且是根据许多对美帝国主义的感性认识而加了一番比较分析的思想工夫的结果，这种思想工夫就是理解力的应用，在哲学上也叫做思想的"概括"作用。在革命工作中，我们常在一定的时期总结经验，而总结经验的目的，也就是为要把这时期中的感性认识（经验）加以分析概括，找出工作中的规律，使我们的感性经验知识变为理性认识。

分析比较，就是应用理解力，就是思想的概括作用，就是经验的总结。感性认识和理性认识的关系有如父子。理性派和教条主义以为不依靠感性认识就可以有理性认识，这等于说没有父亲就能生儿子。 这样，我们可以知道感性认识和理性认识是有着怎样一种亲密的关系了。原来它们是在分工合作，共同来反映世界上的事物。感性认识专管反映事物的外表现象，理性认识专管反映事物中间的各种关系、各种规律。现在感性认识和理性认识的关系，好像又不是公婆或兄弟的关系，而是父子关系了。我们首先要有感性的认识，感性的认识要积累到一定的程度，就好像人要长大到成年的时候，才有可能和理解力结婚，产生出一个儿子——理性认识来。由此可以知道，那些偏袒理性先生的理性论者，是大大错误了，他们把理性认识讲得很神秘，以为是人们天生的一种能力，可以不依靠感性认识做基础，就可以认识到事物的根本性质。这种说法，就等于说没有父亲也可以生儿子一样的好笑。没有感性认识，要想获得深刻的理性认识是不可能的，你连事物的表面现象都还没有看见过，你怎能够希望了解事物现象中间的关系和规律呢？一个从来没有打过仗或看见过战争的人，要他谈战略战术的规律，是不是可能呢？一个从来没有下水游过泳的人，要他讲游泳的规律，讲怎样才不会淹死，是不是可能呢？当然，也许有一种爱吹牛皮的人，明明自己一点打仗经验没有，偏要大谈战争规律，明明一次也没有下过水，偏要当游泳教员，但这种人讲的战略战术和游泳术，一定空洞而无内容，一定是一套骗人的空话，如果有哪一个傻瓜真照他所讲的去做了，一定要打败仗，或一定要在水里淹死！有人要问：毫无打仗经验或打仗的感性知识的人，如果看几本战略战术的理论书，不是也就可能了解一些战争规律吗？我们的答复是，完全不能。即使他能照书背诵词句，他也不可能了解这些词句的真实意思在哪里。三岁的小孩，不是也可以背诵帝国主义、法西斯之类的词句吗？但这些词句的真实意思是什么？三岁小孩能否了解？当然不能，原因就是没有帝国主义或法西斯的感性知识。前节我们讲到的那种教条主义者，他们轻视中国革命的实际经验和实际知识，或者完全缺乏这些实际知识，而专门搬弄外国书本上的革命理论，在实际上也和三岁小孩谈帝国主义或法西斯的罪恶一样，不能真正地了解那些理论。仅仅有书本理论知识的人，说他是半知识分子，已经是很够了，事实上连这一半他们也不一定能获得真正的了解。

只相信感性认识而不注意理性认识，就会陷于眼光短浅，遇事没有先见之明。 我们把感性认识和理性认识的关系比做父子的关系，这一点也没有要轻视理性认识的意想。相反的，我们还要说清楚，按照正常的发展规律来说，儿子的一代，总应该比老子进步一些（不是指个别的儿子来讲，个别的儿子当然常常有比父亲更退步的），理性认识也是比感性认识更高一步的认识。感性认识是初步的认识，只有感性认识，我们就难免为混乱矛盾的事物外表现象所迷，我们就难分别卓别麟与希特勒，难确定美帝国主义究竟是好朋友还是豺狼，难确定当权的大地主大资产阶级是要民主还是要独裁，而在希特勒军队向莫斯科一直前进的时候，就难有把握说希特勒一定失败，在解放区军队退出了某些城市的时候，就难得建立中国人民必胜的信心。总之，如果只有感性认识，我们就容易为当前的表面现象所迷惑，不能预先看见事物变化发展的较远的前途。但是如果我们把各方面的感性认识及实际经验加以概括总结，达到理性的认识，看清楚了这些事情的一定的规律，那么，以上的疑难，都可以完全解决了，而我们对每一件事情发展变化前途都可以有先见之明，可以斩钉截铁地作明确判断了。所以，那些偏袒感性认识的经验论者，轻视理性认识，轻视理论，只相信自己直接感到和经验到的东西，这也是不对的。如果坚持这种观点，那一定会把自己束缚在狭隘经验的圈子里，或者弄得目光短浅，固执褊狭的成见，或者弄得动摇不定，思想为现象的变幻所左右，不能对事件的发展前途有先见之明，不能建立起确定的认识和坚强的信心来指导自己的行动。所以我们一定不能以感性认识为满足，一定要更进一步，求得更深刻的理性认识，就是要求得事物的规律知识。

要从中国的革命事实中找出中国革命的理论，而不要简单把外国的理论搬来乱用。 但理性认识究竟是感性认识的儿子。要想获得真正的理性认识，必须在感性认识方面先有充分的准备。要对中国革命运动获得正确的理性知识，要掌握中国革命运动的理论，必须先学习中国革命历史的实际经验，调查中国社会的实际情况，把这些实际的材料加以研究，加以分析、概括和总结，找到中国革命各方面的规律。要从中国的革命事实中找出中国革命的规律，而不是简单地把外国书本上的理论搬来中国乱用，这叫做"实事求是"的态度。外国书本的理论，是外国的革命理论家从外国的革命实际经验和实际情况中研究出来的，它所包含的规律，是外国革命的规律，这些规律有一部分能够适用到中国，但决不能完全适合中国。因此，学习外国书本的理论，并不是完全没有好处，但必须针对中国革命的需要来学习，这就是说，要分别其中适合中国革命的规律和不适合的规律，适合的就采取，不适合的就保留，这就是要为着解决中国革命问题的目的而学习，而不应只是为了夸耀自己的知识广博而学习，这叫做"有的放矢"的态度。研究外国书本理论，一定要用"有的放矢"的态度，否则就会成为教条主义者，满脑子装满空洞的词句，既无用处，又不见得真能了解。但要能真正做到"有的放矢"的研究，仍然必须以中国革命的实际经验和中国社会的实际知识做基础。你先有了丰富的这一些感性知识做基础，你在读外国书本的时候，才能知道哪一部分理论是合乎中国革命规律而可采取的，哪一部分是不适合而应保留的。归根结底，学习外国理论也还是要把感性认识作为父亲，才会得到真实的结果。

十　由胡桃说起

——认识和实践

假如这里有一个胡桃，试问我们的感性认识所能觉到的是什么？首先我们的眼睛看见它是黄褐色，表面凸凹不平，再用手去触一触，是硬的，或者用鼻子嗅一嗅，没有一点气味。还有什么没有呢？怕不再有什么了。这就是我们直接能感到的一些外表的东西。但我们对胡桃的认识，当然不只这些东西，除了这些直接的感觉之外，我们还能够认识到胡桃的各方面的关系；我们知道它可以作为人的食品，而且相当美味，相当有营养价值。我们也知道它是一种植物的种子，把它放在土里，有了适当的阳光、水分和肥料，就能生长成为树木。这些都是胡桃的性质，是胡桃这种客观事物所包含的规律。这些规律为什么会被我们认识了呢？眼睛的感性认识就能直接告诉我们吗？当然不能。胡桃的肉是藏在壳里，不把它敲破，就不可能看见，胡桃树要从这颗种子里长出来，那是将来才会有的事，眼前我们的感觉，是不可能看见这一切的。我们怎样能够认识这胡桃的规律呢？照前节讲过的道理来说，是经过两个步骤。第一，我们先有感性认识，而且把这感性认识逐渐积累起来。我们不是今天才看见胡桃，在今天以前，我们已经有很多次看过胡桃了，我们好多次看见别人敲碎胡桃，我们自己也敲过胡桃，如果我们是在乡村里生活，那我们甚至也看见过农人种胡桃树。第二，在积累起来的感性认识上，我们又加上了思想的工夫，我们在日常生活中，不知不觉已把这些感性认识加以总结，把那反复发生的现象概括起来，认识出它们中间的一定的关系，因此也就认识了它的规律：敲开胡桃一定得到美味的食品，放在土地上适当的培养一定可以长成树木。这些步骤叫做认识的过程，就是从感性达到理性的过程。我们在过去日常生活中已不知不觉地完成了这个过程，所以今天一眼看见胡桃，不用把它打破，不用把它放在土里去栽种，已经能够推测出它会发生一些什么作用了。理性的认识，就是有这样的好处，就是能够按照一定事物的规律的知识，来推测这一事物未来的发展以及它将会发生的作用。

我们认识事物有两种情形：一种是在旁观的地位上去认识，一种是在实际行动中认识。要在实际行动中，才能不断获得新的感性认识和正确的理性认识。 但是这里有一个秘密，我们还没有说出来。前面说过：我们在以前吃过胡桃，种过胡桃树或者看见有人种过胡桃树，因此才有丰富的感性认识，才能总结成理性认识。如果我们从来没有做过这些事，没有对胡桃采取过这些行动，能不能有这些认识呢？我敢说绝对不能！没有这些行动，单单看见过胡桃的外表，那么，即使反复看见过千万遍，仍然只能认识这是一个黄褐色的硬圆球，此外便毫无所知了。因此，我们对于胡桃，可以在两种不同的地位上去认识它：一种是在行动上和胡桃不发生任何关系，不敲它、不吃它、不栽种它，总之，不把它的现状加以任何改变，简单地从旁观察它，这叫做在旁观的地位上去认识事物。在这种地位上认识胡桃，我们将永远只能认识到它的外部形状，至于它的内部怎样，我们永远无法知道。如果有人一定要问内部怎样，那我们只好跟"不可知论"者一道走，这是一种地位上所发生的一种认识结果。另外一种地位和上面相反，是经常在行动上和胡桃发生关系，敲它、吃它、栽种它，或看别人栽种它，总之，一面改变它的现状，一面来认识它，这叫做在实际行动中来认识事物。在这种地位上来认识胡桃，我们就不会永远只看见它的一些简单的外部形状，相反的，我们就可以把它的隐藏着的内容剖露出来，把"不可知论"认为无法知道的东西经常变为可知，于是我们就可能获得新的感性认识，发现事物中间的新的关系。而且这些关系，经过了我们自己亲身试过，就能够实实在在证明它是不是确定的关系，是不是一定不移的规律。单单听人说胡桃肉味美，我们还可能半信半疑，要是我们自己也吃过，那就完全无疑了。单单听人说胡桃是植物种子，我们还可以怀疑，如果我们自己也种过或亲眼看见人种过，那就要完全相信了。所以实际行动又可以帮助我们对感性认识作分析比较，使我们得到正确的理性认识。

实际行动有两种：一、改变自然；二、改变社会。 说到这里，读者诸君，我要向你们道歉了！我在前面费了很长的篇幅，讲了好几次反映论，可是总没有把一个最重要的东西讲出来，这就是人的实际行动，哲学上也叫做"实践"。由胡桃的例子，我们可以知道，实际行动对于我们的认识，是有决定作用的。不论我们的感性认识或理性认识，都必须以我们的实际行动做基础。实际行动使我们不断地获得很多新的感性认识，并且为我们证明理性认识的正确性。脱离了实际行动的地位，我们的认识就会停止不进，就不能得到正确的规律知识。我们所谓的实际行动或实践，是改变事物的行动，是打破胡桃壳的行动，是要打破现状，而不是保守现状。

实际行动有两种：一种是改变自然的实际行动，如农人种田地，工人做工作，这种行动又叫做生产的实践，因为在这种行动中，人类就能生产出自己生活所必需的物质资料，如吃的饭、穿的衣等；另一种实际行动是改变社会的行动，如推翻封建皇帝的统治，建立民主的新社会，这种行动又叫做阶级斗争的实践，这种行动中前进的阶级推翻没落腐败的阶级统治，建立新的阶级统治。就中国目前的情形来说，我们改变社会的实际行动，就是反对专制独裁和民族压迫的现状，就是推倒封建势力和帝国主义两座大山的行动。我们以前曾经讲过，要想使我们自己有正确的认识，把事物的真实面目反映在我们的脑子里，最根本的一个条件，就是必须站在广大人民的立场上看问题。为什么要这样说，当时大家也许不很明白，现在我们就可以完全懂得其中的道理了。中国广大人民（以工农为主）亲身遭受封建势力及帝国主义的摧残压迫，并且坚决与专制独裁者和外国侵略者斗争，他们天天努力打破这个束缚中国向前发展的胡桃壳。

中国广大人民的立场，就是改变中国社会的立场。 俗话说："饱汉不知饿汉饥。"不站在中国广大人民的立场上，不能认识中国民族遭受压迫的灾难之深重，不能认识推翻这种压迫的迫切需要。抗战胜利一年不到，中国人民就认清楚了美帝国主义的豺狼面目，但是国民党内大地主大资产阶级的当权者，反而把这豺狼认做老子，这就因为中国人民所处的地位是要打破中国的半封建半殖民地硬壳，让独立自由民主的新中国成长起来，而大地主大资产阶级的地位是要保守这个硬壳，因此前者很容易看到侵略者压迫者的凶狠面目，而后者却不容易看见，即使看见，他们也要装做看不见。专制独裁者经常玩弄手腕，假意发表许多民主的诺言，或者采取各种欺骗的措施，身受压迫的广大人民在实际行动中深刻认识到独裁者的诺言从来不会兑现，因此很容易了解他们的假面；但是一些处在比较上层地位的人，没有亲身体验过受欺骗的苦味，却往往要受到迷惑，对专制独裁发生各种的幻想。

不同的阶级对事物有不同的认识，就因为他们在实际行动中的立场不同。 我们以前讲世界观问题时，曾经说过各种世界观是代表各种社会阶级集团的看法，说一切思想都有阶级性，其中道理，我们现在更加了解了。不同的阶级，对于革命的实际斗争所处的地位也不同，有的反对革命，要保守旧社会的胡桃壳，有的坚决要革命，要打破旧社会的胡桃，有的比较动摇，有的完全脱离革命，但也不坚决反对革命。各阶级对革命实际斗争的这种不同地位，使他们的感性认识和理性认识也有差异。脱离群众革命斗争的小资产阶级分子，受到反动势力压迫时，很容易成为悲观主义者，因为他们没有和广大人民一起行动，对于后者的伟大力量没有感性的认识，因此也就无从理解到革命的光明前途。在抗战初期，大地主大资产阶级中间发生了"唯武器论"和"亡国论"的思想，因为他们对于广大人民在民族战争中的伟大力量没有感性认识（因为他们自己就是反对人民的），他们的眼中只有敌人的强大的武装，因此"抗战必亡"就成为他们的理性认识。无产阶级是革命的阶级，他们的生活是有组织的，他们亲身体验到群众的组织和团结的力量，他们也能理解组织和团结的坚强与否，能决定斗争的胜败，所以共产党在抗战初期就相信只要中国广大人民组织和团结在统一战线之下，就可以最后战胜日寇，也可以最后推翻封建势力和帝国主义的统治。旧社会的农民生活分散，没有组织，对于压迫的抵抗力量薄弱，他们的感性认识所告诉他们的是封建统治者如何巩固和强大，因此封建统治者的宿命论就普遍影响了他们的思想，但如果他们受到了无产阶级的领导，能团结起来进行有组织的斗争，那他们就会看见新的天地，就会在思想上觉悟起来，抛弃宿命论，相信自己的力量可以使自己翻身。目前中国广大人民的斗争，其主要的成分，就是农民在无产阶级领导之下，进行自己解放自己的斗争。

广大农民有无产阶级领导，就能够脱离宿命论的思想，而相信自己的力量能使自己解放。 以上许多例子，表明各种阶级有各种不同的思想，这些思想有正确的、合乎事实真理的，有错误的、违背真理的，都决定于一定的阶级立场。一个阶级如果脱离了群众的实际革命斗争，或反对这种斗争，他们的思想就不能正确反映客观事实，就会成为错误的思想，或者成为与真理正相反对的欺骗的思想。相反的，一个阶级如果是革命的阶级，为改造世界而领导或参加群众的实际斗争，他们的立场就使他们能面对客观真理，他们就能对于事物获得正确的认识。外国有一句话说："压迫人的人，聪明的也会变为愚蠢。"压迫别人的阶级，他们首先在感性认识上，就不会觉到（或不会深刻地觉到）被压迫是如何痛苦的事，因此也就不相信被压迫阶级一定要反抗到底，不到斗争胜利不止；因此他们就会发生错误的梦想，以为骑在人头上做皇帝可以成就千秋万世的基业；因此他们就要拼命向广大人民的铜墙铁壁进攻，不到自己碰死不止。希特勒、墨索里尼一群人，就是外国压迫阶级的愚蠢行为的榜样，慈禧太后、袁世凯、北洋军阀，就是中国压迫阶级的愚蠢行为的榜样。现在中国的专制独裁者，也难免要照着这个榜样走到绝路上去。

只有和广大群众一起斗争的革命阶级，才能获得正确的认识。 要想不愚蠢，要想有正确的思想，最根本的条件，是要站稳革命的阶级立场。小生产者的个人自私的立场，大地主大资产阶级的剥削寄生的立场，都是妨害正确认识的，而后者的立场更是要引导人进行有意的欺骗。无产阶级的集体生活、集体斗争的立场，没有个人利益的牵挂、全心全意为广大人民服务的立场，是保证我们没有主观成见、虚心学习、正确认识客观事物的立场。

正确的理性认识能使我们预见将来，指导行

动，不至于走错路。 前面我们讲革命的实践如何产生正确的认识，现在我们又要反过来讲一讲，正确的认识对于革命的实践是如何重要。我们的认识由感性达到理性，理性认识使我们了解事物的规律。有了这种规律知识，我们对于事物将来的发展方向就能有先见之明，就能够预测某些事物将来一定要发生，某些一定要消灭，我们就能照着这推测去指导行动，使我们的行动不致错误，使我们能走生长的道路，而不是走消灭的道路。我们推测胡桃有肉，就去打破胡桃，我们了解石头没有肉，就不去打石头，这些行动，都是不会枉费精力，都是没有错误的。在革命斗争中我们有了正确的理论知识，就能预测革命的前途，就能够在事先很好地做准备工作，就不至于走错路，碰太大的钉子，使革命遭受损失。总之，就是能够正确指导革命运动。例如我们认识了持久战的规律，我们在行动中，就不会像亡国论者一样灰心丧气，以至于投降敌人，也不会像速胜论者那样轻率急躁，用很多兵力和敌人打阵地战，使民族力量遭受莫大损失，我们在抗战的指导上就能作长久布置，如发展游击战，发动广大群众斗争，建立乡村根据地等等。八年的抗战，就是由于广大人民在共产党的这种正确理论指导之下，才能保持民族力量的继续生长，建立了解放区，坚持到最后胜利。没有持久战的正确理论，是不可能有这样伟大成绩的。所以说"没有革命的理论，就没有革命的运动"，只有在正确的规律知识的预见和指导之下，才能有革命运动的发展。我们所以必须要学习正确的革命理论，学习中国革命的规律知识，目的就是为了指导中国革命的实际行动，指导中国广大人民胜利推翻封建主义及帝国主义两座大山。

正确的革命理论，是从群众的实际斗争经验中总结出来，因此也才能正确地指导斗争。 现在我们要再回过来讲一下：如何才能掌握正确的革命理论知识？前面说过，正确的理论知识，是以革命的实际行动为基础，更正确地说，正确的理论，必须是从广大人民的实际革命行动中产生出来的知识，是经过群众实践的反复验证，是群众的革命斗争经验的总结。抗战以前，中国无产阶级的政党领导农民以及各种革命群众对反动势力斗争，已经积累了许多感性认识（即经验），这些感性认识反复表示广大人民对中国反动势力的斗争，由于它有帝国主义的支持，必须经过艰苦而曲折的道路，必须发动广大群众，进行武装游击战和运动战……这些经验的总结，使中国革命领导者认识到中国革命的长期战争的规律。把这些规律知识具体应用到抗日战争中，再加上抗日战争最初几个月实践经验的证明，就成为抗日持久战的指导理论。所以持久战的理论，并不是从革命领袖的脑子里凭空产生出来的，而是从群众的实际斗争经验中总结出来的。正因为是从群众的实际斗争经验中总结出来的，所以才能够正确地指导群众的斗争。这一点，在我们的认识论里是非常重要的。

正确地认识事物和指导工作的方法，是"集

中起来，坚持下去"，是"从群众中来，到群众中去"。 我们以前说，要保证正确地认识事物，必须有革命阶级的立场，必须有全心全意为人民服务的精神。但事实还不这样简单。这里所谓全心全意为人民服务的热情，必须包括善于学习群众斗争的经验，只有这样，才能达到正确认识革命规律的目的。凡是站在革命斗争中的人，不论他担负的工作大小，要想把革命工作做好，必须熟悉他所担负的工作的规律，要熟悉工作的规律，又必须善于学习与这工作有关的群众的经验。试举解放区的生产运动做例子，我们现在都知道在生产落后的农村里，领导农民组织变工队，可以提高劳动效率，增加生产，用这一条规律知识指导生产运动，曾发生很大的效果。这条规律知识是从哪里得来的呢？不是指导生产运动的领导者凭空想出来的，它是农民群众中原来就有的经验，不过在旧社会里，变工组织的应用并不普遍。解放区的生产运动的正确指导，就是把这些农民群众原有的经验，加以总结、集中，把它推广为普遍的运动。把群众中创造出来的好经验概括和集中起来，加以推广，加以普遍化，这是领导革命工作的基本方法，也是认识事物的正确方法。这种方法，叫做"集中起来，坚持下去"的方法，也叫做"从群众中来，到群众中去"的方法。无论担任大小工作，如果能够善于运用这种方法，就可以正确认识工作规律，就可以把工作做好，把斗争引向胜利。一个革命工作者，他必须和群众站在一起进行斗争，并以"甘当小学生"的态度，虚心向群众学习，然后才有可能把群众的经验集中起来，掌握革命的规律知识，反过来又以这种知识来指导群众的斗争。

从群众的斗争经验中学习，是学习革命理论的基本方法。 说到这里，有些知识分子一定要发问了："如你所说，我们学习革命理论，只有一条路了，这就是从中国革命的群众的斗争经验中学习。这样一来，书本上的革命理论就毫无用处了，马克思、列宁的书可以不读了，甚至于中国革命领袖的书也可以不读了。"我们答复说：我们说从群众的斗争经验中学习，是我们学习理论的基本方法。因为我们要学习的是能指导中国革命工作的理论，是要掌握中国革命的规律知识。从外国的革命理论书本中，要想学到全套的中国革命规律知识是不可能的。马克思、恩格斯的书本中讲的是西欧的革命理论，列宁、斯大林的著作中谈的是俄国革命理论，在他们的书中，找不到持久战的规律、建立民族统一战线反对帝国主义侵略的规律、游击战争的规律，以及许多特殊的规律。因此外国的书本上的理论，不能指导中国革命群众解决这些特殊问题。要掌握这些中国特有的规律，解决中国特有的问题，只有从中国的革命群众斗争经验中学习。不从中国革命经验中学习这些规律，单只背诵外国书本上的理论，就不可能解决中国问题。这样来学"理论"，就是"无的放矢"，就是教条主义，这样学来的"理论"，就是死的"理论"，不是活的革命理论。

从外国的革命书本中也可以学到普遍的革命规律知识，但不一定能解决中国革命的特殊问题。

但是，我们这样说，并不等于把外国书本上的理论看做一钱不值，毫无用处。第一，外国书本上的理论，也是群众的实际革命经验的总结，它反映了外国革命运动的规律，解决了外国的革命问题。马克思、恩格斯的理论著作指导了当时欧美的革命运动，列宁、斯大林的理论指导了俄国的革命，它本身原来是活的革命理论，教条主义把它硬搬到中国来，就失去了指导革命的力量，所以才变成为死的理论。其次，外国书本上的革命理论，对于中国也不是完全没有用处。马克思、列宁的理论，一方面反映了当时当地的特殊经验和规律，同时也包含着许多普遍的经验和普遍的规律，这是对于世界各国以及中国都适用的。例如要推翻封建社会必须经过资产阶级民主革命的规律，帝国主义瓜分世界的规律，世界人民反法西斯统一战线的规律，这些普遍的规律，也包含在中国的革命斗争经验中。有了这些普遍的理论知识，就可以指出中国革命运动的一般方向。例如根据这些理论，我们确定中国革命的性质是资产阶级民主革命而不是社会主义革命，中国革命包含反帝国主义的民族革命运动，中国人民在抗日战争中与世界反法西斯各国建立同盟关系等等。但是单只有这些一般的方向，并不能完全解决中国革命问题。因为中国还有中国革命的具体情况和具体经验，不是这些一般的方向所能包括。

要把马克思主义的普遍真理和中国革命的具体实际结合，才能得到正确的革命规律知识。我们要把那一般的理论和这些具体情况和具体经验结合起来，找出中国革命的特殊规律，例如我们由此认识到中国革命是新式的资产阶级民主革命而不是一般的旧资产阶级民主革命，即新民主主义革命。掌握了新民主主义的规律，我们就有了指导中国革命的活的理论了。因此，书本上的理论知识并不是毫无用处，马克思、列宁的著作仍然需要研究，问题是在于我们的方法对不对。我们不需要教条主义的方法，也就是把原来的活理论变成死理论的方法，把外国革命的特殊规律知识硬搬到中国来的方法。我们的方法仍是以研究中国的实际情况和学习群众的实际斗争经验做基础，把马克思主义著作中的普遍理论作为一般的引导，总结出中国革命的特殊规律，来指导中国革命运动。这叫做"把马克思主义的普遍真理与中国革命的具体实践相结合"，这叫做从实际出发再回到实际的学习方法。用这种方法学习理论，就不会成为教条主义者，就能够活用书本上的理论，创造出适合中国革命的特殊理论。只有这种理论，才是真正名副其实的革命理论。

十一　是爷老子还是豺狼

——真理论

前面讲过，日寇投降以来，美国的帝国主义者给了中国人两个相反的印象：一个是在中国广大人民眼中的印象，他们觉得美帝国主义者一天比一天更像豺狼；一个是国民党当权的大地主大资产阶级的印象，他们觉得美帝国主义是中国人的好朋友，而且一天比一天更像爷老子。这两个印象，两种相反的认识，究竟哪一种是正确的呢？这个问题，照我们在前面的答复，那就是："豺狼的印象是正确的。"读者诸君！你们赞不赞成这个答复呢？我想你们会赞成的。如果有人反对，说好朋友和爷老子的印象才对，那你们一定要向他提出严重的抗议。如果又有人说"两种印象都正确"，你又怎么办呢？你当然又要反对，说这种说法太荒谬，太没有道理。又是豺狼，又是中国的好朋友，世界上哪有这样的怪东西！

但是，世界上无奇不有，往往我们以为荒谬的事情偏会存在。现在我们当然还没有听到过这种议论，说美国帝国主义者对于中国人又是豺狼又是好朋友和爷老子。但这一类的思想，还是不难找到的。在哪里找呢？让我们先讲一个故事，然后再慢慢说来。

　　这是佛经里的故事。两个人在海边散步，看见海中远远的有一只帆船在动，一个人就说："你看，那船在动呀！"另一个人却反驳说："不是船在动，是风在动，因为船是风吹动的。"第一个还要坚持他的主张，说："总之，船在动着是事实！"两个人争辩下去，一个死咬着是风动，一个坚持说是船动，无论如何不肯让步，后来是去求释迦给他们评判。释迦的回答是这样的："船也并没有动，风也并没有动，都是你们两个人的心在动罢了。"

　　这个故事，告诉我们有一种哲学思想，它主张我们的一切认识，并不是客观事物的反映，而是我们的"心动"的结果。聪明的读者，立刻就会想起：这种哲学思想就是以前我们说的主观唯心论的一类。照这种思想来说，我们的一切认识，既然都只是各人"心动"的结果，那么，谁是谁非，就没有一定的标准了。如果一定要有标准，那只有各人的主观做标准。我以为是这样，就是这样。你以为那样，就算那样。你认为是船动，就算是船动。我觉得是风动，那就还是风动。各人只要相信自己的主观，自己认为对的，就是对的，其他的人怎样想，事实上究竟如何，都用不着管，反正都是"心动"而已。回到美国帝国主义的问题来说，我们认为它对于中国是豺狼，那它就是豺狼，你以为它是爷老子或中国人的好朋友，那它也可以算爷老子或好朋友。反正只要各人的主观上的的确确这样感觉，那就算是真的了。

主观真理派，不承认认识的真假有客观的标准。 这种思想，你说是荒谬吗？但在哲学上，它还成了认识论上的一个派别，曾经有许多大哲学家拥护这种主张。这种派别，叫做主观真理派，它主张我们的认识，没有客观的真假标准。各人的主观，就是道理真假的标准。只要我主观上认为是真的认识，只要我自己以为是想得通的道理，那就算是正确的道理，就是真理。两千年前曾经有一个哲学家说过这样一句话："人就是万物的标准。"这就是主观真理派的名言。

你说荒谬不荒谬呢？不说客观事物是人的认识真假标准，反而说人是万物的标准了，这样的思想居然还成了哲学上的一派，哲学家的头脑岂不奇怪？但是，让我们仔细研究一下，就知道这并不是哲学家的头脑奇怪，只是我们自己以为奇怪。我们早已说过，哲学并不神秘，哲学在日常的人们思想里，就有了基础。主观真理的思想也是一样，不仅只哲学家中间才有主观真理派，我们普通人中间，也可以找到很多的主观真理派。有一种很固执的人，他们和别人谈问题的时候，总不肯考虑别人的意见，别人如果反驳他，弄得他无话可说时，他就会气势汹汹地拍起桌子来说："我就是这样主张！我认为就这样才对！"请你们想一想，你们不是也曾碰到过这种人吗？你们对于这种人有一个批评，说他是"主观太强"。这种人，就是日常生活中的主观真理派。他喜欢把"我以为"当做真理的标准，而不管他的这个"我以为"是否合乎客观事实。

主观真理派是荒谬的主张。　还有一种人，表面上和前一种人完全相反，看起来简直是另一极端，但根本上也还是主观真理派。这种人遇到有人争论问题的时候，他的态度是，听了甲的说话，就觉得甲对，听了乙的说话，又认为乙对。公婆吵架，在他看来就是公也有理，婆也有理。这种人你们是不是也碰到过呢？你们碰到这种人，就会给他们一些批评，或者说他是"毫无定见"，或者说他是"到处讨好"。这种人自己没有固定的主张，当然更不会要固执什么主张。他没有一定的是非的标准，当然更不知道客观的标准，别人的各种各样的意见，就是他的标准。这种人，看起来好像很公平，很没有成见，实际上他是是非不明，好坏不分，其结果还是承认了非的一方面，委曲了是的一方面，帮助了坏的一方面，抹杀了好的一方面。你说美帝国主义是豺狼，也是中国的好朋友和爷老子，那你就是事实上承认它是爷老子，而不坚持它是豺狼了。英美有一些所谓的自由主义者，他们主张一个国家不但要让民主主义者有宣传自由，而且也要让法西斯反动派有宣传自由，他们说这才叫做"民主"，才叫做"自由"，他们反对苏联和南斯拉夫等国家，因为在这些国家里法西斯反动派毫无宣传自由。这种"自由主义"，表面上似乎在主持公平，实际上是在帮助法西斯复活，伤害了真正的民主。这种"自由主义"也可以算一种"主观真理派"，因为他们对于民主的真假，没有一个客观的标准。当民主主义的死敌法西斯主义者向他们说："给我宣传的自由，否则你就不是民主主义者！"他也就信以为真，以为这个法西斯主义者也是在讲民主主义了。

唯物论承认认识的真假要以客观事物做标准，这就是承认客观真理。 好了，我们已经把主观真理派的荒谬面目揭露得够了。那么，我们是什么派呢？当然，我们就是客观真理派。我们已经屡次讲过，人类的认识，是客观事物的反映。你的认识对不对？就要看你把客观事物反映得正确不正确，看你所认识的是否和外界物质的真面目符合。比方我们的认识能力是镜子，一面镜子很平很光，前面来了一个漂亮的美人，照在镜子里也是一个美人；另一面镜子是凸凹不平的哈哈镜，漂亮的美人照进去，却变成了又短又肥的大肚子女人。如果这两面镜子会说话，它们互相争论起来，都坚持说："我反映的才对！"那时，你怎样去评判它们的争论呢？如果你愿意做主观真理派，你就得两面都去讨好，说："平面镜反映得对，哈哈镜也反映得对。只要你们自己主观上认为对，那就对了。"但是，事实上你并没有真正两面讨好，而是委屈了那平面镜子，更得罪了镜子外面的美人。你愿不愿意做这样一个主观真理派呢？如果不愿意，那就得用另外一种评判的方法：不要依靠镜子自己的主张做标准，而要依靠镜子外面的真正的美人做标准，来比较一下，看哪一面镜子反映的是真正的面目。这样你就是客观真理派，就是把客观事物本身作为认识的正确与否的标准。

当然，世界上的事情，不会像照镜子那样简单，镜子只反映外表影像，是否正确，一眼就可以看出，人的认识不但要反映事物的外表，而且要从外表的感性认识，深入到事物的规律性的认识，要了解事物的性质，这就不是从旁观的地位上一眼便能看穿。这就像以前说过的，要依靠实践，依靠实际行动，在实际行动中来看它如何变化，由它的变化情形和过程来认识它的规律。你的前面有一个核桃，你的脑子认识到它可以剥肉吃，这个认识是不是真理？是不是和客观的核桃一致？这不是从核桃的外表能看出的，只有动手敲破核桃，才能得到最后的证明。美帝国主义是豺狼还是中国的好朋友和爷老子？哪一种看法合乎客观事实？这不是由外交上演讲声明之类的表面文章可以看得出来，必须在中国人民与它所发生的实际行动关系中，才能证明它毕竟只是吸吮血液的侵略豺狼。

有人又会提出一种新的反驳来了。他们说："好吧！我们就丢开主观真理派，承认真理必须有客观性，必须得到实践的验证，证明它是正确地反映了客观事实。总之，我们就加入客观真理派吧！但是，客观真理派也不见得就能证明，美帝国主义一定只是豺狼，而不是中国人的好朋友和爷老子。中国的人民固然得不到美帝国主义的什么帮助，但反动的中国大地主大资产阶级当权者，却得到了很多的帮助，他们得到了军火、借款、剩余物资、军事顾问、军事训练等等，他们就依靠着这些帮助，才能够维持自己的统治，能够给人这样的帮助，难道还不能算好朋友吗？反动的大地主大资阶级脑子里的爷老子印象，难道不是这一个客观事实的反映吗？中国人民觉得美帝国主义是豺狼，固然得到了实践的证明，但反动的大地主大资产阶级的爷老子的想法，不也在他们的实际行动中得到证明了吗？说美帝国主义是豺狼固然是客观真理，说它是中国人民的好朋友或爷老子，不也同样是客观真理吗？"

这一个反驳，看起来似乎也有些道理，实际上并不对。反动派脑子里的好朋友和爷老子的印象，固然是客观事实的反映，也有他们自己的实际行动作证明。但是他们是站在反动派保守现状的行动立场上反映事实，他们这面镜子是有毛病的，所以就像哈哈镜或坏的照相机一样，把事实反映错了。错在什么地方呢？原来美帝国主义帮助他们，成为他们这些反动派的好朋友或爷老子，其真正目的正是要加深对中国人民的压迫剥削，在实际上正是豺狼行为的一种表现。反动派自己本身已经成了豺狼的走狗或儿子，他们已经失去了做中国人的资格，所以他们把自己的爷老子看做中国人的好朋友或爷老子，是完全错误的。自然，反动派是不肯承认自己没有中国人的资格的，他们一定要以中国的主人自居，甚至把自己称做中国的唯一代表，而把广大的人民，把中国真正的主人看做它自己和它爷老子的奴隶。这是他们的反动立场使然，但这种反动立场的镜子所反映的认识影像，正是错误的、荒谬的，是违背真理、带有欺骗性质的。按照中国广大人民的实践经验来说：只有明确地指出反动派没有做中国人的资格，而反动派的好朋友和爷老子决不等于中国人的好朋友，这样才合乎客观事实真理。

认识只在一定的情形下才是真的，这是真理的相对性。 好了，现在我们明白真理必须有客观的标准，必须符合客观事实了。我们不能按照反动派的主观想法，说美帝国主义是中国人的好朋友，而只能按照广大人民的实际经验，说它是一只残忍狡猾的豺狼。但是，在这里，我们也不能否认另一个真理，就是：如果只对于反动派来说，那么，美帝国主义者的确可以算做爷老子，因为美帝国主义用种种方法给中国的反动统治者撑腰，也的确是一个事实，并且也是广大人民在实际斗争中体验得到的。因此我们并不是根本反对说美帝国主义可以有豺狼和爷老子的两重资格。我们所反对的，只是说它对同一中国人民可以同时有两种资格，如果说它一方面对中国人是豺狼，而另一方面它对反动派却是爷老子，那这种说法我们还是完全赞成的。为什么我们在这种情形之下，又赞成美帝国主义者的两重资格了呢？要答复这个问题，就必须讲出一番新的道理。这个新的道理，叫做"真理的相对性"。

什么叫做真理的相对性呢？就是说真理并不是绝对不变，它只在一定的客观情形下才是真理，客观情形变了，真理的看法也就要变。我们说美帝国主义者是豺狼，这只是对于中国人来说的，如果对于反动派卖国贼，那就要说它是爷老子，才能算真理了。总之，我们对于事物的认识，常常只是在一定的情形之下，或对一定的人和一定的事来说才是真理，才是合乎事实的，如果换了一种情形，或者换了一种事或人，就不能照那样认识了。原来世界上一切客观事物的本身，都是有这种相对性的，同一事物在不同的情形之下，就会发生不同的关系、作用，就会有不同的规律。因此我们的认识，也就要按照不同的情形，对事情作不同的了解，才能正确地反映事实，如果情形不同了，而我们的认识和了解依旧不变，那就不能反映客观事实，就会变成主观的错误了。再把美帝国主义拿来研究一下吧，我们说它对中国人民是豺狼，这是不是不管任何情形之下都能这样说的呢？也还不是，因为我们至少要注意到以下两种情况：第一，我们只是对美国反动的统治者才能这样说，对美帝国主义统治下的人民，和美国的民主人士，就不能那样说，不但不能那样说，而且还要坚决肯定地说美国人民和民主人士是中国人民的好朋友；第二，就是对于美帝国主义的统治者，也只因为它对中国实行了豺狼的政策，才说它是豺狼，其实在有些情形之下，也不是绝对不能成为一时的朋友。在抗日战争时期，在珍珠港事变以后，美国政府参加了抗日战争，虽然就在这时他们也已经包藏着帝国主义侵略的豺狼目的，但在反法西斯的战争这一点上，他们暂时成了中国的盟友，并且不仅仅是一部分大地主大资产阶级的朋友，而且成为抗日的中国人民的盟友。所以，客观事物是有相对性的，是跟着情形的不同而常常变化的，我们的认识，既然要以客观事实为真理的标准，因此也必须要能反映出这种相对性来，必须在不同的情形下对事物作不同的了解，才能正确无误，才能成为客观真理的认识。

极端真理派是错误的，一切真理都是相对真理和绝对真理的统一。 读者们或者要问："照你所说， 你又是相对真理派了。 你主张世界上的道理都是相对的， 只在一定的情形之下， 或者对一定的事和人才是真的， 在另外的情形之下或对另外的事和人来说就变成错误了。 你反对绝对真理派， 你认为一切道理的正确或错误， 都不是绝对不变的。 今天你承认的道理， 明天你就可以坚决反对它， 在这一块地方你说的话， 在另一块地方你就可以完全否认， 你的一切主张、 认识， 都要准备随时把它抛弃， 都不必对它负责。 这对不对呢？" 如果有人像这样提出问题， 那是一个误解。 我们主张真理有相对性， 决不是表示对自己的主张和认识可以不负责任， 这是极端的相对真理派的想法， 我们不是极端的相对真理派： 我们认为真理有相对性， 同时也有绝对性， 一切真理都是相对真理和绝对真理的统一。 这怎么解释呢？请听我慢慢解释。

　　先要把什么叫做绝对真理弄清楚。有一种极端的绝对真理派，他们认为真理不能有丝毫相对性，认为世界上只有一种认识才是真理：那就是在任何情形下都不能改变的认识。如果情形变化，认识就必须改变，那这种认识就不算绝对真理了。我们说美帝国主义像豺狼，但在太平洋战争中又说它是我们的盟友，在极端的绝对真理派看来，这种认识就不是绝对不变的，因此也就不能算做真理了。请问读者诸君，你们赞不赞成这种极端的绝对真理派？我想你们一定不赞成。因为你们明明知道，把美帝国主义看做豺狼的认识，是反映了当前的客观事实，符合了客观的标准，所以就得要承认它有真理的性质。不能因为一种认识要跟着情况改变，就说它不是真理，而且恰恰相反，只有跟着事实情况的变化而灵活地变化，我们的认识才能正确地反映事物，才能够有客观真理的价值。如果客观的情况改变了，而你的认识偏要坚持不变，那才一定要成为错误。所以极端的绝对真理派是不对的。

极端的绝对真理派也不对。所谓绝对真理，应该是指事物的各方面规律的全部认识的总和。

但是，我们也不是反对世界上有一种绝对真理，不过我们所说的绝对真理，与极端的绝对真理派所说的意思不同。我们所说的绝对真理，不是指那绝对不变的认识，而是指事物的全部作用和全部规律的认识。比如美帝国主义对于中国人民有类似豺狼的作用，对于中国的卖国贼又有像爷老子的作用，在太平洋战争中又表现了反法西斯同盟国的作用，还有其他数不清的作用。如果我们能把美帝国主义的数不清的作用和规律全部都认识清楚了，那我们对于它就得到了一个绝对真理的认识。总之，事物在它的发展中，对于周围的一切经常发生各种各样的关系和作用，表现为许许多多的规律，这许许多多规律的全部认识，总合起来就成为我们所说的绝对真理。

弄清楚了什么是绝对真理，那么，相对真理和绝对真理的密切关系，也就很容易了解了。简单地说来，绝对真理是无数规律知识的总和，而每一种规律知识，都是在一定情况之下的认识，都是一个相对真理，所以，绝对真理也就是无数相对真理的总和。

绝对真理是无数相对真理的总和。我们不能一下子认识全部的绝对真理，而只能在认识的发展中一步步去接近它。 我们已知道，任何事物的规律，都不是一下子就会全部展开出来，而是在发展当中慢慢表现出来的。今天美帝国主义者才表现出豺狼的面目，而昨天它的这种面目却完全隐藏着，并且还是以反法西斯盟友的资格出现。要想一下子认识事物的全部规律是不可能的。这也就是说，我们不能一下子就认识到绝对真理，而只能在事物认识的发展当中一步一步地去接近它。第一次世界大战以前，列宁就认识了帝国主义的许多规律，但那时还没有法西斯主义，所以列宁的书里也还没有提到世界人民反法西斯运动的规律。现在我们认识到了世界人民反法西斯运动的规律，这是比列宁时候对帝国主义的认识更完全、更接近绝对真理了，但是世界的帝国主义一天没有完全倒台，就可能还有许多新的变化规律等待我们去认识、去掌握。即使帝国主义完全倒台了，我们对于人类社会的认识也还不能完结，因为那时我们又要去发现全世界人类进入共产主义的许多规律知识。因此，我们的认识，是经常有相对性的，我们每一个时期所得到的认识，都受着一定的客观情形之限制，都只能认识一部分的事物规律，而不能把事物的一切规律吸尽。但是，这样的认识同时又是有绝对性的。因为每一种规律性的认识，它本身就是绝对真理的一部分，绝对真理并不是超然在这些相对真理之外的东西，而只是它们的总和。

我们的每一次认识都有相对性，同时又更接近完全的绝对真理，这就是相对真理和绝对真理的统一。 我们的每一次新的认识，都表示我们的认识更完全、更接近于绝对真理，都是在总的绝对真理认识宝库中，增加了一份财富。我们不能像极端的相对真理派那样，以为今天认为是真理的，明天就认为是绝对的错误，对自己的思想可以经常抱不负责和没有信心的态度，这种看法是完全错误的。我们重视每一种情形下所得到的新的认识，虽然明天在另外的情形下又必须有另外一方面的看法，而不能把今天的认识照样引用，但今天的认识，仍是表示比昨天更进一步接近了绝对真理，仍要承认这是更多的掌握了绝对真理一个新的方面、一个新的部分。我们今天的新认识，不是把昨天的真理完全打倒，而是使它得到更完全的补充。马克思主义以前告诉我们资产阶级民主革命是由资产阶级所领导，就中国的情形来说，这种认识已不适用了，中国的民主革命是由无产阶级领导了。虽然如此，我们决不能说，旧的资产阶级民主革命的认识，是丝毫没有反映了客观真理，相反的，我们仍然说它是不失为马克思主义所发现的社会发展规律之一。而今天有了新民主主义革命规律的认识，并不就完全推翻了马克思主义的旧民主主义的认识，而只是把马克思的全部资产阶级民主革命理论作了新的方面的补充，使它更丰富、更完全。总之，我们一方面要看到真理认识的相对性，因此就永远不应满足于现有的知识，而必须不断努力，不断调查研究，经常获取新的认识；另一方面又要相信我们的认识有绝对性，要相信无数相对的真理积累起来，可以不断接近绝对完全的认识，因此就要学习积累知识，不要把任何有价值的经验教训随便忘掉，天天努力使自己的经验更加丰富，认识更加完全，以便更有能力正确地、周密地解决问题，指导工作。

第四章　唯物辩证法的基本规律

十二　天晓得

——立场、观点和方法

在前面许多次的讲话里，我们所谈的都是认识论的问题，现在就要把它结束，另外开始来讲一些新的东西了。这就是一方面要收场，另一方面又要开锣，这倒也不是不重要的事情。新戏纵然唱得很好，如果开锣开得不对头，不能引人入胜，那也是不够味啊。我们不能不想一个好的方法，使听众一来就觉得入耳。我们大家都是普通老百姓，耳朵里听惯的是老百姓日常的俗话，所以我们常常从俗场成语开始讲话。这一次的题目叫做"天晓得"，也是一句大家听得很熟的俗话。用这句话来开场讲哲学，想来大家就会觉得有兴趣，不至于像大学教室里听课一般要瞌睡了。

"天晓得"的思想就是"不可知论"。"天晓得"，这句话我们在前面讲认识论的时候已经提到过了。它所包含着的一种哲学思想，也略略解释过。当我们听见有人讲"天晓得"的时候，他是想告诉我们什么呢？这一定是他碰到了一件很难了解的事体，使得他感到绝望，使得他叹息，觉得人类知道的东西太少了。他要告诉我们：有许多事情，只有"天"才晓得，人是无法晓得的。这种思想，就是哲学上一种关于认识论的见解。过去哲学界讨论过一个问题，叫做人类的认识能力问题，这个问题要求我们解答的事情是："人类究竟能够晓得多少东西？""天晓得"这句话，就给了一个解答，说人的认识能力是有限的，人类所能晓得的东西并没有多少，很多事情，人都无法知道。我们不要以为这一个解答很平凡，而小看了它，要知道这种解答在哲学历史上也曾一时占了重要地位，成为很时髦的哲学思想。前面说过的德国大哲学家康德，就是"天晓得"一派的有名领袖之一。他认为人类只晓得事物的表面现象，至于事物本身的真面目（他叫做"物自体"），就不是人类所能认识得到的了。不过康德是个大学校里的哲学专家，他不喜欢用老百姓的俗话谈问题，他没有把他自己称做"天晓得"派，他的哲学，有一个文绉绉的名字，这就是前面也提到过的："不可知论"。

"不可知论"认为人的认识能力是有限的，并且是固定不变的。 大家知道，我们是不赞成"天晓得"的思想的，过去几次的讲话里，已经说明过它为什么不对的道理，我们在这里不妨再提一下：主张"天晓得"的人，他们先就把人类的认识能力看做固定的东西，这就是说，人永远只晓得那么多的东西，除此而外，就只有"天晓得"！一个胡桃摆在前面，让"天晓得"一派的哲学家来看时，他一定说我只能知道这是圆而硬的褐色东西，至于它的内部是怎样呢？那是"物自体"、"不可知"，那只有天晓得。美国曾是反法西斯国家，也叫做民主国家，美国的当局发表公文、演讲、声明之类的时候，也经常提到要拥护民主政治，但是法西斯国家打倒以后，在德国、日本、中国以及其他国家，美国所采取的实际行动，都是包庇法西斯势力，特别明显的就是麦克阿瑟在日本极力支持天皇的老地位和反动派组织的内阁。这是为什么呢？如果让"天晓得"派来答复，那就仍然是这一句话："不可知！可知的只是那些表面的声明演讲之类，以及这些包庇法西斯的外表行动，至于为什么的问题，那是美国本身的'物自体'，我们的认识能力不能渗透进去，不好妄自猜测。"

"不可知论"不懂得实践可以使人的认识进步。

读者诸君，你也许要反对我了，你会说："世界上哪里有这种蠢人，连打破一个胡桃都不懂得？何况善于思想的哲学家，他们的头脑更不至于这样简单了。

你所谓的天晓得派，恐怕是一种虚构吧。"请你不要着急！你要注意我们提到胡桃的事情只是一个比喻，凡是比喻，总是特别的简单，其目的是要使人容易明了，不要被高深复杂的弯弯曲曲的道理所迷惑。世界上的确没有这种蠢人，连胡桃也不懂得打破，但这是因为胡桃的事很简单，人人容易懂得，碰到复杂的哲学问题，就不一定这样了。你不要以为"不可知论"是多么高深的学问，如果你能抓着它的根本思想，你就会知道，"不可知论"派哲学家的想法，在实际上就是那么愚蠢，等于不懂得打破胡桃。他们以为我们的认识能力是固定不变的，人类所能知道的东西是有一定限制的。他们不懂得经过我们的实际行动，可以把事物内部隐藏着的东西揭露出来，使最初在外表上看不见的东西，终于变成看得见的东西，使"物自体"变成和人有关系的事物，使"天晓得"变成人晓得，使人的认识不断地进步，不断地深入。

人的认识是发展的，没有静止不变的认识。

所以，我们反对"天晓得"派的主张，因为它在实际上是一种很愚蠢的思想，不合乎人类认识的事实。人类所能晓得的东西的确是一天天在进步，有许多事情，在从前人看起来只是天晓得，但现在却被人晓得了。有许多事情，我们在幼小时候看起来是莫名其妙的，长大了几岁以后，就觉得非常明白了。认识能力并不是固定不变的，每一种认识都有相对性，都是认识了事物的某一方面的关系、作用和规律，我们能够把这相对性的认识不断地增加、积累起来，逐渐接近完全的绝对真理的认识。认识是一种历史的过程、发展的过程，是一种运动，没有静止不变的认识。所以，在我们过去许多次的讲话里，完全没有提到人类能晓得的有多少，不晓得的又有多少的问题，因为事实上不需要这样问。今天我们虽然有些事情不晓得，但明天说不定又可以晓得了，没有什么绝对不能认识的"物自体"。没有破壳的胡桃是"物自体"，破了壳以后就变成和人有关系并能为人认识的东西了。我们只能问目前还有什么东西我们不晓得，却不能说我们所晓得的东西永远只是这些，而另外的东西我们就永远不可能晓得。

我们要研究人类的认识怎样发展进步的问题。 我们既然不能问人类晓得的东西有多少，也就不必白费精神去研究什么认识能力的问题了。我们知道人类的认识是不断进步的，因此我们所要研究的问题应该是认识怎样进步，怎样发展，怎样由相对真理的认识积累起来，不断接近完全的绝对真理，怎样使我们所晓得的东西一天比一天更丰富、更全面。前几次讲话里所谈过的，也不外就是这些问题。这些问题的答复，简单总括起来，不外以下几点：首先我们答复了人类所晓得的东西（也就是人类的认识）是从哪里来的，我们说认识都是外界事物的反映，我们所晓得的东西都是周围世界事物的影像，不是我们头脑里凭空产生的。其次我们问：这种反映是不是同照相机一样，只摄取外表的影像？我们的答复是不完全像照相机，我们一方面经过感性的认识摄取事物的外表形象，这一点倒有点像照相机，但我们的认识不仅只限于事物外表的反映，还要进一步认识事物的关系、作用和规律，了解它的性质，这就还要有理性的认识，这就不是照相机一样单从外表可以反映出来，而要用我们的理解力去认识。我们再问，我们的认识为什么能从外表的认识深入到性质的认识，为什么不单只有感性认识，而且进一步有理性认识？我们的答复是：人类的认识和照相机还有一个不同之点，就是人类并不像固定不变的照相机一样，只是消极地简单接受外来的事物影像，人类是天天在实践、在行动、在改变周围的事物。人类改变的事物，概括起来说，就是社会和自然。所谓改变社会的行动，就是进行革命的社会斗争，在中国就是推翻封建势力和帝国主义的斗争。所谓改变自然的行动，就是进行生产，农人种地、工人做工，都是生产的行动，都是改变自然的行动。人类就是在改变社会和改变自然的这些实际行动中来认识事物。首先在这种行动中他们不断地发现新的事物，接触新的事物，不断地使自己的感性知识丰富起来，同时就把这些感性认识加以总结、理解，找出事物中间的关系和规律。这些关系和规律，经过实践的检查和证明，使人深深地认识到它是事物本身的确定的关系和规律。所以实际行动是我们认识的基础，参加革命斗争的人，才能真正认识革命的规律；亲身下水游泳的人，才能认识游泳的规律。

人的认识是和实践结合着的发展过程。 这些规律的知识，对于人类有什么用处呢？有了规律知识，就可以预测事物的发展，就可以指导我们的行动，使我们在实践当中走路更正确，不至于碰太大的钉子。因此认识虽是以实践为基础而发展起来，但它反过来又可以指导实践。还有，我们用我们的认识指导实践的时候，又必然接触新的事物，这样一方面可以进一步检查和证明我们的认识是否正确，另一方面又可以获得新的感性认识并进一步总结出新的理性认识。总之，我们的认识是和实践结合着的一种发展过程：它首先在实践中得到感性认识和理性认识，再用我们的认识指导实践，再在进一步的实践中证实我们的认识并获取新的感性认识和理性认识。由实践到认识，又由认识指导实践，在实践中又得到新的认识，这样不断地循环，我们的认识就不断地前进、发展，就愈更完全，愈更接近绝对真理。例如在抗日战争中我们认识到美国是我们共同作战的盟邦，我们以这种认识指导我们的行动，和美国（以及苏英等其他国家）建立了反法西斯战争的同盟关系，结果共同打败了日本，这证明我们前面的认识是正确的，但是当我们这种同盟关系再继续下去的时候，我们就发现了许多新的认识，我们逐渐认识美国政府的反法西斯政策是不彻底的，特别在日本投降以来，它的行动和我们中国人民的斗争要求相反，不是彻底肃清法西斯残余，而是包庇这些残余和反动派，不是真正根绝法西斯独霸世界的侵略思想行为，而是要用它自己的扩张政策来代替这种思想行为。于是我们就得到了新的认识，并且用这认识指导进一步的行动，就是要反对美帝国主义的扩张政策。在这种行动中，我们又可以得到更新的一些认识，例如我们认识到美国内部也有我们的朋友，他们跟我们一样地反对美政府的扩张政策，要求世界和平，因此我们又深刻地认识到，美国政府的扩张政策，只能代表美国一小部分帝国主义分子的要求，而不能代表美国人民。对于美国人民和民主人士，我们还可以继续建立反法西斯联盟。……这样，我们的民族斗争的实践和我们的认识互相推动互相联系，每一次的循环，都使我们对于美帝国主义的认识更加接近完全，由反法西斯盟邦的一方面认识，进而认识到它的侵略面目和它与美国人民的分别。

要获得正确的认识，必须要有正确的立场、观点和方法。 以上我们把认识发展的情形简单地重述一遍，算是把前几次关于认识论问题的讲话作了一个收场。现在我们就要给新的讲话开锣了。什么是我们开锣的新节目呢？这就是关于思想方法的问题。为什么还要讲方法的问题呢？因为不讲方法，即使懂得了以前的一切道理，也还不能够很好地认识事物。把以前的道理，在实际上应用起来，不外是两点：第一，我们既是与实践密切结合着，因此在我们认识事物的时候，就要站在无产阶级的实际斗争立场上来看问题，要有为广大人民服务的精神，要和广大人民的实践行动一致，也就是要以广大人民的利益或斗争要求为我们认识的基础；第二，认识既是客观事物的反映，是事物经过感性认识达到理性认识的规律知识，因此我们在认识事物的时候，就要有唯物论的观点，一定要以客观事物的调查研究为正确认识的基础，一定要积累经验，根据广大人民的实际斗争经验来解决问题，而不要以个人主观的猜测来解决问题，不要轻率地凭着自己的"想当然"来解决问题，而要善于跟广大人民学习和善于作周密的调查研究。但是，有了为人民服务的立场，有了唯物论的观点，是不是就够了呢？是不是就能够正确认识事物的规律了呢？那还是不够。那还要讲思想方法或正确的研究方法。方法讲得不好，即使你有真诚为人民服务的一片好心，即使你调查了许多事实材料，积累了许多经验，你没有好的方法加以分析研究，那还是不容易正确地认识事物的规律。当然，反过来说，如果只讲方法，不要正确的立场和观点，那你这方法也是空的，也是无的放矢。中国有一句话说"巧妇难为无米炊"，善于做饭的女子，如果没有米，也没有办法做出好饭来。把认识比做做饭，那么，客观事实就是米，而思想方法就好比"巧妇"——做饭的方法。你首先要想法得到米，你才能使她的做饭方法有地方施展出来，你先要让客观事物有可能充分反映到脑子里来，你的思想方法才用得上去。怎样才能使客观事实有可能充分反映进脑子里来，首先就要有正确的立场和观点。没有为人民服务的立场，不跟广大人民的生活实践息息相关地站在一起，你就不能真正了解人民的痛苦和改变社会的要求，你就等于闭了眼睛不愿去看世界的真相，说得严重一点，就等于有意无意跟着压迫人民的反动派去做欺骗世人的勾当，这样你就失去了忠实认识客观事物的基础，就等于断绝了认识的"米"的来源。没有正确的唯物论观点，一切只依靠你自己主观的推想，这也就使客观事实不能很好地反映到你的脑子里来。总之，没有正确的立场和观点，你就不可能获得正确认识的"米"，即使真有那么一个思想上的"巧妇"，也不可以做出认识上的"好饭"，即使勉强做了，那也只是一些主观的空论，不是客观的真理。所以，立场、观点、方法，这三个东西是不可分开的，要得到正确的认识，必须学习怎样掌握正确的立场、观点和方法。马克思主义的理论之所以非常正确，就是有正确的立场、观点和方法，我们要学马克思主义，最主要的也要学习它的立场、观点和方法，而不是要死记马克思主义的书本文献上的许多片断条文。仅仅记得马克思主义书本文献上的条文词句，而不懂它的立场、观点、方法，这叫做教条主义的学习，懂得了立场、观点和方法并且能够很好应用的，这就叫做学到了马克思主义精神和实质，这才是正确的马克思主义的学习，如果能够这样，那即使不能把书上的词句倒背如流，也不要紧。

立场、观点和方法是分不开的，在我们以前既然把立场、观点的讲话收了场，以后就必须为方法的节目开锣了。我们讲方法，是以什么为目的呢？是要告诉大家：思想方法有正确的和不正确的两种：不正确的，我们就要反对它，抛弃它；正确的，我们就要学习它，掌握它。掌握正确的方法，是很重要的，没有米固然做不成饭，有了米，没有好的方法，也做不好饭，也只是把宝贵的米浪费了。有了一片为人民服务的好心，有了调查研究和一些实际经验，如果没有好的思想方法，你就不知道怎样去研究这些事实材料，怎样才能很好地总结经验，因此也就不能正确地认识事物。不能正确认识事物，就不能正确指导实际斗争，也就不能很好地为人民服务，这样你的立场也就是空的。因此，方法不对，不仅不能正确认识事物，而且也有害于你的立场。

正确的思想方法，是与事物的发展规律一致

的方法。 什么是正确的方法，什么是不正确的方法呢？这当然要以后慢慢加以说明，才能够详细知道，但现在也可以简单地把它们的特点提示一下。正确的方法，就是和事物的发展规律一致的方法；不正确的方法，就是违反事物发展规律的方法。例如世界上的事物都是会变化的，这是事物的规律，如果你用变动的方法变动的眼光来看事物，你的思想方法就合乎这规律，它就会是正确的；如果你把事物看做不变的，你就违反了这规律，你的思想方法就错误了。即使你调查了很多材料和积累了很多经验，你的认识仍然不会正确。例如反动势力现在表面上好像还很强大，你如果应用变化的方法，就得要研究它的这种强大如何要变为弱小，走向没落，就要注意从你所调查的事实材料和积累的经验中，去找出它由强变弱由大变小的原因和规律。这样的研究，就是正确的。如果你用了相反的方法，把这种强大看做永远不变的，你的思想就自然而然地去寻找出它如何强大的理由，而不注意相反方面的材料和经验，那么，你的研究就会错误，这种错误会使你悲观失望，使你对推翻反动势力没有信心，不能勇敢地进行斗争和指导斗争，无意中把你引到反动势力的同一立场上去，在客观上成为他们事实上的辩护者并帮助他们巩固了统治的地位。

正确的方法就是辩证法，不正确的方法就是形而上学的方法。 我们所说的正确方法，就是辩证法的方法；不正确的方法，就是形而上学的方法。辩证法本身，就是事物发展的普遍规律，我们应用辩证法的方法，就合乎事物发展的规律，就能正确认识事物的真面目。形而上学的方法是违反事物的辩证法规律的，用形而上学的方法就会发生认识的错误。这个结论，是从哪里来的呢？当然不是我们主观上"想当然"得来的，这也是经过千千万万人类的实践的证明才得到的结论。因为人类思想发展的历史已有几千年了，几千年来，人类在实践和认识当中，有的时候运用了辩证法，有的时候运用了形而上学的方法，结果证明用形而上学的方法认识事物都得到了错误的结果，应用辩证法方法都得到了正确的认识。因此我们讲思想方法，就要告诉人家来认识什么是辩证法的方法，并且好好学习它，同时看清楚什么是形而上学的方法，如果我们在认识事物的时候发现自己是在用这种方法，那就要努力丢掉它！

十三　无风不起浪

——事物的有机联系的规律

现在我们要开始解释辩证法的规律了。我们选择"无风不起浪"这个成语来开头。你们听见别人讲过这个成语吗？如果听到，请回忆一下是在什么情形之下讲的。我听见这成语的时候，是在"九一八"后的第二年，这时日本帝国主义者已经把我们的东北抢去了。当时就听到一种风传，说汪精卫以及国民政府内的许多要人都跟日本帝国主义者有勾结。大家知道，汪精卫在当时还不是公开的汉奸，他还是中国国民政府的行政院长，中国的一般人民只以为是张学良丢了东北，而不知道当时张学良的不抵抗行为是受了国民党最高当局的命令。所以有些人听说国民政府内部的要人也和日本帝国主义勾结，往往会发生怀疑甚至于觉得奇怪，并且很关心地问道："真的有这事吗？"对于这样的疑问，就有人用"无风不起浪"的成语来作答。他的意思是说：凡事都不会无缘无故发生，没有风，决不会起浪，现在风传国民政府的许多要人与日本帝本主义者勾结，那一定有它的原因，决不是一点道理没有的。

"凡事都不会是无缘无故发生的"，这就是"无风不起浪"这一个成语里所包含的重要哲学思想，这种思想在我们每一个普通人的头脑里都存在着，我们每一个人都相信，一切事物的出现，总有它出现的一定原因、一定的道理。我们不相信世界上会有一种事物是毫无一点原因而凭空存在，如果我们感觉到有什么事物是没有来由的，我们一定要对它发生怀疑或者感到奇怪，一定要去追究它究竟是为什么出现的。而如果我们用心去研究、去寻找，总一定能够把这些事物的发生原因和条件找出来。

拿前面所说的例子来讲吧。对于当时的风传，有的人所以会怀疑以至感觉得奇怪，正是由于他们没有看见它的原因和条件，或者没有去研究它的原因和条件。如果他把事情加以研究，找出了它的原因和条件，那他的怀疑奇怪都会打消，而承认这是很自然的事了。为什么会发生这种风传呢？你研究以后，就会发现这样的原因：原来那个国民政府并不是真正代表国民的政府，它是一些主张专制独裁的反动分子所垄断的政府，而汪精卫就是其中之一。凡是专制政府，都要压迫人民，反对民主，不择手段以求达到少数人升官发财的目的。为了这目的，他们不惜出卖国家民族，向外国侵略者摇尾乞怜，满清皇帝曾提出"宁赠友邦，勿与家奴"的口号，袁世凯为了要做皇帝，不惜答应日本帝国主义的二十一条卖国条件。国民政府也是专制独裁的政府，因此它的要人和日本帝国主义勾结，乃是毫不足奇的。而"九一八"后的那种风传，也决不是毫无来由的。

事物都不是孤立的，都和周围的某些事物有一定的联系。联系就是互相依赖、互相制约。事物不能孤立存在，乃是一种普遍的规律。 "无风不起浪"这一个成语，表示我们一般人都认识到一条辩证法的规律。这条规律告诉我们说，世界上的事物都不是孤立的，不是与周围的其他事物毫无关系的。每一事物都和周围的某些事物有一定的联系，都和这些事物有互相依赖、互相制约的关系。什么叫做互相依赖？这就是说，这一事物的存在和另一事物的存在是分不开的。什么叫做互相制约？就是说，这一事物的变化，也必然引起另一事物发生变化。风和浪是联系着的，有风，就有浪，风平就浪静，风的大小，又必然引起浪的大小。请你随便举任何一个例子来说罢，你能够找到任何一件事物，可以不依赖周围其他事物而孤立存在的吗？可以完全不受周围的任何影响而永久固定不变的吗？我敢说你有天大的本领，也做不到这一点！这并不是我敢大胆夸口，而是因为事物不能孤立存在，乃是一条最普遍的物质规律，世界上任何事物都逃不出这条普遍的辩证法规律，正如孙悟空一筋斗十万八千里的本领也逃不出如来佛的手掌心一样。试把你自己来做比方，首先如果没有你的父母，世界上就不会有你这一个人存在。如果没有一定的社会环境，你就不可能像现在这样生活，你的生活之所以和美国人苏联人不同，就是由于你的周围环境和美国苏联不同；你的环境不是资本主义的环境或社会主义的环境，而是由半殖民地半封建走向新民主主义的环境，因此你的生活只能在两条路中间择取一条：或者是做一个革命者，为推翻帝国主义及封建势力争取新民主主义在全国实现而斗争，或者跟反动势力同流合污，反对人民的民主要求，并向帝国主义者屈服。你在社会上生活，必须有一定的职业，或者一定的工作岗位，你的职业或工作岗位就为你过去的生活经历和学习过程所决定。你过去如果一直是做生意的，现在你就不可能带兵打仗，你如果没有学习过文化，就不可能在文字宣传岗位上工作。再举其他的一些例子来说吧：树木要依赖一定的阳光、水分、肥料才能生长，雪要在北方的冬天才会降落，牛羊要依靠吃草，虎豹离了肉食就不能生活，不依靠出租土地剥削农民的地租，就不能做地主，不投资开工厂榨取工人的剩余劳动，就不能叫资本家。……任你举无数千万的例子，都可以证明，你所举出来的事物，都和它周围一定的事物有着不可分割的联系，都和它们有依赖和制约的关系。这些周围的事物，就成为它发生的原因或存在的条件。这种关系，我们叫做事物中间的"有机的联系"，世界上每一事物，都和周围的事物有机地联系着，都有一定的周围事物作为它的原因和条件，它也就是在这一定的原因和条件之下才能出现、才能存在。如果这些原因和条件变了，那么它本身也要发生变化，不能照原来的样子继续存在下去。

　　事物互相依赖、互相制约，这种关系叫做有机的联系。事物的有机联系是辩证法的第一条主要规律。形而上学的思想方法就首先违反这条规律。　这就是辩证法的第一条主要规律，形而上学的思想方法首先就是违反着这条规律。按照辩证法的这条规律，整个世界的事物，不是各自孤立，而是有机地互相联系着，形成一个不可分割的整体。按照形而上学的看法就正相反对，认为世界的事物都没有联系，事物的发生和存在都不必以另外的事物作为原因和条件，整个世界，就是无数分散孤立的事物偶然凑合在一起。中国的宗教神话里，认为人可以修练成神仙，做到不饮不食，长生不老，这就是一种形而上学的幻想。为什么它是形而上学的幻想？因为它以为世界上有一种人，可以不依赖任何条件而能生存下去。读者诸君，你们觉得这种神话很荒谬吗？你只要稍微有点科学常识，就知道它是完全的荒谬，就知道世界上决不可能有这样的神人存在。但是我要告诉你，如果你的思想受了形而上学的影响，你解决问题的时候就会不知不觉走到这一类的荒谬的道路上，那时你不但不觉得它是荒谬，而且还以为你的道理满对。比如你有一个朋友，他忽然升官发财了，他得意洋洋地向你夸耀说："这全仗我的本领！"你一听这话，觉得满对，你想，没有本领的人怎样能升官发财呢？别人不能升官发财而他能升官发财，可见全仗他的本领了。请你不要见怪，我这只是做一个比方，并不是说你一定会这样来看问题。但假定你会这样来看问题，那么，你就是中了形而上学思想方法的毒了。一个人能够升官发财，是有种种条件的，例如要和贪污腐化的反动势力同流合污，要依赖反动统治者中间的亲戚故旧的关系，要昧着良心剥削老百姓。如果你忘记了这些条件，真正相信升官发财全仗他的本领，那你就是受了形而上学的思想影响，把人的本领和周围的各种条件隔断，把一个人的升官发财这件事情看成孤立的现象，这种看法，乍然间你也许发现不出它的错误，但仔细研究一下看看，这样的想法，不是和相信不饮不食而能长生不老的仙人一样荒谬吗？如果你仔细观察一下你周围人们的思想，那么，像这样荒谬想法的人，不是也很不少吗？

好了，我们已经把这一条规律的内容说得很透彻了，同时我们认识事物时所应该采取的正确思想方法也很容易明白了。既然一切事物都和周围一定的其他事物有着有机联系，它的发生和存在都有一定的原因和条件，那么我们无论研究什么事物的时候，首先就必须研究那些是和它有着联系的事物，就要去找出它所以发生和存在的条件。试把任何一种正确的理论思想拿来仔细研究一下，你就发现它总是很好地应用了这一种方法的。持久战的理论，是在八年抗战中完全得到了实践的证明的伟大的正确理论，这个理论一开头，就告诉了我们中日两国的几种条件的对比（敌小我大，敌强我弱，敌是退步的而我是进步的，敌人在国际上的援助较少而我的援助较多），告诉我们在这种条件的对比之下，为什么中国的抗战一定是持久战而不是速决战，为什么一定能争取最后胜利而不会走到亡国论者所想的那种悲观前途。由于认识了持久战是必然的规律，因此在指导抗战的时候，就必须依照这个规律去做，就是不要急躁，不要求速胜，也不要悲观失望，要耐心地正确地准备长期艰苦的战斗，以至争取到最后胜利。

按照有机联系的规律，我们研究事物的时候，首先就必须认识与这事物联系着的原因和条件。不能把事物的原因和条件弄清楚，就不可能有正确的认识。 要把事物的发生原因和存在条件弄清楚，才可能正确地了解这一事物。错误的认识都是由于弄不清楚事物的原因和条件，或者没有完全弄清楚这些原因和条件。速胜论的错误，就是由于没有认清敌强我弱的条件；亡国论的错误，就是由于只看见这一个敌强我弱的条件，而没有看见敌退步我进步、敌小我大、敌寡助我多助的其他条件。不认识一事物的原因和条件，你就不知道它为什么会是这样的一种东西，就不能了解它的存在有什么意义，就会对于它觉得怀疑，或者觉得奇怪和莫名其妙。虎豹的爪牙为什么那样尖利呢？为什么牛马的牙齿就不是这样呢？如果你不知道前者是要依靠肉食，而后者依靠草食，你就不知道两种不同的牙齿存在在世界上的意义。反动势力为什么对人民那样凶猛残暴，为什么外表上看起来那么强大可怕？如果你不知道反动势力要依靠剥削和压迫人民而生存，你就很难明白它一定要这样凶猛残暴和在外表上强大可怕的道理，更不懂得在这凶猛残暴和强大可怕的外表背后，还包含着它的弱点，就是说反动势力在实际上是很孤立的，是与广大人民对立的，它不能不用凶残可怕的外表行动来补救它的孤立地位，如果人民都觉悟而且团结起来了，对反动势力的压迫和剥削进行坚决的抵抗，它就可能被打倒，它的凶残可怕只等于一个纸老虎，那强大的外形是一戳即破的。

不认识原因和条件，就不可能了解一事物存在的意义。同一事物，在不同条件下就要有不同

的性质和规律，就有不同的意义。 因此，当我们研究一件事物的时候，首先自然是要有充分的调查材料并且积累许多实际经验，有了这些事实材料和实际经验之后，我们就要把这些材料拿来研究分析，而研究和分析的方法，首先就要从它里面找出我们要研究的事物所联系着的那些原因和条件来。即使表面上好像是同一的事物，如果它所联系的条件不同，我们就要给予不同的了解。例如人类，如果照形而上学的方法孤立起来看，而不依照人所处的环境条件来了解，那么，世界上任何一国家、任何一阶级的人都是同样的人类，都是一种最高等的动物，没有什么区别了。但是如果照辩证法的方法来看，我们就会了解，虽然同是人类，由于他们生活所依赖的物质条件不同，就有了阶级的分别：靠收地租不劳而食的就是地主，佃地耕种受人剥削的就是农民，投资开工厂剥削劳动者的叫做资本家，除自己的劳动力之外没有一点资产，因此也只能出卖劳动力过活的叫做无产阶级。同一事物，在不同的地点、不同的时候，就会联系着不同的条件，因此也就要有不同的意义，不同的性质和规律。同是广大人民反对法西斯侵略的战争，在苏联，因为有高度发展的工业条件，所以就能采取正规战争，在较短期间打倒敌人；在中国，因为生产条件落后，就只能以游击战、运动战持久地抗击敌人。这是同一事物在不同的地点所表现的不同性质。同一个英国保守党的领袖丘吉尔，在德意日法西斯被打倒以前，曾经热烈主张与苏联联盟反对法西斯国家，在德意日法西斯被打倒以后，却转过来阴谋组织英美联盟反对苏联。以前所以要联苏，是因为德国法西斯的疯狂侵略行为已威胁了英帝国的基础，以后之所以又反苏，是因为德国法西斯的威胁已经没有了，又露出了保守党的帝国主义面目。这是同一事物在不同的时间表现出不同的规律。一切事物既然在不同的地点、不同的时间，就有不同的联系条件，因此我们认识事物的时候，也必须善于根据这不同的地点、时间和条件，认识事物的不同意义。所以说"一切决定于条件、地点和时间"。凡是正确的理论，都一定是正确地根据地点和时间条件，认识出事物的特殊的意义。新民主主义的理论，就是一个最好的典型。新民主主义论告诉我们，中国的革命是资产阶级的民主革命，但不同于一般的、资产阶级所领导的目的在于建立资产阶级专政的旧民主革命，而是无产阶级领导的、广大人民联合的反帝反封建的新民主主义革命。为什么能够看到民主主义革命的这种新的性质？这就是因为首先看到了中国革命所处的新的时代条件，即在国际上，是处在苏联的无产阶级革命已经成功的时代；在国内，中国资产阶级很软弱和无产阶级已经觉悟，并且已经有了它的先锋队，即中国共产党。

一切决定于条件、地点和时间。要注意事物的条件变化，特别要注意新的条件所产生的事物的新的意义。 总之，如果我们要按照辩证法的方法来研究事物，我们首先就必须要注意这事物所联系的条件的变化，以及这条件的变化所引起的事物的变化。我们特别要注意新的条件，以及这新条件所产生的事物的新意义，如像新民主主义理论所做的那样，这叫做具体研究问题和具体认识事物的方法。只有具体地认识事物，才能得到正确的认识，这种认识才能反映事物的真面目，才能成为客观的真理。在这里，我要向大家介绍两句辩证法的名言，第一句是说："马克思主义的精髓，就是对于具体事物的具体分析"；又一句是说："没有抽象的真理，一切真理都是具体的"。不具体认识各阶级人类的不同的生存条件，只一般地说世界上所有的人都是人类，这种认识就是抽象的认识，这种认识决不能把人类生活的真实情况反映出来，所以抽象的认识都不是真理，只有根据各阶级的生活条件来分析出不同阶级的人类，才能得到人类生活的真理的认识。我们以前讲到真理都有相对性，所谓相对性在实际上就是指这种具体性，就是说跟着不同的具体条件而有不同的具体真理。

要具体地研究问题，一切真理都是具体的。

不研究具体条件，就是抽象的认识，这种认识都不是真理。教条主义和狭隘经验主义，都是不能够研究事物的具体条件，都是违反辩证法规律的错误思想方法。　有两种错误的思想方法，就是不懂得按照地点时间等具体条件来认识事物。一种是教条主义的方法，例如把外国的革命理论硬套在中国社会上，而不管中国的具体条件，和在这种具体条件之下所产生的中国革命的特殊性质。有的人用外国的资产阶级民主革命理论来套，于是就说中国革命要让资产阶级去领导；有的人用社会主义革命的理论来套，又走了另一极端，说中国马上就应该实行社会主义革命。这些思想，都没有经过具体的研究，忽视了中国当前的具体条件，所以都不能认识中国革命的真正性质。还有一种狭隘经验主义的思想方法，这是有些实际工作经验的人往往犯的毛病，他们喜欢某一地点或某一时期的经验，拿到其他的地点和时间里去随便应用，而不管另外的地点时间里是否已发生了新的条件？是否应该有新的认识？苏联的剧本《前线》里所描写的戈尔洛夫，就是这样的人物，他以自己在革命内战时候的经验而自豪，他把这经验拿到苏德战争中来应用，仍以为打仗只要勇敢就能解决问题，而不知道苏德战争是以高度的技术条件为基础的战争，单凭勇敢是不能争取胜利的。不论教条主义和狭隘经验主义，都有一个共同点，就是把旧的认识当做简单的公式，死板地用到新的地点、新的时间之内来，而不管具体条件的变化，两种方法都是违反事物的辩证法规律，都对于我们正确地认识事物的要求有很大妨碍。如果我们发现自己的思想里有这种方法的成分，就要努力想法把它清除掉！

十四　不是变戏法

——事物自己运动发展的规律

世界上的一切，无时无刻不在变动，这是我们人人看得见、人人承认的事。但这是怎样的一种变动呢？对于这问题，就有各种不同的见解。有一种见解，认为世界上的事物变动，就像魔术师变戏法一样，这种见解是不正确的。

没有看过变戏法的人，恐怕是很少了。大戏院里常常有大规模的戏法表演，不过座价太贵，出不起钱的人，可以在街头碰碰跑江湖的卖艺，出很便宜的价钱，也很够饱一饱好奇的眼福了。通常的戏法，不外是把一件东西变成另一件东西，例如一根棍杖放到毡子下面，立刻爬出一条蛇来；一粒米放在杯子里，他可以给你变成一满杯；或是一些枯干的水草放进玻璃缸去，用手帕一盖，就变成满缸水里游泳的活生生的金鱼。这一类的变法，在戏法中是最普通的，无论在大戏院里或街头的卖艺里，都是常有的节目。

观客对于魔术师所玩的这些把戏，照例是睁大着好奇的眼睛去观看，许多人对于这种变化往往会深信不疑，以为棍杖真的给魔术师变成了一条蛇了。真的，一个变戏法的人，如果不能使观客惊奇、赞叹和信服，他的戏法就根本没有人来看，也就不要想靠这一门职业来吃饭了。他要把他的技术弄得极其巧妙，使看的人出了钱，受了骗，还要信以为真，感到非常满意。其实棍杖并不真的会变成蛇，一粒米也决没有真的立刻会变成一杯的道理。魔术师不过是预先将蛇和满杯的米藏在观客所没有想到的一个地方，到了临台的时候，秘密地搬出来，暗中和棍杖之类换掉了，巧妙地蒙混过观客的眼睛，戏法就变成功了。

变戏法的变动，只是位置和数量的变动，而不是事物本身的变化。 这就是变戏法的变动。大家知道，这种变动，并不是真正的变动。棍杖根本没有变成蛇，一粒米也没有真的变成满杯的米，只不过把两种东西掉换了一下位置。如果硬要说这里有什么变动，那么至多也只能承认是位置上的移动，或者再加上米的数量上的变动，也就是一种机械的变动，决不能说棍杖之类的东西本身有了变化，这是第一；其次，这一种位置的移动或数量的变化，并不是由棍杖之类的事物自己本身发生的变动，它完全是受魔术师的支配，它的变动的力量完全是外来的，它本身完全没有自动的作用。

有许多人，常常把世界上的一切变动看做变戏法一样的变动。他们虽然承认事物的变动，然而所承认的只是位置的改变和数量的增减，也就是只承认机械的变动。最显著的例子，是中国有一种对于历史的看法，认为人类历史都是循环运动，试翻开许多旧小说来看，开头常有这样的话："天下大势，分久必合，合久必分。"这就是把历史的变化看成分与合的简单循环。照这种看法来说，那么，历史的变化，都只是表面的了，在表面上，我们好像经常看见有新的历史事物出现，然而在实际上那并不真的是什么新事物，一切都是老早就有了的，它不过是从暂时隐藏的状态中又重复出现，正好像有一个历史的魔术师，把过去的某些事物悄悄地藏起来，到了一定的时候，又把它拿出来给人再看一次。事物的本身根本没有什么变动，历史的本身也根本没有什么进步，不过是一盏转来转去的走马灯而已。

把一切事物的变动都看做外力引起的数量和位置的变动，这是形而上学的发展观。形而上学的发展观，最后仍把我们引到宗教迷信的路上。

这种关于变动的见解，是一种形而上学的看法，也叫做形而上学的发展观。它只承认事物的表面的变动，而不承认事物本身真实的变化。它要我们相信这样的两点。第一，我们所看到的世界上一切变动，只是变戏法样的骗人的事情。水变成冰，大鱼生出小鱼，稻秆上结成谷穗，资本主义社会代替封建社会，中国出现了共产党和新民主主义的解放区，一切的自然变化，生物繁殖，社会变革等等的现象，都是假的。世界上的每一事物，都是永久固定不变的，它们的本身决不会由一种变成另一种，我们所见到的变化，不外是一种东西隐藏了，而另一种东西又来代替它的位置罢了。第二，就像戏法的变化是由魔术师制造一样，事物的变动也决不是事物本身的自己变化，事物的本身都是死的，要使死的东西变动，必须假定有一种外来的活力，于是，为要说明一切变动的来源，就不能不假定世界上有一个大魔术师，掌管着一切的变动，而万物的变动，都是由他推动的。这魔术师是谁呢？是人吗？人决没有这样大的力量，那就只好说是神了。这样，形而上学的发展观结局又是要把我们引到宗教迷信的路上去，相信冥冥中掌握因果报应的鬼神了。

但世界上一切事物的变动，和变戏法决不相同，这是我们很容易看出来的。

事物本身经常有性质的变化，而不只是数量的变化。　一切自然界的变动，社会的变动，人类思想认识的变动，都不单只是位置上的移动和数量的增减，更重要的是事物本身也起变化。水结了冰，我们决不能说，这是魔术师把水藏了，又把冰拿出来，而是水的本身变成了冰。封建社会经过革命变成了资本主义社会，我们决不能说是神把封建社会装在荷包里去了，又把资本主义社会拿出来。我们只要研究一下社会科学，就知道资本主义社会是在封建社会内部发展起来的。抗战八年，中国出现了八路军、新四军的伟大人民武装，又出现了解放区，这些也决不是以前在任何地方曾存在过，而现在才搬出来，它完全是从中国人民斗争中新生长起来的东西。人类的认识由感性到理性，并不是谁把感性收藏起来，又拿出了理性，理性认识本身，就是感性认识的总结。无数的例子，都可以证明世界上的事物本身经常在起变化。如果照形而上学的发展观来看，说事物仅只有位置的移动和数量的增减，那么无数的变化事例都将得不到说明，都要成为不可解释的怪事。如果你不肯相信，硬要把魔术师的道理拿来解释，那就请你解释解释看，我担保你的解释一定是荒诞无稽，笑话百出，与事实完全不合！

形而上学的发展观，是违背客观事实的规律的。任何事物，都有它自己的发生发展和没落的过程。 所以，形而上学的发展观，是违背客观事实的规律的。用形而上学的方法来看事物的发展变化，就不能得到正确的认识。世界上一切事物的变化，不仅包含位置和数量的变化，更重要的，是事物本身自己也在经常变化，我们经常看见一种事物转变为另一种事物，经常看见世界上有新的东西出现，又有旧的东西消灭了、没落了。小孩子生出来，长大了，老了，老人又死了，又有新的小孩生出来。法西斯头子希特勒上了台，发动了战争，在反法西斯战争中，法西斯国家被打倒了；日本帝国主义侵略中国，中国人民起来抗战，日本帝国主义被打败了，中国出现了新的民主的解放区。事物在一定的时候作为新的东西产生出来，经过一定的时期发展壮大起来，最后又归于消灭，没落，或转变为新的东西。这叫做发生、发展和没落的过程，任何事物，都有它自己的发生、发展和没落的过程。该生长的事物，就作为新的东西生长起来，并不是什么地方搬出来了隐藏的旧东西；该没落的事物，就一定要没落、消灭，决不会原封原样地隐藏到什么地方去了，世界上找不到一件事物能永久不变。中国从前有些皇帝，妄想寻找一种长生不老的药方，使自己免于死亡，并且最后飞升到天堂里去，事实证明那极其愚妄可笑。形而上学的发展观，以为事物的本身不会变动，这种想法，实际上也是同样的愚妄可笑，并不比那些皇帝更为高明！

辩证法的又一条规律，就是事物的自己运动发展的规律。 辩证法的第二条主要规律，就是一切事物经常都在变动中，都在发生、发展和没落的过程中。而这变动，是事物自己本身的变动，决不是事物之外的什么魔术师或鬼神操纵的。事物变动的原因，只要从事物本身内就可以找到，不必假定事物之外的神秘力量。如果有人对于这一点想不通，觉得没有外力的推动，很难设想事物本身为什么会自己动起来，那么，请你把前一节我们所讲过的第一条辩证法规律仔细研究一下，就可以想通了。在那里我们已经讲过：一切事物的存在、发生，都与它周围的事物有一定的联系，都有一定的条件。你了解了这一点，就很容易明白，一切变动原因，原来就在事物与事物的联系当中，只要把一事物与它周围的这种联系弄清楚了，就可以找到它为什么变动的原因，不必再找魔术师或鬼神了。植物的种子落到地上，得到了适当的水分、阳光和肥料，就生长起来，所以植物的生长，只需要种子和阳光、水分、肥料等条件结合，并不是有什么神灵，把早已完成了的植物从什么地方原封原样的搬出来。抗战初期八路军、新四军只有两三万人，到抗战结束就发展成为一百多万人，并且创造了一万万多人的解放区，这是什么原因呢？如果说这是因为八路军运气好，有神灵帮助，岂不要令人笑死！实际上这种惊人的发展，其原因仍是在事物本身的联系当中，最主要的原因就是在八路军、新四军与中国广大人民的结合，它是人民的军队，得到广大人民的拥护，因此能够战胜一切，能够迅速发展。日本帝国主义是强大的敌人，但是由于它处在退步（主要在于与人民为敌）、小国、寡助的条件之下，所以它一天天由强变弱，中国是弱国，但是由于中国人民的抗日战争是进步的战争（主要表现在八路军与人民结合这一点上），加上中国是大国，中国的正义的地位又可以在世界上获得各国人民的同情和援助，因此就能够一天天由弱转强，一直到打败敌人。所以，事物的生长，如像八路军、新四军的由小变大，中国人民抗战力量的由弱转强，可以从事物的联系当中找到原因；而事物的没落，如像日本法西斯侵略势力的由强变弱，也只要认清楚了它的各种条件，就可以得到说明。

辩证法的方法，是要把事物当做自己运动的东西来研究。 这叫做事物的自己运动发展的规律，一切运动变化都是事物本身的变化，都可以在事物本身当中找出变化的原因。这条规律也就决定了我们的思想方法，如果我们希望正确地认识事物，正确地解决问题，那么我们的思想方法也就不能违反这条规律。辩证法的思想方法上有一句名言，就是"要研究事物自己的运动"。这句名言的意思不外两点。第一，不要用形而上学的方法，把你所要研究的东西看做一成不变的东西，要按照辩证法的方法，把你所要研究的东西看做时时刻刻在变化发展的东西，也就是要研究它的发生、发展和没落的过程。第二，要研究它所以会变化的原因，研究它为什么一定要生长起来，或者为什么一定要没落、死亡，为什么一定要这样变化，而一定不那样变化。这些原因，都应该从事物本身的各种联系当中去找，而不要用事物以外的神秘力量来说明。

应用辩证法总结工作，就要注意工作是否在发展，及发展与否的原因和条件。 假定你在做一件工作，你在工作中有了一些经验，并且对于工作的各方面情形有了一些调查的材料，你怎么来总结这些经验，研究这些材料呢？你首先要估计你这些工作是在发展，还是没有发展，是有成绩，还是可能失败。如果是有发展、有成绩的，那么，你就要研究，是哪些原因使它发展的？是由于你的工作所采取的办法好，还是客观条件有利的缘故？或是两者都兼而有之？如果是有缺点或者失败了，你也要研究它的原因，而这些原因也包含你的办法有无缺点，和客观条件有无困难。经过这样一番研究和总结之后，你对于你的工作才有一个正确的了解，才懂得它为什么成功和为什么有缺点，并且以后你就可以按照你的这种正确的认识，来指导工作，你可以采取好的办法，丢掉坏的办法，争取有利条件，设法克服困难条件，这样就可以把工作做得更好，使工作更发展。我们现在在解放区发动人民来保卫解放区，有的地方人民情绪很快地高涨起来，游击队民兵大大发展起来，有的地方发动人民较困难，游击队民兵的发展比较迟缓。你如果研究一下为什么会有两种不同的结果，一定可以在周围事实中发现几种主要的原因，你可以发现其中有一个最重要的原因，就是土地改革的作用。中国人民绝大多数是农民，农民的生活和土地问题是有生死攸关的联系，因此，土地问题解决得彻底，广大农民都有了自己的土地，他们的积极性就会空前提高，就会把保卫解放区看做保卫自己的生命一样重要；反之，土地问题解决得不好，农民仍然没有脱离或没有完全脱离封建剥削的苦海，他们的积极性就不可能提高，在这种条件之下民兵和游击队以及一般保卫解放区的工作就不会做得很好。土地问题解决得好不好，是发动人民的一个最基本的条件，我们懂得了这一个条件之后，就可以按照我们的认识来指导工作，从彻底实行土地改革消灭封建势力着手，那么，没有发动起人民的地方可以发动起来，发动不好的地方也可以得到进步，使工作进步和开展。

辩证法的方法要研究哪些事物是发展的或没落的及其发展和没落的原因。 总之，辩证法的思想方法，要求我们能够认识清楚，哪些事物是在发展中的，哪些事物是在没落中的；要我们了解发展中的事物，是由于什么原因和条件而得到发展，没落的事物，是因着什么原因和条件而一定要没落。如果我们对于这些问题得到了正确明了的认识，就可以按照我们的认识来指导工作，使工作进行得顺利。我们怎样用这些认识来正确指导我们的工作呢？我们的辩证法是：认清楚了什么是生长的事物和没落的事物以后，我们在工作中斗争中就要依靠生长的事物，而不要依靠没落的事物。认清楚了什么是生长的条件和困难以至于没落的条件之后，我们就要努力争取生长的条件而克服和排除困难和没落的条件。在抗日战争中，中国是依靠了八路军、新四军以及一切人民武装来战胜日寇呢，还是依靠了大地主大资产阶级的军队呢？八年抗战的事实，证明是依靠了前者，所以才得到胜利，因为前者是生长的力量。八路军、新四军的能够生长，是由于争取与人民结合呢，还是脱离人民呢？八年抗战的事实也证明八路军是天天争取和人民更加紧密结合，而不断在反对脱离人民的倾向，所以才能由两三万发展成一百多万的伟大力量。因为和人民结合，是人民军队生长的最根本的条件。

在工作中要依靠生长的事物，努力争取发展的条件。 向上生长的事物，即使最初看起来非常弱小，只要得到了它生长的必要条件，那它的生长力量就是无敌的，任何反对的势力也不能阻止它的生长。八路军、新四军以两三万的少数，处在敌后最困难的环境里，无数次遭受敌人的残酷扫荡，抗拒着敌人大半数的兵力，遭遇到水、旱、蝗种种天灾的折磨，结果还是空前地壮大起来。

有条件向上生长的事物，即使最初非常弱小，它的生长力量仍是无敌的。 我们用辩证法的思想方法，正确认清什么是生长的东西，紧紧地依靠它，努力争取使它继续生长的条件，那么，即使我们自己方面的力量暂时和表面上好像显得有些弱小，我们也不会丧气，不会在困难面前屈服，因为我们深信这种弱小仅只是表面的和暂时的，而生长的潜伏力量则是真正强大而不可抗拒的。另一方面，将近没落和死亡的事物，即使眼前还显得很强大，但它无论如何摆不脱死亡的条件，无论如何不能阻止末日的到来。希特勒、墨索里尼的军队曾经一时横行欧洲，日本帝国主义者也曾经好像真的要独霸东亚，但是三四年间很快的就被打倒了。我们有了辩证法的正确认识，那我们对于任何强大的反动势力，以及它的不可一世的威权，也就用不着畏惧，就能够以坚强的信心和它进行战斗，因为我们知道这种威权也仅是表面的、暂时的，是外强中干，是专门吓唬神经衰弱者的"纸老虎"，而它的死亡之不可挽救，才是真实的、必然的。

因此，我们应该很好地学习用事物自己发展的思想方法来正确认识事物，使我们成为大无畏的英勇战士，成为信心坚强的革命者！

十五　追论雷峰塔的倒塌

——质和量互相转变的规律

雷峰塔已倒了二十多年了，到杭州西湖去的人，再也找不到它古老的形影，但在市面上出卖的西湖风景画片中，仍然少不了一幅"雷峰夕照"，一般人对它的印象也不见得就已完全消灭。我们现在来追论它倒塌的往事，似乎还不至于使大家觉得生疏罢。

塔为什么会倒塌呢？自然，年代久远，遭受了长时间风雨的剥蚀，这是使它倒塌的原因之一，但据一般的传说，还有一个原因，那就是被人偷拆。因为它是古塔，迷信的愚民都以为里面一定有什么神灵，把它的砖块偷回家里，希望可以借它来消灾降福，于是不知从什么时候起，雷峰塔的砖便一块一块地被人搬走，而它的基础也就一天一天不稳固了。最后自然终于到了不能支持的一天，而终于倒塌下来。

谁都可以想象得到：从雷峰塔的砖块最初被人偷拆，一直到它倒塌，中间要经过相当长的时期，偷拆者每次只能从塔上取去一块或两块，失去了一块或两块砖，对于雷峰塔是不是有影响呢？当然不能说没有影响，因为构成塔的成分减少了，但是这种影响非常微小，小到看不出来，塔仍然是塔，并不因为失去了两块砖就有什么改变。照这样拆去一次两次，甚至于几十次，塔上的砖虽然渐渐少了，那矗立在山上的塔，还是不会改变它的形状和性质。但是偷拆的人决不会只有几十起，偷拆的次数也不会到几十次就完结，而塔的支持力量是有一定限制的，它能够抵抗几十次的偷拆，却不一定经得起几千次几万次的偷拆，被偷的砖渐渐多了，终有一天要超过它所能支持的最大限度，一超过这最大限度，塔就不能再维持它原来的性质形状，于是就要变，就要倒塌，这就是以前雷峰塔的遭遇。

雷峰塔的倒塌是经过两种变化过程：一，量变；二，质变。 雷峰塔的倒塌，是表示一种古老事物的没落。塔是一种迷信的建筑物，它发生在宗教社会的条件中，依靠着群众的迷信要求而存在在世界上，但最后仍是在群众的迷信行为影响之下毁坏了。表面上看，塔的变化好像很简单，仅仅是一个矗立高耸的东西倒塌下来，但实际上，它却包括着一个相当复杂的发生、发展和没落的过程，这个过程是与人类社会的宗教迷信的发展密切联系着的。我们现在不是谈宗教，不想研究它的整个的过程，只想论一论它怎样没落，怎样倒塌。如果我们仔细研究一下，我们就会发现，由雷峰塔的被人偷拆，到它的倒塌，是经过了两种变化：第一是在未倒以前的变化，这一时期人们把砖一块一块地偷走，塔上砖的数目渐渐减少，塔身的支持力也渐渐薄弱了，但表面上却看不出什么变化，塔始终是塔，始终是一座矗立高耸的迷信建筑物，我们说这时期的变化是数量的变化，是渐变，是外表上不显著的变化；第二是在倒塌时候的变化，这时砖的减少已达到最高限度，塔已不能支持原来的形状，于是哗啦一声，倒塌下去，这时的变化就很明显，矗立高耸的迷信建筑物一下子变成了一堆废墟，我们的这一时期的变化是性质的变化，是突变，是一望而知的显著的变化。

量变和质变，是一切事物变化的两种基本形式。 数量的变化（简称量变，也叫渐变和不显著的变化）和性质的变化（简称质变，也叫突变和显著的变化）是一切事物变化的两种基本形式。无论什么变化，都可以归入这两类中的一种。就自然界的变化来说，例如鸡蛋的孵化，在未破壳以前，是量变，破壳而成小鸡，是质变；就社会的变化来说，一个社会内部酝酿革命，是量变，酝酿成熟，革命爆发，由一种社会转变为另一种社会，是质变；就中国人民的抗战来说，在抗战的八年中都是量变，八年末了日寇投降，抗战结束，就是质变；就认识的发展来说，搜集事实材料，来积累经验，增加感性认识，这是量变，把材料和经验加以研究总结，提高到理性认识，这又是质变。我们以前说过的机械的位置移动，它本身也有量变和质变两方面：例如把一块石头绑在绳子头上，用手的力量把它甩成圆圈，这种位置移动是一种循环运动，手上愈更用力，圆圈就甩得愈快，但始终仍是循环运动，这就是量变。如果手上用力过度，绳子断了，石头就突然一直线飞出了，这就由循环运动变成直线运动，这就是质变。世界上事物的种类是多到计数不清，它们的变化的种类，也是多到计数不清，但不论哪一种变化，都可以归入量变的一类，或者是归入质变的一类。

任何事物都有一定的质。一事物的质，使它和其他事物有区别。 不论什么东西，都有一定的质，鸡蛋是一种动物的种子，能孵化成小鸡，这是鸡蛋的质；鸡是一种家禽，它能自动觅食，在人类的饲养下能生长能繁殖，这是鸡的质；雷峰塔是西湖边的一座圆锥形建筑，它的存在是为着满足群众的迷信需要，这是塔的质；中国社会一部分（国民党统治区）还是半殖民地半封建性质，大地主大买办资产阶级在那里占着统治势力，另一部分（解放区）是新民主主义社会，帝国主义和封建势力的统治在那里都被推翻了，这是中国社会的两部分不同的质。一事物的质，使它和其他事物有分别。我们说某物和某物不同，就是指它们的性质不同。同是人类，为什么地主和农民不同呢？因为地主的社会性质和农民的社会性质不同。同是军队，为什么八路军和新四军与军阀的军队不同呢？因为八路军、新四军的军队是人民的军队，而军阀的军队，则是封建势力和买办势力的私人军队，是反人民的军队，这就有性质上根本相反的两种军队。

质是事物的一种内部规定性。 什么是质呢？用哲学上的名词来说，质是事物的一种内部的规定性，这就是说，一定的质，规定事物有一定的特征，这种特征，表现在它和周围事物发生一定的关系和作用上，表现在它的一定的变化规律上。当我们说一种事物的性质不变时，那就是指它的特征，它对周围事物的关系、作用，它的变化规律都没有改变。就因为这样，所以性质不同的事物就一定有区别。例如说军阀的军队，最早有满清皇帝的奴才曾国藩、左宗棠、李鸿章的军队，后来有袁世凯以下的北洋军阀的军队，民国十六年以后又有标榜三民主义的新军阀军队，这些军队虽然所处的时代不同，但就它们对人民的关系和作用来说，它们的根本的规定性始终没有变化，它们始终是靠压迫人民生活，因此它们的性质始终是没有根本变化，它们和人民的军队八路军、新四军是根本不同的，是完全相反的。

任何事物都有一定的量。 不论什么东西，都有一定的量，塔是要一定数量的砖和保持一定数量的支持力，才能立得稳固。鸡蛋有一定的大小，它的内部孵化情形，也有一定的程度，或者已经差不多孵成小鸡了，或者还完全是黄和白，这一定的孵化过程，也就是作为鸡的种子的量。资本主义社会有它的量，例如它的物质生产能力，一定比封建社会高。新民主主义社会也有它的量，例如广大工农群众的一定的觉悟和团结程度，就是巩固新民主主义社会的一种数量。

质和量，是任何事物都少不了的两个方面。 总之，无论什么东西，不但都有一定的质，而且都有一定的量，我们不能设想世界上的任何事物可以没有它自己的质，我们也不能设想，世界上能有一种东西可以不具有一定的量，如果我们说世界上可以有一种东西存在，而它的数量是等于零的，那一定要闹天大的笑话！一定的量，是每一事物存在的必要条件，不到三个人的数量，就不能成立团体；没有千万块的砖石，就不可能建筑一座宝塔。总之，质和量，是任何一种事物都少不了的两个方面，它在每一种事物中都联系在一起，不能缺少任何一方面。

事物无时无刻不在变化，不是量变就是质变。在量变过程中质在表面上没有显著的变化，这叫做质的相对静止。 世界上的事物，无时无刻不在变化当中，没有一件事物是有一刻停滞的。事物不是在量变当中，就是在发生质变，整个世界，就是质变和量变交织成的一个变化不息的活动体。我们可以知道，有人以为世界有些事物不会变化，乃是一种表面的看法。这往往是因为把量变误认为不变的缘故。在量变的过程中，因为事物的性质不变，所以在表面上看来，好像是没有什么变化。鸡蛋在孵化的过程中，内部已经渐渐变为小鸡了，但表面上看来，始终好像仍是同一个鸡蛋。八年抗战中，敌我力量对比有了种种变化，但在日寇未投降前，始终是抗战过程，表面上看来，始终是敌人侵略而我们抵抗，这个关系没有变化。总之，在量变的一定限度之内，事物的质，不会发生显著的变化，表面上看来好像它是没有什么改变的样子，这叫做质的"相对的安定性"，或者叫做"相对的静止"。我们觉得世界上有许多事物不变，就是因为事物有这种相对的"静止"和"安定性"的缘故。其实这种"安定性"和"静止"只是"相对"的，不是绝对的，不是彻头彻尾完全的安定和静止，只是在量变的一定程度之内，质的方面大体上不变化，而不是事物本身真的有静止不变的时候。如果我们把相对的错误认为是绝对的，以为世界上真的有固定不变的事物，那就错了，形而上学的思想方法，就是犯了这种错误。

形而上学的错误：把相对静止看做绝对的。质的相对静止有一定限度，过此限度就要起变化了。质变即"突变"、"飞跃"和"连续性的中断"。

我们要再说一遍，质的安定和静止，只是相对的，只是在量变的一定限度之内保持不变。过了这个限度，就不能保持这安定性和静止，就要发生质变了。鸡蛋孵育到一定的时候，就要破壳而变成小鸡；雷峰塔的砖减少到一定程度就要倒塌下来变成废墟；抗战坚持一定时期，侵略者就被打倒；革命酝酿到一定程度，社会制度就要发生根本的改变。质变的时候，一般都是在比较短促的时间之内，发生激烈的显著的变化，所以也叫做"突变"或"飞跃"的过程，也叫做"连续性的中断"，因为这样的突变，是由一种质飞跃到另一种质，而使旧的质就不能连续保持下去。这样，量变和质变，就是世界上事物变化的两种根本形态，这两种变化，在世界万事万物中交织着，并且密切地联系着。

量变和质变有密切联系，量变就是质变的准备。 在量变的过程中，我们因为表面上看不见质的变化，每每以为量的变化和质没有关系，然而如果仔细一研究，就可以知道两种变化形态的有机联系，量变就是质变的准备，在量变的过程中，事物的质的安定性渐渐发生动摇，到了一定程度，就完全失去这种安定性，而突然引起质变。由砖被偷拆到雷峰塔倒塌，由鸡蛋的孵育到它的破壳，由革命的酝酿到社会的变革，由八年的抗战到日寇投降，都是由量的变化引导到质的安定性的破坏，这叫做由量到质的变化。质的变化完成以后，事物就有了新的性质，并且又重新安定起来，而开始新的量变。雷峰塔的废墟有废墟的变化，破壳后的小鸡就开始自动觅食生长，社会变革后新的社会就在新的生产力基础上发展起来，日寇投降后，中国人民又为独立、和平、民主而进行新的斗争。在新的性质出现以后开始新的量变，这叫做由质到量的变化。

由量变转为质变，质变后又转为新的量变，这就是质和量互相转变的规律。 世界上事物的变化，就是由量变到质变，又由质变到量变，这样交替着变化下去，成为事物变化的无穷的连锁，无论你把任何一种事物的变化拿来研究一下，你都可以看见这一种变化的连锁。这叫做质和量互相转变的规律，这也是辩证法的一条顶普遍的规律。

质量的互相转变，并不是循环，而是低级到高级，简单到复杂的向上发展过程。 读者诸君，你们会不会怀疑，说我们又把世界的变化，看做一种走马灯式的循环变化了？由量变到质变，又由质变到量变，……这不是循环是什么？这个怀疑，我想你们可以用自己的理解来把它消除。只要把事实的例子看一看，就可以知道由量变到质变，又由质变到量变，决不是简单的循环，因为后一种量变，和前一种量变是不同的，它是以一种新的质做基础，而前一种则是以旧的质做基础。蛋的量变是卵的孵化，小鸡的量变却是动物个体的生长；封建社会的量变，是表现为小农业和手工业生产力的发展，封建社会转变为资本主义社会后，它的量变却表现为机器工业的生产力发展，谁都知道，机器工业的生产力，和小农业手工业的生产力是大不相同的。两下比较起来，机器工业的生产是又大量、又迅速，小农业和手工业的生产则是又微小又缓慢。这样，我们可以看到，由鸡蛋到小鸡，由封建社会到资本主义社会，这决不是简单的量变和质变的循环，而是由低级到高级，由简单到复杂的向上发展过程。量和质互相转变的规律，是表示一种较为低级的质经过量的增长，就要转变为更高级的质，同时又以这高级的质为基础，开始高度的数量的增长。

辩证法的方法，就是要用革命的观点来研究事物，要研究事物在发展中必然要经过质的根本改变，才能向前进步。 质和量互相转变的规律既是事物变化的普遍规律，因此，如果我们要想能够正确地认识事物，那我们的思想方法就不能违背这条规律。我们不要照形而上学的思想方法，把事物的数量变化当做是与它的质毫无关系的东西来研究。我们一定要按照辩证法的方法，把事物的量变和它的质变联系起来看，要研究数量的增长如何引起质的提高。要注意到任何事物的量变，到了一定的程度，必须有一个明显的、根本的质的变化，才能继续提高，否则发展就要受阻。这就是说我们要以革命的观点、准备彻底改变事物的观点，来看事物的发展。这一个方法，对于社会生活问题的研究，有特别重大的意义。在社会生活问题上，我们一定要研究：一种社会的生产力发展，怎样要终于引起社会性质的变革，人民对旧社会的不满增长到一定程度，怎样要必然引起革命的爆发，中国人民坚持抗战的力量发展，怎样由防御阶段进到相持阶段，由相持阶段又进到反攻阶段以至于取得胜利。总之，我们要以革命者的身份来看社会变化的问题，而不要用保守的改良的方法来看问题，不要幻想在保持着旧社会制度而不加以改变的情形之下，可能使社会得到无限的发展和进步，如果用这种方法来看问题，一定要犯大错误。用这样的错误方法来看问题，就等于主张永远不破蛋壳，而希望小鸡在壳内继续不断地生长，或主张中国大买办地主的专制统治永远不推翻，而希望在这种基础上保持民族工业的无限发展。这样的方法，显然是违背事实规律的。所以，辩证法的方法，是一种革命的思想方法，它要求我们研究：如何在一事物的量的增长中，来准备它的质的飞跃；如何促进它的质的飞跃，以便它的量的发展能够继续猛进；如何以这种革命的精神来指导我们的实际行动。

质量互相转变的规律，在各种不同的具体事物上有不同的表现。研究事物的质量互变时，也要根据条件、地点、时间作不同的具体分析。 质和量的互相转变规律是普遍的，但在各个具体的事物上，它的表现是各不相同。因此我们在方法上也必须根据事物的本身的具体情形来分别研究。由反法西斯战争到战争的胜利，在中国是持久战，在苏德战争中就不是持久战，这是因国家的不同而量变的过程也有长短的不同。过去封建社会经过革命就转变为资本主义社会，现在的封建社会经过革命一定只能转变为新民主主义社会，这是因时代不同而质变的情形也不同。总之，不论质变和量变，都因时、因地、因事物的不同而有各种不同的具体表现，这里由"一切决定于条件、地点、时间"的规律支配着。因此，我们研究事物的质和量的变化时，也要根据不同的条件、地点、时间而加以不同的分析，具体地来认识每一事物由量变到质变又由质变到量变的特殊情况，切不要把一件事的质量互相转变的情形，当做一个固定的公式去乱用，硬说另一事物的变化情形也一定如此。

根据各方面的条件，具体研究中国的革命运动怎样发展，中国社会怎样进步，旧中国怎样变革而成为新中国，要能够具体认识这些问题，那么，我们学习质和量互相转变的规律，就可以算是有成绩了。

十六　岳飞是怎样死的

——矛盾统一的规律

岳飞是中国宋朝时候的民族英雄，中国人民都知道他的故事。他本来有能力可以打退当时的侵略者——金人，但是因为政府里当权的是投降派，用计谋杀害了他，使当时的抗战军队失去了主脑，大半个中国就沦陷在民族敌人的手里。中国人民是富于民族意识的，所以对于岳飞的死，直到现在一提起来就觉得惋惜。中国人民痛恨陷害岳飞的汉奸秦桧，给他铸了一个铁像，跪在岳飞的墓前，让千万人来唾骂。现在离岳飞的死已一千多年了，到浙江杭州去游玩的人，还可以看见那秦桧夫妇的可耻的跪像。

岳飞是怎样死的？自然是被汉奸害死的。岳飞为什么会被汉奸害死？因为他是民族英雄，他坚持要反抗民族敌人，所以汉奸要把他害死。这是一般人对于岳飞的死的看法。我们能够怀疑这种看法吗？当然不能。如果你说岳飞不是民族英雄，说害死他的人不是汉奸，那你的思想就大有问题。但是，倘若我们把问题更深入地研究一下，就可以发现一般人的这种看法，还是不够圆满，还不算全面认识了岳飞死的原因。我们应该还要有些补充。

据说，岳飞的死，是因为秦桧利用了皇帝的十二道金牌，把他从战场上调回去，然后陷害了他的。倘若他不服从卖国政府的命令，他就可以不致陷入奸人的网罗，也就不至于断送自己的性命和那一场轰轰烈烈的民族事业。但岳飞却一定要服从命令，一定要走上那条死路。因为岳飞一方面虽然是民族英雄，另一方面却又是封建时代君主的奴才。他是甘心做封建君主的奴才，对于皇帝一定要唯命是从，不管这命令对于国家民族有多大的危害性。由此可见，岳飞的死，不能说仅仅是由于汉奸的出卖，岳飞自己的弱点，也是使他致死的一个重大原因。

读者诸君，你们一定想象得到，当岳飞接到十二道金牌命令的时候，一定非常痛苦，在他的心里，两种思想在激烈地发生冲突。一方面在他前面摆着老百姓们的要求，要他留下来抵抗敌人，另一方面又要服从皇帝的卖国命令，让几年的抗战功绩变为泡影。依照老百姓的需要来做事呢，还是依照专制独裁君主的命令来办事呢？正相反对的两个念头，同时存在一个岳飞的心里，这就是他内心要发生激烈冲突和痛苦的原因。但岳飞这人的地位，主要还是封建专制时代统治阶级内部的一分子，他不可能有民主思想，不知道把老百姓的需要放在第一位，而是把专制君主的命令放在第一位，他的内心经过一番思想冲突之后，君主的命令还是压倒了老百姓的要求和国家民族的利益，于是就产生了岳飞的悲剧。

世界上任何事物，都包含着互相反对的许多对立方面，这是对立统一的规律。 读者诸君，我们讲了一大篇岳飞的事情，和我们的哲学有什么关系呢？我们的目的，是想用岳飞做一个例子，来说明一条辩证法的规律。这条规律叫做对立统一的规律，它的意思就是说，世界上任何事物，都包含着互相反对的许多方面，这些互相反对的方面经常发生冲突、斗争，这叫做事物自己本身的矛盾，事物的变化、发展，都是这些对立方面斗争的结果，或者说，这些对立方面的斗争情形，决定了事物变化发展的前途。又要做民族英雄，又要做封建皇帝的奴才，这是岳飞自己思想上的两个互相反对的方面，是岳飞自己本身的矛盾。我们说一般人对岳飞的看法不圆满，就是因为他们只看到岳飞的一个方面，把岳飞简单地只看做民族英雄，而认为他的死，仅只是由于汉奸的陷害，他们没有看到岳飞的另一方面，没有看到他是心甘情愿做封建奴才。他的生死，是决定于民族英雄思想和封建君主奴才思想互相斗争的结果。倘若这斗争中，要做民族英雄的思想占了上风，压倒了做封建君主奴才的思想，那么岳飞就可以不服从命令，就可以免死，但可惜岳飞的民族英雄思想没有那么大的力量，因此这一场斗争就得到了相反的结果。

辩证法的对立统一的规律，要求我们在研究事物时，要看到它的各个对立方面。形而上学的思想方法只能看到事物的一方面。 对立统一的规律是一个普遍的规律，任何事物都不是简单的，都包含着自己的矛盾，包含着对立的方面。如果看不到这些对立的方面，而只看到一个方面，那就是形而上学的看法。形而上学的看法是不合事实的，至少是不完全合事实的。一般人对于岳飞的看法，就是不完全合事实的形而上学的看法，这种看法会把我们的认识引向错误。我们要使自己的认识正确，就必须丢掉形而上学的看法，应用辩证法的方法，这就是对于任何事物，都要看到它的对立方面，要研究它的矛盾。所谓对立的方面，具体说来，就是正面和反面，过去的方面和将来的方面，腐朽没落的方面和生长发展的方面。就岳飞来说，作为民族英雄，就是他的正面，发展的方面，而作为封建奴才，就是他的反面和腐朽的一方面。不只岳飞有两个方面，我们现在每一个进步的革命的人，也有两个方面。我们有革命的思想和行动，我们努力为广大人民服务，这是我们的正面和有远大的将来发展前途的一面；但是我们又往往带着许多小资产阶级个人主义思想的残余，甚至于有其他剥削阶级意识的残余，我们常常有些自私自利的打算，它妨害我们去全心全意为人民服务，这又是我们的反面，是必须克服的腐朽的方面。不只人的思想意识有这些相反的方面，一切自然界和人类社会的事物，都有些相反的方面。鸡蛋是正面，鸡内的胚胎发展是反面和将来发展的反面；水是正面，加热的水渐渐转化为蒸汽，又是水的反面；在封建社会里，封建地主和封建统治者是代表这个社会的正面也是要走向腐朽没落的方面，而农民、小资产阶级和资产阶级，对于封建社会来说则是反对的方面和具有将来发展前途的方面。就中国的情形来说，在半殖民地半封建的国民党统治区，大买办（目前是美国买办）大地主的统治是现状的正面，腐朽没落的方面，工农群众及要求民主的广大人民是反面，是发展的方面。在解放区的中国，情形却相反，工农及广大人民掌握了政权（在共产党领导下），成为现状的正面和发展的方面，而封建的残余势力，却只是成为走向完全没落的反面。

所谓对立的方面，就是正面和反面，过去和将来，生长的和没落的方面。 我们看，无论举什么例子来说，都可以找出它的正面和反面，过去方面和将来方面，发生发展的方面和腐朽没落的方面。我们在以前讲发生发展和没落的规律的时候，曾说过世界上有的东西在生长，有的东西在没落和消灭。现在我们更进一步认识到：生长的东西和没落的东西并不是互相隔绝的，两者常常是密切地结合在一起，成为同一事物的两个相反的方面，或者说，它们就是同一事物本身分裂的表现。蛋壳和胚胎，是同一鸡蛋的两个方面；无产阶级和资产阶级，是同一资本主义社会的两个对立阶级；在同一半殖民地半封建的社会里，例如在国民党统治区一方面有帝国主义、买办资产阶级、封建地主的统治，另一方面有广大农民、工人、小资产阶级、民族资产阶级以及一切反帝反封建的民主势力。

没有内部对立或自己矛盾的事物，在世界上是不存在的。对立方面的矛盾依赖。 一定的事物，都由一定的互相反对的方面所形成，都有一定的内部矛盾。毫无矛盾的事物，在世界上是不可能存在的。没有胚胎，就不可能成为活的鸡蛋；没有无产阶级，就不可能有资产阶级，也不可能有资本主义社会。反过来说，无产阶级革命成功，把资产阶级完全消灭了，那无产阶级也就不成其为无产阶级了。有光明的地方，一定也有某些黑暗、阴影，有了某些黑暗，就愈更衬出光明；有流水的地方，一定有某些地方水被堵塞了。有了适当的堵塞，就可以确定水流的方向（中国老话叫"不塞不流"）。一只脚向前走的时候，另一只脚一定要踏稳在地上不动（中国老话叫做"不止不行"）。这样，对立的两方面不仅是互相矛盾的，而且密切地联系在一起，成为一事物的有机的两面，缺了一方，对立也不能成立。这叫对立的互相依赖，也叫做对立的统一。也就是中国老话所谓的"相反相成"。我们说对立的统一是一个普遍的规律，就因为任何事物都是对立的统一。

任何事物的发展，都要通过自己内部对立方面的冲突和斗争。在事物发展中，其对立的斗争

愈更加强，矛盾愈更暴露。 但更重要的是要认识到：既然任何事物都有它对立的各方面，因此每一事物经常都有自己的内部矛盾，或内部的冲突和斗争。任何事物在发展当中，都不是风平浪静、顺利无阻的，而是要通过不断的对立方面或对立势力之突冲和斗争。只要看中国人民为争取独立民主自由，是经过了多么长期多么艰苦的斗争，才得到了今天部分地区的解放，我们就可以知道：生长的势力并不是可以毫不费力地向前发展，腐朽没落的势力也不会毫无抵抗和挣扎地走向消灭，它对于生长的势力一定要给予一切可能的阻碍和破坏，以便延缓死亡的时限。生长的势力也必须克服一切阻碍和破坏，必须经过斗争和大叫大喊，才能向前发展。在事物的发展过程中，其对立的斗争不是愈更减弱，而是愈更增强，其矛盾不是愈更隐晦，而是愈更暴露。今天中国人民解放军与国民党反动派军队的战争，比起辛亥革命时的革命与反革命战争来，其规模不知大了多少倍，比起民国十六年国民革命军讨伐北洋军阀的战争，也大了好多倍，这就说明中国革命愈向前发展，斗争就愈更尖锐和激烈。但是，在发展中，新生的势力和腐朽的势力，虽然互相都有增长，而新生的势力是在斗争中愈更受到锻炼，愈更坚强而不可抵抗，腐朽没落的势力，比较起来却日愈变得脆弱，日愈接近坟墓，不管它在进坟墓之前如何疯狂挣扎，也不能挽救其没落的命运。

新生势力全胜，腐朽势力死亡，就叫做解决了矛盾，哲学上又叫做"扬弃"。不能解决矛盾，事物的发展就停滞不进，或者暂时后退。 当新生的势力在斗争中获得了全胜，发展中的困难全被克服，腐朽没落的势力归于死亡，这就叫做解决了矛盾，这时事物就要发生根本的变化，就要由较低的质进到更高的质，解决矛盾。由低级到高级的变化，在哲学上又叫做"扬弃"。小鸡破壳而出，中国人民完全推翻帝国主义封建势力的统治，建立新民主主义的政权，都可以叫做"扬弃"。如果新生的势力一时不能克服腐朽势力的阻碍和破坏，甚至于暂被压倒，那就是没有解决矛盾。这时事物的发展就停滞不进，甚至暂时后退，如像岳飞的被杀害，使中国人民不能从金人的侵略下翻身。但在这时，并不是说矛盾消灭了，或者矛盾不再暴露了，相反的，矛盾仍然存在，并且还要继续暴露，对立的斗争仍然要尖锐化起来，不到克服矛盾不止。岳飞虽然死了，中国人民的反抗异族侵略的斗争，迟早还是要把金人打败。太平天国、辛亥革命、民国十六年的大革命虽然先后失败，但中国人民反帝反封建的斗争还是继续发展，继续前进，不到新民主主义国家完全建立起来，决不会停止。

发展就是对立的斗争。发展的过程，就是事物内部矛盾的暴露和解决的过程。 "发展就是对立的斗争"，这是辩证法的名言。由生长到没落，由新生的代替腐朽的。由量变到质变，由低级到高级，这是发展的过程。这些过程中间，自始至终，都包含着对立的斗争；发展的过程，就其内容来说，就是事物内部矛盾的暴露和解决的过程。中国革命的发展中间，自始至终，都贯串着中国人民与帝国主义和封建势力的斗争，在中国革命的过程中广大人民与买办地主阶级的分野一天比一天明显，矛盾一天比一天尖锐，直到完全推翻帝国主义和封建势力的统治为止。

正确的思想方法，就是要研究事物的矛盾和解决矛盾。 正确的思想方法，必须不违背对立统一的规律，这就是要研究事物的矛盾和解决矛盾。因此有这样一句名言："辩证法就是要研究事物的本质的矛盾。"怎样研究矛盾？就是要把我们所要研究的事物加以分析，认清楚它的对立的各方面，揭露它的矛盾。

形而上学的方法不揭露矛盾，而要掩盖矛盾。 要反对形而上学的方法。形而上学的方法就是不去分析事物的各个对立方面，而只注意某一方面，不去揭露矛盾，而要掩盖矛盾。只看见岳飞是民族英雄，而不注意他同时又是封建君主的奴才，这是一般人的形而上学思想方法。只看见日本帝国主义者是强国，而不分析它的许多弱点（退步、小国、寡助），这是抗战开始以前亡国论者的形而上学方法。说中国内部只有大贪小贪，而不承认中国内部也有贫富非常悬殊的各种阶级对立，掩盖了中国社会内部矛盾，这是孙中山的思想中的形而上学方法。中国有句老话，叫做"兼听则明，偏听则暗"。所谓兼听，就是说在研究问题的时候，必须设法把正反两方面的意见都打听清楚；所谓偏听，就是说只听一方面的意见。兼听则明，就是说听了对立的意见，才能明白认识事物的真相；所谓偏听则暗，就是说如果只听一方面的意见，就会糊里糊涂，对事情认识不清。这也不外是说，要有正确的思想，必须分析事物的对立方面，揭露矛盾。

揭露矛盾，就有可能解决矛盾。解决矛盾，就是要站在新生的势力方面，与腐朽的势力斗争到底。 揭露矛盾，就有可能解决矛盾，揭露了中国社会的主要矛盾，认清楚一方面有垄断政权、卖国专制的大地主大买办资产阶级四大家族，另一方面有要求中国独立民主自由的广大人民，就知道要使中国社会发展进步，就必须发动后者的一切力量，推翻前者的独裁统治。这样，所谓解决矛盾，根本上说来，就是要知道怎样发展新生的进步的东西，消灭腐朽的没落的东西。而要达到这个目的，就必须站在新生的进步的势力方面，与腐朽的没落的势力进行斗争。必须把斗争进行到底，不能幻想与腐朽没落的势力和平共居。不坚决清除个人自私的或剥削人民的思想，不可能希望发展进步的为人民服务的思想；不与帝国主义封建势力坚决斗争，不可能希望发展民主势力；不把地主恶霸在政治经济各方面的威风打下去，不可能希望农民群众抬头。

互相对立的势力在一定情形下可以有某种统一、某种妥协。 互相斗争的对立势力，在一定的情形之下，可以有某种统一、某种妥协。以共产党为首的中国人民的民主势力与中国的一部分大地主大资产阶级在抗日战争中建立统一战线；半殖民地的中国，与帝国主义的美国在反法西斯战争中建立同盟关系；社会主义的苏联，与帝国主义的英美为反对法西斯国家也建立了共同战线。在这种情形下，对立势力中间做了某些让步，相互间的斗争有某些和缓。

对立的统一、妥协是有条件的，并且只限于一定方面，在其他方面仍继续斗争。对立的斗争是绝对的，对立的统一、同一性则是相对的、有条件的。 但是，这种统一和妥协，是有一定的条件，是由于双方都有一个更大的共同斗争目标——即反对法西斯的侵略战争，是为了要解决更大的矛盾——即法西斯势力与反法西斯势力的矛盾。所以，首先必须有这个条件或其他什么重大原因的存在，才能建立统一和妥协，同时正因为是有条件的，所以统一和妥协也只是限于某一方面，并不是说完全没有斗争。中国人民在抗日的共同目标下，与大地主大资产阶级建立抗日民族统一战线，同时对于后者的专制独裁与抗日的不彻底性，仍不断地加以揭露、批评，并对此进行必要的斗争，这种斗争之所以必要，是因为它不但不会破裂统一战线，而且还阻止了大地主大资产阶级几次对敌人投降的企图。斗争反而成为巩固统一和维持必要妥协的保障。所以说："对立的斗争是绝对的，对立的统一、同一性则是相对的、有条件的。"在一定的条件之下，如果不知道与对立势力建立某些统一、找出某些方面的妥协点，这是过左的冒险主义；但是，在建立统一战线和某些妥协的时候，如果不懂得继续进行必要的斗争，就是右倾，就是对腐朽势力采取投降主义。

研究矛盾和解决矛盾，必须注意其具体性、特殊性。不同的矛盾要采取不同的解决方法。在研究矛盾和解决矛盾时，必须注意矛盾的具体性、特殊性。不同的事物，有不同的矛盾，和不同的对立势力之斗争。要正确解决矛盾，就必须依照不同事物的不同对立情形，采取不同的斗争方法。中国的革命与反革命的矛盾，民族民主势力与帝国主义封建势力的矛盾，是要经过各种严重的斗争方式来解决，而主要的是要经过军事斗争的方式来解决。在中国的革命营垒内，也有自己的内部矛盾，例如在共产党员中间，有无产阶级思想和小资产阶级（以及其他剥削阶级）思想残余的矛盾。这种矛盾也要经过尖锐的斗争来解决，然而决不是用武装的形式，而是用说服、教育、开会批评以至于某些场合的纪律处分。工作与疲劳，是日常生活中的一种矛盾，要继续工作，必须克服疲劳，要与疲劳斗争，所采取的方式，就决不是思想检讨，更不是武装冲突，而是适当的休息。但对于一种不正常的疲劳情绪，即懒惰的行为，我们又要采取批评、教育等等思想斗争的方式。正确的辩证法的思想方法，必须具体研究每一种矛盾的特殊性质和解决这种矛盾的具体方法，切不可把解决一种矛盾的斗争方式，做成一个死的公式，用到其他一切矛盾中去。

要研究矛盾和解决矛盾，必须注意什么是一定情形下的主要矛盾。 在研究矛盾和解决矛盾的时候，又必须注意，什么是一定情形下的主要矛盾——即在许多矛盾之中首先要解决的矛盾。任何事物的联系都是复杂的，都包含着许多对立的方面。一个中国的革命问题中，就包含着农民与地主的矛盾，帝国主义与中国民族的矛盾，大地主大买办资产阶级与工、农、小资产阶级、民族资产阶级的矛盾。在这许多矛盾中，不同的时期有不同的矛盾成为主要的东西。从"九一八"到抗战期间，日本帝国主义和中国民族的对立是主要的矛盾。日寇投降以后，这主要矛盾是解决了，一个新的主要矛盾代替了它，那就是中国广大人民和四大家族（美帝国主义的买办、大地主大资产阶级）的对立。就世界的范围来说，第一次大战后不久，各资本主义国家与新兴的社会主义国家苏联的对立，曾是主要矛盾，德国希特勒上台以后，这主要矛盾就变为法西斯国家与民主国家的对立，德意日法西斯倒台以后直到现在，以美帝国主义的反动势力和全世界民主人民对立又成为主要矛盾。认识事物的主要矛盾，是很重要的，认识主要矛盾，就能够抓住首先要解决的中心问题，就能够提出斗争中的中心任务。要正确地指导斗争，就是要善于抓住一定时期的中心问题、中心任务，组织一切力量来解决它，完成它。中国有一句老话，叫做"做事要分轻重缓急"，这就是要用最大的力量来首先解决主要矛盾，而对于其他比较次要矛盾的解决，必须服从于解决主要矛盾的任务。在抗战中中国共产党与国民党建立统一战线，对后者作了重大的让步，停止了没收土地的政策，采取了减租减息的改良政策，这就和缓了当时属于次要的国内的矛盾（全国人民与四大家族、农民与地主的对立），而组织了全国的力量来解决主要的矛盾（中国民族与日本帝国主义的矛盾）。日寇投降以后，情形改变了，解放区发动了反对国民党反动派进攻的自卫战争，把减租减息政策改为耕者有其田的政策，这就因为要解决当前的主要矛盾改变了，这时的主要矛盾是全中国人民与反动的四大家族之对立。

解决次要矛盾，必须服从于解决主要矛盾的任务。革命斗争必须有正确的战略策略指导，才能得到胜利，而正确的战略策略指导，其中心要点，也就是要能抓住主要矛盾，认清主要斗争的对象。而在解决次要矛盾的时候，必须服从主要矛盾，必须采取适当的方法，以便有利于主要矛盾之解决。不学会这一点，就不能算懂得辩证法的思想方法。

十七　没有了

——否定之否定的规律

这次讲话之先，我们先去请教一位做生意的朋友。他是卖水果的。他告诉我们做水果生意，都有季节性，不是每种水果在一年四季都可以买到。樱桃只在三四月才有，枇杷不到五月不甜，桔子至多留到六月就要腐坏了。一种水果有一种水果的限定的季节，做生意的人要趁着时期去赶办，买水果的人也要赶着时季来买吃，倘若你买的人不趁着三四月内去买樱桃，到落潮以后的五月，才想起来去问，那时水果店里的人一定摇摇头对你说："这东西现在已经卖完了，没有了！”

“没有了！”你听了这句话，就会想：水果市场上有一种商品消灭了，就是水果店里的人，他说这话的意思，也是表示那种商品从市场上消灭了。这是当然的，既然已经卖完，还能说没有消灭么？如果有人对于“消灭”这两个字表示怀疑，你一定要说他是疯子吧？

但我们应该再仔细想一想。

平常所说的“没有了”或“消灭了”，都包含着“转变”的意思，没有绝对的消灭。 假如我问你：“樱桃这商品从市场上消灭，是无缘无故地么？”你当然马上要反驳：“何尝是无缘无故的呢？因为过了时季，而且卖完了，这就是消灭的原因。”好了，这里就有了一件重要的事情：樱桃在市场上消灭，原来是在买卖过程中消灭，不是无缘无故地消灭。水果店里的人已经把它推销出去，买的人把它吃了，这就“消灭”了。但是，水果商人并不因这种商品的消灭而受到损失，他获得了相当的代价：买樱桃人把钱给了他，就这一点来说，所谓的"消灭"，就应该称做"转变"。因为商人手中虽没有了樱桃，但又有了钱币。樱桃转移成货币了，它并没有绝对地消灭。

这样一来，我们对于"消灭"二字要抱怀疑的态度了。你也不能因为我们的怀疑而看做疯子的行为，因为事实上这件事确是一种转变。我们再回想一下以前的讲话，那里我们讲到雷峰塔倒塌、蛋变成鸡、封建社会变为资本主义社会、半封建半殖民地社会变为新民主主义社会，这些变化，都表示世界上没有绝对的消灭，一种东西的"消灭"，就表示另一种新东西的出现，就表示一种转变的过程。

为什么这转变会可能呢？为什么樱桃会变成货币，而雷峰塔会转变成废墟呢？这就可以用事物本身包藏着的矛盾来说明。

事物之所以能够转变，是由于它自己内部的矛盾。 一切事物内部都包含着自己的反面或反对的势力和倾向。雷峰塔一方面有它自身的支持力量，一方面又包含着足以使自己倒塌的重量。反面的倾向发展增大起来，到了一定的限度，就要破坏原来的东西，而使它变成另外的东西。雷峰塔的支持力减少到某种程度，它必然就要倒塌。樱桃转变为货币，是不是有同样的情形呢？有的！樱桃自然还有樱桃的特殊情形，它变成货币，表面上是和货币对调，表面上看来好像只是位置的变换，并不像雷峰塔一样地由本身变成废墟，但樱桃之所以能和货币对调，同样还是由于樱桃本身的矛盾。樱桃是一种食物，它可以供人食用，我们说它是有一种使用价值，而在市场上，它却不但是食物，同时还是一种商品，它不但可以供人食用，而且还可以供商人交换买卖，因此它又有一种交换价值，这交换价值与一定的货币相等，就这样，它本身已包含货币的性质了。因为它本身包含着这种和食用不同的矛盾性质，所以才能够和货币对调，而转变成货币。这种转变，仍然是自己本身的变化，和变戏法的受外力（魔术师）作用的位置转换是不同的，这一点必须

292

首先认清。

事物的反面在一定情形下变为正面，就发生性质的转变，这叫做"向对立方面转化"，也叫"否定"。 不论是蛋变鸡也好，雷峰塔的倒塌也好，封建社会变资本主义社会也好，半殖民地半封建社会变新民主主义社会也好，樱桃换货币也好，它们的转变，都是因为它们自己内部包藏着自己的反面，在一定的情形之下，这种反面的东西变成了正面的支配的东西，于是事物就失去了原来的性质、状态，而转移成反面的性质、状态。这种转移过程，在哲学上叫做"向对立方面转化"的过程。转移后所出现的东西，对于原来的东西来说，叫做"否定"。这是哲学上的名词，未免太有点文绉绉的了，要改成俗话也可以，那就是前面水果店伙计已说过的"没有了"。"没有了"，我们由上面所叙述的一切，就可以明白这句话所代表的真意，并不是指一件东西绝对地完全地消灭了，消灭的只是一方面，一方面没有了，另一方面却又有了一种东西，或者也可以说是新发生了一件东西。

把"否定"认做绝对消灭，是形而上学的看法。"否定"不只是转变为反对的方面，而且保存着原来事物的某些有生长力量的方面。 看吧！辩证法所教给我们的"否定"（或者"没有了"），和我们平常所想的"没有了"，是有很大的不同。原来我们平常所想的"没有了"，都是按照形而上学的思想方法来解释的。形而上学是一种非常呆板的思想方法，它看问题非常简单，它所说的"否定"，就是绝对消灭了的意思。它只会从一方面来看事物，而不会同时看出事物的正面和反面，因此当它说"没有了"的时候，就是表示一件东西完全没有了，决不会想到它还会转变成另外的东西。但是，辩证法的思想方法却不是这样呆板，它要我们看出事物的矛盾，看出它的正面和反面，它告诉我们某种东西被否定了的时候，同时就暗示着另外的东西从原来的地盘上出现。不！不！还不仅是这样！以前所说的都不够，我们现在还得要补充一点："否定"，不单只同时暗示着新的东西的出现，不单只是旧的东西转变成自己的反对物，换一句话说，新的东西不仅只是另外的东西，不仅只是和旧东西相反的东西，它和旧东西还有着更密切的关系，就是，它还把旧的东西的某些内容保存下来。雷峰塔的废墟里，还保存着雷峰塔的砖瓦；鸡把蛋壳破了，抛弃了，但鸡的本身就是蛋白蛋黄的孵化物的保存；商品变成货币了，那些货币里就保存着商品（樱桃）的交换价值。自然，这里所说的保存，并不是把旧的东西原封原样保存下去，而是改变了旧的性质、状态，变成了新的东西的组成部分；同时也不是一切都保存，而是抛弃了和克服了一些部分，单把需要保存的东西保存下来。雷峰塔变成废墟，废墟里保存了砖瓦，砖瓦就是废墟的组成部分，而塔却永远没有了。鸡保存了蛋的内容物，但不是照蛋黄蛋白的原样保存下来，并且把蛋壳也抛弃了。货币保存商品的交换价值，却决不自己变成原来的商品。人民的军队歼灭反动的军队，把缴获武装和俘虏保存下来，这些武装和俘虏就不能再作为反动的武装和人员而存在，它们的反动性质一定要被克服，而坚决反动的人一定要被消灭。所以，这里所说的保存，决不是原封原样保存原事物和旧势力，而只是要保存其中还有生长力量的积极的东西，同时却要克服和消灭那些腐朽死亡的消极的东西。中国的反动派，借口要保存中国的民族精神和民族文化，想给青年们灌输腐朽的封建奴隶的文化思想，而压制民主的、科学的、大众的文化思想，这种行为，就不是真正保存中国的民族精神和文化，也不可能达到他们的目的。因为腐朽反动的东西，是一定要被淘汰，而不可能被保存下去的，在中国过去遗留下来的民族精神和文化中，只有那些对广大人民的进步民主运动有推进作用的东西，才有可能被保存，才有可能发展。

"否定"也要从两方面来了解：一方面是某些事物的消灭，另一方面是某些事物的保存、发展、进步。 所以，按照辩证法的方法来看，"否定"

是有两方面的：一方面是指某些事物被消灭了、克服了，或者被抛弃了；同时另一方面却又表示还有些事物被保存下来，而且有了发展、进步。这种看法，和形而上学的不同，就是形而上学只能看到一方面，把"否定"单单看做某些事物的消灭，而看不到同时有另外东西的生长。这两种看法，哪一种和事实一致呢？当然是辩证法的看法和事实一致，而形而上学则不能完全反映事实。因为在事实上，否定不是一种东西完全没有了，而是转移为另一种东西，半殖民地半封建社会变为新民主主义社会，是一种否定，这是不是说，半殖民地半封建社会里的一切都没有了呢？当然不是，没有的只是帝国主义、封建势力的统治，而在旧社会中生长起来的广大人民民主主义势力却向前发展了。

前面讲对立统一的规律时，就已经说过，按照辩证法的方法，我们必须研究一切事物的内部矛盾，也就是要能够看出同一事物的各个对立方面。现在谈到事物的"转变"、变化、否定，是要从相反的两方面来看，这样才能够得到完全的认识。当我们看到有些新的东西生长起来的时候，我们一定要同时注意到有另外的某些东西正在没落和死亡。反过来说，当我们看见有某些东西在退步、没落、消灭和死亡的时候，我们一定要注意还有另外的东西在前进、发展、新生起来。例如工作之后要休息，一方面看来，是工作停止了，这是表示某些东西的消灭；但从另一方面看，休息是恢复疲劳，是进一步工作的准备。在抗日战争初期，中国方面是采取防御和许多地方的退却，但在防御和退却中却争取了进一步组织人民力量起来抗战的时间。在反对反动派进攻的自卫战争中，中国解放区军民最初丢了许多城市，但另一方面却歼灭了反动军队大批的有生力量。在革命斗争中，即使遭受失败，也可以从失败中取得经验教训。因此，如果我们会按照辩证法的方法来研究问题，我们就可以在事变当中经常看到发展前进的道路，即使在挫折、失败、严重的困难前面，也不至于退缩、畏惧、灰心丧气，而能够以大无畏的精神积极战斗，因为你如果从另一方面来看，那么，就在挫折、失败和严重的困难当中，还可以找出战胜挫折失败、克服严重困难的条件，只要你依靠这些条件，你就可以最后得到胜利，所谓"失败为成功之母"，就是这种意思。

事物经过再一次的否定，往往恢复原来的某些特点，这就是否定之否定的规律。 旧的东西被否定了，转移成另外的东西。但是，事物的变化是永远不停止的，新的东西又有它自己的矛盾，这矛盾的发展，又引导它再转移成另外的东西，再被另外的东西所否定。半殖民地半封建的中国变为新民主主义的中国，新民主主义的中国经济发展到一定时期，更要转变为社会主义的中国以至于共产主义的中国。蛋变成鸡，鸡长大了又生蛋；工作后休息，休息后又进一步工作；在抵抗反动派的自卫战争中失去解放区许多城市，歼灭大量反动军队之后就可以再恢复已失去的城市；雷峰塔变成废墟，终有一天这废墟又被人清除，而在它的原来地盘上盖起另外的建筑物来，等等。在这里，有一种情形值得我们注意：在以上的几个例子中，我们可以看出其中有一些这样的例子：事物经过再一次的否定之后，又恢复了某些原来的特点；原来的蛋经过鸡的否定之后仍然生出蛋来；商品换成货币之后，商人仍然拿它去换成商品；工作之后休息，休息之后又恢复工作；自卫战中丢掉城市又恢复城市。这一类的例子，我们可以找出无数个来，它表示事物的变化发展中有这样的规律：不仅会转变为另外的东西，而且在一定的情形之下，会在再一次的转变中恢复原来的许多特点。这种情形，在辩证法的哲学上称做"否定之否定"的规律。

否定之否定并不是原封原样恢复原来的事物，不是简单的循环，而是走向更高级的阶段。 但要注意的是，这种"否定之否定"，并不是说原来的东西原封原样地恢复了，如果照形而上学的思想方法来说，否定是简单地消灭，那么否定之否定就一定是简单地恢复原样。"二"否定成了零，再来了一个否定就又恢复成"二"，这只是一个循环。但是事实的发展并不像形而上学的关系那样简单，事实的发展是按照辩证法的规律由简单走向复杂，由低级走向高级。否定之否定的规律不是表示原来事物简单的恢复，而是表示它向更高阶段上发展，它所恢复的特点，也是在更高的发展基础上恢复的。因此它也包含着许多新的更高的特点，而不是仅仅恢复原来的特点。鸡生出来的蛋，不是原来的一个蛋，而是许多的蛋，这些蛋包含着各种各样的新的性质，能孵化成各个不同的小鸡。商人得了货币，再去办货物时，这些货物虽然也有商品的特点，但一定不是原来的樱桃，它一定成了价值更多的其他种类的水果或用品，一部分且将要成为商人自己的生活必需品，而不再拿到市场上来卖。把反动派有生力量歼灭后恢复的城市，虽然也是原来的城市，但这城市在解放区人民的手中就可能更加巩固了，不再那样容易让出来了。马克思、恩格斯由社会科学的研究，指出人类社会组织发展的规律，最初是实行原始共产主义制度，以后转变为阶级私有的社会制度，最后阶级私有的社会又转变为高级的社会主义和共产主义，这是否定之否定规律的最好和最明显的例证。因为高级的共产主义虽然和原始共产主义有一些共同的特点，即两者都没有阶级和私有财产，但除此而外，不论就发展的程度和其他的另外许多特点来说，都有极大的差别。

"正"，"反"，"合"。 总之，"否定之否定"，是事物发展的一个普遍的辩证法规律，事物的发展常常是经过再次的转变达到更高的发展阶段，并且恢复原来的一些特点。在这种情形下，哲学上就把那原来的事物叫做肯定阶段（例如原始共产主义社会），唯心论辩证法哲学家黑格尔也把它叫做"正命题"的阶段；第一次转移后的事物（例如阶级私有社会），叫做否定的阶段，黑格尔也叫做"反命题"的阶段；而再一次转变之后带着最初阶段的特点而出现的事物（例如高级共产主义社会），叫做否定之否定阶段，黑格尔也叫做"合命题"的阶段。

这里所以叫做"合命题"的阶段，也表示并不是简单地恢复了"正命题"阶段的特点，而是既恢复了"正命题"阶段的特点，同时又把"反命题"阶段的发展结果加以保存和提高，所以"合命题"的事物比较正命题是更高级更发展的东西。

辩证法并不等于"正，反，合"三段法。 "否定之否定"的规律，是辩证法的几个主要规律中之一个。从前有人（也许现在也还有这种人）有一种浅薄无知的误解，以为辩证法就只是"正、反、合"三段法，以为"否定之否定"的规律就是辩证法的主要的或唯一的"公式"，这是非常错误的。如果丢开前面讲过的其他规律不管，把"正、反、合"三段法当做唯一的公式去看一切的事物，而不看看事物的具体情形，那就完全不是辩证法的方法。

不能把否定之否定当做死的公式随便用到一切事物上。 我们不能把"否定之否定"的规律当做死的模型公式，对任何事物都拿去乱用，因为它只是客观事物本身的规律，这规律虽然也是一个普遍的规律，但在客观事物中表现这种规律，是需要有一定的条件，并且有一定的具体情况，决不是任何两次连续的变化都一定表现为"否定之否定"的过程。例如由封建社会变为资本主义社会，再变为社会主义和共产主义社会，这些变化如果硬要把"否定之否定"的三段关系当做公式去套在上面，那就不仅套不上去，而且会成为笑话，如果你硬要说社会主义恢复了封建社会的特点，那岂不是荒谬到了极点？社会主义社会和封建社会是毫无共同之点，事实上就没有任何特点恢复，你一定要说恢复了什么，那你就违背了唯物论，成了唯心论空谈，你所谈的就完全不是真理，而是违背事实的谬论。

事物的否定之否定规律，只在一定的情形和一定的条件下才能实现。 我们早说过，思想是事物的反映，辩证法的思想方法，也必须与事实的规律一致。因此，我们如果要在事物中间去找"否定之否定"的发展过程，必须首先要把事物本身的具体条件研究清楚，以便了解它在什么情形之下发展到否定阶段，又在什么情形之下达到否定之否定的阶段。我们要再说一遍，"否定之否定"虽然是普遍的规律，但在不同的事物发展中，这种规律的表现就有不同的情形，并且要有不同的条件。没有这种条件，这规律也不能表现出来，例如蛋孵成鸡以后，你必须把鸡正常地喂养下去，才能再下更多的蛋，如果你在它未生蛋以前就把它杀吃了，那么，蛋的"否定之否定"规律就不能表现出来了。

把否定之否定规律作为思想方法，就是在研究问题时要注意事物发展的曲折性。 把"否定之否定"的规律作为思想方法来看，最重要的，就是要我们在研究一切问题的时候，注意到事物发展的曲折性，不要把事物的发展，看做像一条直线一样上升，而没有任何迂回、后退、停滞。一切事物都是矛盾的，在发展中必须经常克服矛盾，因此一条直线上升的发展是不可能的，而各种各样的挫折、迂回、后退、停滞，总之，否定的阶段，是发展中不可免的过程。不破壳变鸡，不可能生更多的蛋；不经过休息，不能克服疲劳、继续工作；走路时一脚不停，不能让另一脚前进；不缩回拳头来积蓄力量，不能再伸出拳去打人；不主动放弃一些城市地区，不能歼灭敌人有生力量；不经过阶级私有制度的阶段，不能促进社会的生产力以达到高级的共产主义社会。事物的发展是曲折的，是螺旋式的。我们研究事物的时候，也必须注意到它的曲折变化。在我们的实际革命斗争中，这种思想方法的应用尤其有重要的意义。为着克服革命斗争中的矛盾和困难，推翻强大的帝国主义和封建势力的大山，中国人民的革命免不了要走许多迂回曲折的道路。

正确的革命指导就在善于引导人民航行在曲折的道路上迂回前进，不要总是盲目直撞。 正确的革命指导就在善于引导人民航行在曲折的道路上，看清楚各种暗礁和避开这些暗礁，不致盲目直冲，引到破灭和失败。例如在敌人强大武装的进攻前面，就暂时放弃一些城市和土地，以避免锋芒，争取在有利条件下的运动战中歼灭其有生力量，然后才可以再恢复失去的城市和土地。如果不肯走这迂回的道路，想用一股直劲打退敌人，结果不但得不到胜利，反而要吃很大的亏。又例如为着打败敌人，共产党必须加强自己的团结，为了团结，必须取得思想一致，必须清除各个党员中的思想分歧，清除各种反无产阶级的思想，因此就必须走这样一种迂回的道路，就是要经过党内思想斗争。只有经过思想斗争的否定阶段，才能够达到思想一致，才能够达到更进一步的原则上的团结。如果害怕思想斗争，害怕走曲折的道路，想用无原则的妥协方法保持团结，结果就一定得不到团结。

世界是进步的，中国的前途是光明的，中国革命一定会成功；但达到中国革命成功的道路是曲折的，是要经过一些困难和准备战胜这些困难的。要有高度的信心，但不要盲目乐观；要有充分的精神和物质的准备来渡过难关。这就是我们研究"否定之否定"的规律时必须好好掌握的思想方法。

第五章　思想和范畴

十八　再谈一次卖樱桃的事

——思想的秘密

前次说过的卖樱桃的事，现在还想再讲一下。

卖樱桃，做生意，把东西销售出去，换一笔钱回来，这是在生意场中极普通的事情，随时可以看到，并没有什么稀奇，何必谈了又谈？但唯其是这种最平常的事，就可以在里面研究出很多道理来。如果我们一点也不用心思，只就表面来看一看，那我们只看见一些樱桃和几元几角钱对调了一下位置，此外再想不到有其他什么意义。大家还记得以前我们讲过的感性认识吧？只看表面，不了解更进一步的意义，也就是感性的认识。感性的认识是表面的，我们认识一件事，还能够更深刻一点。譬如卖樱桃，像前次也提到的一样，我们看见了钱和东西对调之后，心里首先自然会这样想："这是樱桃和钱对调。"但我们认识是不是仅仅这一点呢？当然不是。我们还可以更进一步，想道："这是商品转移成货币。"这就是说，我们对于这件事所认识到的，并不仅仅是樱桃和几元几角钱的表面关系，我们同时还能了解钱是货币，樱桃是商品，两者间的关系是货币和商品的关系。我们有了这种了解，对于樱桃和钱的关系，对于他们为什么能互相对调的道理和意义，就能够认识得更清楚了。因为这两种东西的对换，和晴天变成雨天、月亮代表太阳等简单的位置变换，是不同的，它们确确实实是商品和货币的交换，它们中间有着一种深刻的内部关系。

研究思想怎样认识事物的科学，叫做论理学。人的思想能把性质相同的事物概括起来，给它一

个名字，成为一个"概念"。　这里有什么值得研究的呢？这里有许多问题值得研究，但我们只想发现一个问题，就是我们自己思想的秘密。我们的思想，就是我们的理性认识，它能使我们更深刻地认识世界，能够把事物的内部关系，事物的性质、规律反映到我们脑子里。这我们在以前谈感性认识和理性认识的时候已经讲过了。但是思想是怎样认识世界呢？是用什么方法把事物的内部关系、性质、规律等等反映到我们脑子里来的？这一些问题，还需要进一步研究。研究这些问题的科学，叫做论理学。以前讲感性认识和理性认识的时候，已经把这些问题答复过一部分了。那时我们说理性认识就是感性认识的总结，那些答复，也可以算是论理学的一部分。但是，单有那些答复还不够，还有些问题需要我们研究。这些问题就要从卖樱桃的事情上谈起。看见卖樱桃的事情，我们脑子里会想到"这是商品转移成货币"，这就是有了一个最简单的思想。这一个思想在论理学上叫做"判断"。我们用这个简单的思想，来反映樱桃和钱对调的内部关系。这里值得研究的，就是我们的思想，为什么不直接说樱桃转移成几元几角钱，而偏要把"商品"这名词代替樱桃，把货币代替几元几角钱。我们知道，可以称做商品的事物，并不仅只樱桃一种，凡在街道上店铺里或货摊上摆着要卖的千种万样的东西，都是商品。就说货币，也不仅只这几元几角钱可以算货币，一张钞票也是货币，美钞、英镑、先令、马克都是货币。像三四千年前的中国人，甚至于把贝壳也当货币用过（就是现在世界上有些地方也还有少数落后民族把贝壳当做货币）。所以世界上也有千万种不同的东西被人当货币，商品有千万种，货币也有千万种，而我们却能用商品和货币这样两个名词，简简单单地把这成千万种不同的东西通通包括在一起了。这不是很了不得吗？

凡是我们口里说得出来的名词，都是一定的概念。 但我们的思想就能够干这一件了不得的事情，它把世界上一切性质相同而表面上看起来好像不同的东西分门别类地概括起来，每一类别都给它一个适当的名字，这名字在论理学上都叫做"概念"。商品是一个概念，货币是一个概念。严格地说起来，连樱桃也是概念，因为樱桃里也包括很多种，如洋樱桃、紫樱桃、红樱桃之类，不过所包括的种类没有商品那么多罢了。再推广一步说，凡是我们口里说得出的事物的名词，都是代表思想上一定的概念，都是或多或少地包括着许多东西在内。譬如"白"的名词，是不是代表一个概念呢？当然是的，因为它包括着一切种类的白色，如雪白、灰白、青白、苍白等等。甚至于单独一件东西所专有的名词，表面上好像不成为概念，实际上在思想里也是一种概念。例如个人的姓名、地方的地名、地球、火星、太阳等名词，只是简单代表一件事物，没有概括许多事物。但是，即使是一件单独的事物，也有复杂的内容。例如单独一个人，他有他一生的几十年不同的经历，他在社会上或政治上做了种种的工作，发生了各种各样的作用，一提起他的名字，你就要概括地想到他的种种行为，才能认识到他的特点。例如提起墨索里尼，你就要想起他叛变社会党，做法西斯头子，跟希特勒做尾巴以至于被人民杀死，把这些事情概括起来，你就认识到这一切都是人民公敌的可耻行为，这就是你对于墨索里尼的概念。

各种概念所包括的事物范围有大小的不同，包括最广的概念，也叫做范畴。 总之，一切我们用名词称呼的事物，都代表思想上的一定概念，不同的只是各种概念所包括的范围有大有小。狗的概念，只包括各种狗类，而兽的概念，却连狗以外的一切四足兽都包括在内了，动物的概念所包括的自然又比兽的概念更广，连飞禽虫鱼都在内，而生物的概念就比动物更广了。一切概念中包括最广的，通常也称为范畴。

思想反映世界的方法，是应用概念和范畴，以及概念和范畴中间的结合关系。 如果有人问："我们的思想或理性认识，是怎样反映世界呢？是用什么方法来反映世界呢？"镜子是用镜中的影子反映世界，照相机用底片上的影子反映世界，感性认识是用声音、光线、彩色、嗅、味等感觉反映世界，都只能反映表面的现象，思想要反映事物中的更深刻的东西，它反映世界的方法，是应用概念和范畴，以及各种概念和范畴的结合关系。我们在中国看见法币，在美国看见美元，在英国看见英镑，在非洲、澳州落后民族中看见贝壳，这些东西表面上是不同的，要单凭感觉来看出它们的共同性质是不可能的，但如果我们进一步应用理性认识，把我们平日对这些东西的感性认识概括地思索一番，就可以了解这些东西的共同性质。因为我们千百次的感觉经验，都告诉我们这些东西都是被人用做交换商品的工具，于是，虽然它们是表面上互相不同的东西，我们却给它们一个共同的名字——"货币"，这货币的名字就包含了我们对于这些东西的概括的认识，就成为一个概念。有了这种概念，我们就可以对这些东西下一个判断，说："它们同样都是货币。"这样我们就有了一个思想。

一切思想，在形式上都是概念的结合。 我们的一切思想，就其内容来说，是客观事物规律的反映，而就其形式来说，都包含着许多概念，都是各种概念的结合，如像房屋是砖瓦的结合一样。我们说，"美帝国主义要把中国变成殖民地"，"反动的封建买办势力要出卖中国"。这些思想，你拿来仔细研究一下，都是各种概念结合而成的判断。我们又说，"中国广大人民一定要坚决反抗美帝国主义的侵略"，"中国人民坚决反对出卖中国"，这又是一方面的思想，又是一些判断，这里包含着"中国人民"和"出卖中国"的概念。我们再说："中国人民的力量是无敌的！"这判断又是"人民力量"和"不可战胜的力量"两个概念的结合。

概念与概念结合而成判断；许多判断结合，就成为推理的思想活动。 这样，我们的思想，首先是把各种各样的概念，结合而成各种各样的判断。自然，我们的思想作用不仅仅只是把概念结合成判断而已，我们还可以把许多判断也结合起来，而成为一连串的思想活动，并且由此得到新的判断。例如我们根据前面说到的一些判断，由"帝国主义和封建买办要灭亡中国"，"中国人民要坚决反抗"，加上"人民力量是无敌的"等等判断，最后又可以得到一个新的判断："美帝国主义和中国的封建买办势力一定要失败，中国人民一定要胜利"。这一连串的判断的结合，在论理学上叫做推理。

推理的能力使我们能够预测事变的发展。推理的"前提"和"结论"。 我们的理性认识，有推理的能力，这是非常重要的，因为有了推理的能力，我们的思想就不但能反映事物现有的情况，而且能反映将来的发展，能推测事变的将来前途。前面关于"帝国主义和封建买办势力要灭亡中国"、"中国人民可坚决反抗"以及"人民的力量是无敌的"等等判断，就是反映了现有的情况，这些判断在论理学上叫做"前提"，由这些前提结合起来进行推理，得到最后一个判断，说"中国人民一定胜利"，这就是对于将来前途的推测，这个判断在论理学上叫做"结论"。这样我们可以知道，思想反映世界，就是用概念、判断和推理的方法。由概念结合而成为判断，由判断结合而成为推理，这就是我们思想活动的形式。正确的思想活动，使我们不但能认识事物的现状，而且能认识事物的发展，不但能了解眼前怎样，而且能预测将来是怎样。对于实际革命斗争来说，预测事变的将来，是非常重要的。只有正确地预测将来，才可能正确地指导革命运动。而要能够预测将来，就必须正确应用我们的思想活动，使它能反映客观事实的真实规律。

要能正确应用思想，必须按辩证法来研究思想规律。用形而上学研究思想规律，就是形式论理学。 要能够正确地应用我们的思想，就必须对于我们的思想规律加以研究，必须使我们的思想活动合乎辩证法的规律，而不是按照形而上学的方法去想问题。前面说过，研究思想规律的学问，叫做论理学。我们的论理学，也必须是辩证法的论理学，而不是形而上学的论理学，这才能正确研究出思想活动的规律。过去曾有一个时期，研究思想规律的人，都用形而上学的方法，现在也还有资产阶级的学者，用形而上学的方法来研究思想规律。用形而上学方法来研究思想的论理学，叫做形式论理学。

形式论理学只研究思想的形式，而把它和客观事物的变化发展孤立起来。 形式论理学的特点，就是不能够把思想的规律和事物的发展变化联系起来研究，只孤立地研究思想本身的形式，至于客观事物是怎样在我们思想上变成概念、判断和推理？我们的思想又怎样跟着事物的变化而变化？这些问题形式论理学都不加以研究，而辩证法的论理学，就要研究这些问题。因此，我们在这里要提醒读者：我们这本书以前用大部分的篇幅讲了关于认识论问题（第三章）和思想方法的问题（第四章），这些问题，如果从形式论理学的立场上看来，那就是和论理学毫不相干的另外两种科学所研究的问题，但是从辩证法论理学的立场上看来，那就是和论理学分不开的一种科学的各部分。因为认识论所要研究的，就是客观事物怎样经过感性认识变为人民的理性认识，变为概念、判断和推理的问题（这变化和人的实践密切联系着）。而辩证法的思想方法所要研究的，就是人的思想怎样才能正确地跟着事物的变化而变化的问题，而这些问题，也是辩证法的论理学所要解决的问题。所以列宁曾经有一句有名的话，说辩证法、论理学和唯物论的认识论是一个东西，用不着分成三种科学。

辩证法研究思想规律，就要联系着客观事物的变化。辩证法、论理学和唯物论的认识论是同一门科学。 如果读者诸君觉得我们刚才讲的东西不大容易明白，那我们可以举个例子来说明一下。例如我们研究国家这一个概念，在辩证法的论理学上，一定要研究这个概念是什么时代和什么人讲的，因为不同的时代，不同的人，他们讲出国家两个字的时候，所包括的内容是会不同的。有封建时代的国家，也有资本主义的国家，又有新民主主义和社会主义的国家。希特勒讲的国家，是法西斯独裁专制主义的；中国人民所要求的国家，却是自由民主独立的新民主主义国家。在形式上始终是同一个国家的概念，但随着客观事物的不同，而就代表不同的内容。形式论理学却不注意这些不同的客观内容，只注意它的形式，企图把国家的内容规定为永远不变的东西，例如认为领土、主权和人口就是造成国家的三个永久不变的要素，至于封建国家、资本主义国家以及新民主主义国家等等的具体区别，在形式论理学上都撇开不管了。这样的概念，叫做抽象的空洞的概念，因为它把一切具体的活的内容都除去了。形式论理学就是这样，把概念都看做抽象的和固定不变的东西，然后来研究各种概念的形式上的关系，例如把一切概念在形式上分为三类：像"中国"这样的概念，是代表一种单独的事物，就叫做专有概念或个别概念，这是第一类；又如"国家"这个概念，是代表一种类的事物（由领土、主权和人口结合而成的事物），所以叫做类概念或特殊概念，这是第二类；又如"物质"的概念，代表的范围很大，包括一切与精神现象相反的事物，这就叫做普遍概念，形式论理学就只研究概念的这一类抽象的关系。

辩证法要研究概念的客观具体内容，形式论理学却把概念规定为永久不变的抽象空洞的内容。辩证法研究各种判断如何反映客观事物，形式论理学只研究判断之间的形式上的关系。 再用判断的例子来说。例如"货币和商品交换"，这是一个判断，在辩证法论理学上，就要研究这个判断是怎样反映客观事物，就要像前面讲过的一样，把它和"樱桃和钱币交换"的判断加以比较，然后发现它是更深刻地反映了事物的内部关系，所以两个判断中间的关系，从它所反映的客观内容来说，是表示我们人类的认识由比较表面的现象深入到事物的本质。但是，形式论理学研究判断，却不这样联系到我们对客观事物的认识问题，它只研究判断的形式上的关系。例如"商品和货币交换"在形式论理学上，叫做"肯定判断"，而"樱桃和钱币交换"，也同样是肯定判断，因为两者都是肯定了一个事情，在形式上没有什么区别，所以在形式论理学上就认为它们是同一种类的判断，而不按着它所反映的事实来研究它们的区别。在形式论理学上看来，这些判断只和否定判断有区别，例如说"空气不能卖钱"，这是否定了一件事情，所以形式论理学就按照它的形式上的特点，把它和肯定判断对立起来。

这样形式论理学是脱离了客观事物的联系，孤立地来研究我们的思想形式——概念、判断和推理，因此如果我们按照形式论理学的研究结果来应用我们的思想，一定不能正确地反映变化发展的客观事物。要使我们的思想活动能正确反映变化发展的事物真理，一定要采用辩证法的论理学，要按辩证法来运用我们的思想形式——概念、判断和推理。

辩证法论理学应用概念、判断、推理时，要联系客观事实。 按照辩证法论理学，在应用概念、判断和推理的时候，第一就要联系客观事实，一定要照顾有关的客观情况。再用以前的例子来说一遍：当有人谈到"国家"这概念的时候，你一定要研究他所指的是什么国家。是真正的人民国家，还是汪精卫的汉奸"国家"，抑或是反动派的法西斯专政国家？这样把概念的事实内容弄清楚了，那么对于判断的应用也就可以辨别怎样才是正确的了。例如有人说，"国家是至高无上的"（或者简单地叫"国家至上"），按照形式论理学，不联系事实，而只就字面形式上把这判断孤立起来看，那它就好像是一个永久真理，好像任何情形下它都是对的，但如果你依照辩证法的论理学，研究一下是什么人说出这句话来，研究他指的是什么国家，例如是汪精卫说出这句话或者反动的专制主义者说了这话，那你就可以肯定这个判断的荒谬，因为他的意思是要你把汉奸的政府看成至高无上，或者把法西斯独裁政府看成至高无上。在这样的情形之下，你要是仍然照着形式论理学的看法，相信他所说的国家果然是至高无上的，你岂不大上其当？

推理的三段法。 因为根据这个判断，就得到这样一个推理："国家是至高无上的，希特勒的政府是一种国家，因此希特勒政府也是至高无上的。"这一个推理里面有三句话，第一句话叫大前提，第二句叫小前提，第三句叫结论，这是推理最简单形式，在论理学上叫三段论法。照字面的形式来看，这一个三段论法好像就没有什么不通，然而在事实上就完全荒谬。而一切反动派就常常要利用这种形式论理来欺骗人民，中国的反动专制主义者高唱"国家至上"，就是这种用意。

辩证法论理学应用概念、判断、推理，要注意事实的各方面及其矛盾。 按照辩证法论理学在应用概念、判断和推理的时候，第二就必须注意联系事实的各方面，尤其要联系事实的矛盾。如果说形式论理学完全不联系事实也是不对的，但形式论理学只能联系事实的一方面或没有矛盾的方面。例如前面说的"没有了"这一个概念，在形式论理学看做是绝对消灭的意思，其缺点并不是完全不合事实，而只是在于它忘记了事实的另一个相反的方面，即是另外又有一些东西产生了。又例如"光明前途"这一个概念，在形式论理学上，就是没有丝毫困难和阻碍地一直达到目的的意思，但在辩证法论理学上就一定要包含着困难、阻碍以至一时的黑暗。因此，当我们判断今后"中国人民的爱国民主运动前途是光明的"时，我们决不能作盲目乐观的解释，以为爱国民主运动就从此不会受到挫折、困难或者某些部分的失败，我们的意思，只能是说人民最后一定胜利，而我们应用推理以推测将来的发展时，我们一定要估计到两种可能的前途，即如果经过正确的坚决的斗争，就可能达到最后胜利，如果放松了斗争，把胜利的到来看得太容易，那结果还可能失败，或受到严重的挫折。

辩证法论理学应用概念、判断、推理时，必须联系事实的变化发展。 按照辩证法论理学，在应用概念、判断和推理的时候，第三就要联系到事实的变化发展，要使我们的概念、判断和推理都富于伸缩性、流动性以适应事实的变化。这是什么意思呢？例如国家的概念，如果你把它的内容规定为领土、主权和人口三要素的结合，那么它就是一个死的、没有伸缩性和流动性的抽象概念，这就是形式论理学的概念；按照辩证法论理学，你就要跟着时代的变化而给予不同的规定，甚至于找出相反的规定，如奴隶主的国家、封建国家、资产阶级国家、法西斯国家、新民主主义国家等，就是不同时代的不同国家。在一定的情形下，你可以从国家的概念里，找出背叛国家的意义来，就是汪精卫以及一切卖国独裁者口中的国家。至于"国家至上"的判断，也由于事实的变化发展而有不同的意义，甚至有相反的意义。例如政府如果能代表全国大多数人民，坚决抵抗帝国主义侵略的时候，这个口号是对的，这样的国家是至高无上的，人民是应该为它牺牲一切的。如果政府的当局者是少数的大地主大资本家，对帝国主义者的侵略采取消极的袖手旁观态度，甚至于暗中勾搭，只有广大人民坚持反抗侵略（如像抗日战争中的情形），这些当局者提出"国家至上"的口号，就只是一种压制人民和帮助敌人的借口和谎言，它的真实意义是把国家看成"至下"，而把少数当权者的利益看成"至上"。又如希特勒的党徒也高唱"国家至上"，并且把"德意志高于一切"作为他们的国歌，但是这一个"国家至上"，乃是指少数法西斯匪徒的"侵略至上"，是把破坏别的国家民族看成"至上"，而不是指德国人民的国家至上。

总之，辩证法论理学，要求我们在运用思想的时候，在进行概念、判断和推理的活动的时候，要采取辩证法的方法，而不是采取形而上学的方法。以上我们只是举了一些要点和简单的例子，还望读者诸君融会贯通，加以灵活的应用。

十九　青年就是青年

——形式论理学和辩证法

好几次好几次以前，我们曾经讲过关系卓别

麟的话，现在还想再拿来讲一讲。卓别麟是什么人呢？人们马上会回答："卓别麟是滑稽大王。"

这答话是不是有什么错误呢？当然一点不错。卓别麟本是一个滑稽大王，卓别麟和滑稽大王是相同的，所以"卓别麟是滑稽大王"这一个判断，的确是反映了一件事实，一点也没有虚假。既然反映了事实，当然就没有错误了。

但我们如果把话倒过来，反问一句："滑稽大王一定就是卓别麟吗？"人们一定又会回答说："当然不是。罗克也是滑稽大王，裴司开登、劳莱、哈台等等同样也是滑稽大王。滑稽大王这个头衔包罗较广，不是卓别麟一个人所能专有的，如果一提到滑稽大王就说是卓别麟，那就错误了。换一句话说，滑稽大王和卓别麟，是两个不同的概念。卓别麟是卓别麟，是一位有小胡子、戴破礼帽、提着竹杖的流浪汉，而滑稽大王又是滑稽大王，是指一切能够令人发笑的人物。"

细细一想，这不有些矛盾吗？前面说卓别麟和滑稽大王是相同的，现在又说卓别麟和滑稽大王是不相同的。到底哪一方面对呢？答复是："两方面都对！"不管我们怎样觉得奇怪，甚至于迷惑起来，我们仍然不能不承认两方面都对。卓别麟和滑稽大王本来是相同，而同时又是不相同的。卓别麟是单独一个人专有的概念，而滑稽大王是包括较广的种类概念。单独一个人专有的东西和较多的人共有的东西，这本来是矛盾的、对立的，但事实上我们又决不能说卓别麟不是滑稽大王。在这里我们就不能不再回想起以前讲过的"对立统一的规律"来了，这是辩证法的一个最根本的规律。不论世界上的任何事物、社会上的任何现象以及人类的思想，都是对立的统一，都在本身包含着自己的反面。像"卓别麟是滑稽大王"这一个判断，不就是明证吗？"卓别麟是滑稽大王"，这是正面的真理，"卓别麟并不就等于滑稽大王"，这又是同一个判断里包含着的反面真理。

任何一句最普通的话都是一个对立的统一。

由这一点，我们就可以知道辩证法是怎样普遍的一个规律了。你们看，我们的任何一句最普通最平凡的说话，也逃不掉对立统一规律的支配。我们上街买樱桃，说"樱桃是商品"；我们遇见某一个青年，说"这青年是店员"；我们反对日本帝国主义，说"日本（或美国等等）是帝国主义国家"；这几句话，这几个判断，和"卓别麟是滑稽大王"一样，同样是包含着自己的反面。倘若我们反对辩证法，倘若我们要严格地按照形而上学来说话、来思想，不允许思想里有任何矛盾的东西，那么我们日常的一切说话都要成为不可能，我们只能说一些几乎没有什么意思的话，例如"青年就是青年"、"樱桃就是樱桃"、"日本就是日本"等等。中国两千年前有个公孙龙，就曾经按照这一番道理，主张我们只能说"白马是白马"，而不能说"白马是马"。这当然也有些道理，说"白马是白马"，当然也没有什么错误，但如果人只能说这样的话，那我们就不可能有任何正常的思想活动了。

　　所以，就是形式论理学，也不能把形而上学的方法运用到这样极端的地步，以至于连"青年是店员"、"樱桃是商品"、"日本（或美国）是帝国主义的国家"等等的话都不许我们说出来。如果只许说"青年就是青年"、"樱桃就是樱桃"一类无聊的话，那么连形式论理学本身也不可能存在了。读者诸君，如果你们有时间，去找一本形式论理学的书（普通学校里的论理学教科书都是讲形式论理学的）来看一看，你们就可以找到，它里面所研究的判断，都是"青年是店员"的一类，而决不是"青年就是青年"的一类。但是，形式论理学虽然在这一点对辩证法说不出反对的话来，但它仍然要坚持形而上学的立场，并且仍然要在"青年是店员"一类的判断上使用形而上学的方法，要在我们的思想活动上使用形而上学的方法。它撇开了青年和店员两个概念的不一致，而把"某某青年是店员"当做毫无矛盾的事情来看待。它说，如果我们承认"某某青年是店员"这一个判断是对的，那么，它的反面就即"某某青年不是店员”的判断一定不对了；如果“日本是帝国主义国家”的判断是真理，那么，你再要说日本不是帝国主义国家就是错误了，如果说日本是反帝国主义的国家，那就更要使人大笑起来了。

形式论理学应用形而上学方法，给人的思想规定了三条定律。 形式论理学的这种说法是不是有道理，当然也有一方面的道理。就因为有些道理，它就按照着这道理定出了三条形式论理学的思想定律，要我们在运用思想（包括概念、判断和推理）的时候，像遵守法律一样地遵守它们。这三条思想定律的名字叫做：同一律、矛盾律和排中律，这三条定律都是和辩证法反对的。下面我们就要谈一谈这些规律，并且要说明这些定律虽然定得似乎有点道理，但并不完全对，还是辩证法的规律更比它有道理。

第一条同一律，主张人的思想应有绝对的同一性。 什么叫做同一律呢？就是说你的思想必须有绝对的同一性，你说一件事物是这样，那就只能认定它是这样，不能再存相反的想法。这个定律还有一个公式，就是"甲是甲"，"甲等于甲"。如果严格照这公式来运用思想，那就只有"青年就是青年"一类的判断才对，连"青年是店员"都不好说，但一般的形式论理学都没有这样极端，这是前面已经说过的了。一般形式论理学的想法，是认为既然肯定说"青年是店员"、"樱桃是商品"、"日本（或美国）是帝国主义国家"，那我们的思想就只能有这一方面的想法，只能承认这样的判断是对的，而不能说相反的想法和相反的判断也是对的。这种想法，我们说它多少有点道理，但并不完全对。为什么呢？只就日本（或美国）的的确确是一个帝国主义国家，而不能把它称做相反性质的国家，市场上的樱桃也的确是商品，而不能说它不是商品，只就这一点来说，同一律自然有些道理。但问题是：事物是不断变化的，它的眼前的性质，只能在一定条件之下、在一定的时间内保持安定，离开了这条件，超过了这时间，它就要变成另外的性质了。日本（或美国）是帝国主义国家，其条件只在于反动的大资产阶级垄断了政府机构，盘踞了国家的统治地位。坚持帝国主义政策的只是这些日本或美国的反动派，广大人民是反对这种政策的，而人民的反对力量强大起来的结果，是这种帝国主义者的统治一定要倒台。樱桃是商品，也只有当它被摆在市场上的时候才能这样说，一旦它被人购买了去，它就不再是商品，而只是一种简单的食品或者消费品了。照这种情形看起来，同一律就不完全对了。因为我们一方面可以说日本（或美国）今天是帝国主义国家，但同时我们又可以说日本（或美国）是有着广大人民的反帝国主义运动的国家，更可以说将来一定会变成非帝国主义国家；我们一方面固然一定要说市场上的樱桃是商品，但同时我们又可以说这商品已经有非商品的性质，而且我们敢断定它一定要否定了商品的性质，变成为非商品的食品。

思想的同一性，只能是相对的，是一定的条件、地点和时间之内的同一性。 因此，我们就可以说：一件事物是这样，同时又不是这样。我们说它是这样，是有一定的条件和时间地点，在这一定的条件和时间地点内，我们毫无疑义地要断定它一定是这样；但我们又说它不是这样，因为它现在已经包含着不是这样的因素在内（就如蛋已包含着鸡的因素即胚种在内），而一定时间之后必然要变得不再是这样。这就是说，我们的思想应该有同一性，但这种同一性只能是相对的，而不能是绝对的，只能在一定的条件、地点和时间之内肯定一事物的性质，而不能无条件肯定这种性质。我们必须一方面肯定事物的现在的性质（例如肯定日本或美国是帝国主义国家，樱桃是商品），而同时又能指出事物本身包含着的相反的性质，指出它将来发展的方面（如日本或美国广大人民的反帝国主义斗争、樱桃是食品），这样我们的思想才有可能反映事物的完全的真相。如果照同一律的公式来应用思想，把相对的同一看做绝对的同一，不容许在肯定一事物的时候又指出它的否定反面，那么我们的思想就不能反映事物的全部真相，而只能反映它的一个方面，这样就不可能正确地认识事物，尤其不可能认识事物的变化和发展。因此，把同一律作为思想的公式，把思想的相对同一性看做绝对的同一性，是不对的。

第二条矛盾律，主张人的思想不应有矛盾，应该把对立的东西看做绝对的对立。 什么又叫矛盾律呀？就是说你的思想不应该有矛盾的认识，你不承认的东西，你就只能不承认它而不能再存相反的看法。这一个定律，是把同一律从反面加以发挥的结果。同一律是要你把思想中有同一性的东西看做绝对的同一，矛盾律就要你把思想中对立的东西看做绝对的对立，它有一个公式，就是"甲不是非甲"。它不容许你把甲和非甲联系起来，而要你把两者绝对对立起来。这个定律也是好像有些道理，却并不完全对。举例来说，如果有人做了这样的判断，说"日本或美国是反帝国主义国家"，"市场上的樱桃是非商品"，一定要遭人反对，人们一定要说："你这是自相矛盾，你的话没有道理。"现在的日本或美国是帝国主义的国家而和反帝国主义的国家是对立的；市场上的樱桃是商品，和非商品是对立的。你把这对立的两样东西看做同一件东西，在它们中间画一个等号，当然你就错了。只就这一点来说，矛盾律不容许人的思想有矛盾的认识，是有一方面的道理的。但是，话还是不能讲得太死了。如果你把日本（或美国）和反帝国主义国家绝对对立起来，把市场上的樱桃和非商品绝对对立起来，以为它们中间毫无相通之处，那你又在另一方面走了错路。问题仍在于你是不是承认事物的变化发展，如果你不承认事物的变化发展，如果你认为日本和美国永远就是这样，樱桃也永远要摆在市场上不动，那么矛盾律也许就行得通了，但可惜世界上的一切事物都不是僵死不动的东西，而是活动的变化无穷的东西。今日的帝国主义国家会有一天要发生革命，变为社会主义国家；眼前摆在市场上的樱桃，几小时后就会转移到买主的手里，吃进他的嘴里。今天日本或美国不能说是反帝国主义国家，但在它们国内已经一天多似一天地生长起反对帝国主义政策的广大人民运动；眼前不能说市场上的樱桃是非商品，但这商品同时已经是食品，这食品的性质，随时可以经过买卖过程而否定了它的商品性质。因此我们虽然不能说日本或美国是反帝国主义的国家，但我们仍可以从它们本身找出与反帝国主义相通的东西；我们不能说市场上的樱桃是非商品，但我们仍可以说它已具有否定商品的性质。

对立的东西不能看做绝对的对立，仍是决定于条件、地点和时间。 我们一方面要指出甲和非甲来对立，断定"甲不是非甲"，但同时又必须认识这个对立只是相对的，只是在一定条件、一定时间和地点之内的对立，我们同时还可以从另一方面指出甲和非甲的相通的地方，我们从事物的发展方面来想问题，就可以同时又说"甲是非甲"。这就是说，矛盾律也是不完全的，如果照矛盾律来应用思想，那就不可能认识事物的全面真相，尤其不能认识事物的变化发展。

第三条排中律，反对同时把事物看做有同一性的，而另一方面又看做对立的。 什么又叫做排中律呢？排中律的意思，就是说你在运用思想的时候，如果你认定一件事物是这样，就只能认定是这样，如果你不承认它是这样，那就只能不承认它是这样，你不能站在两者的中间，同时认定它是这样，而同时又不承认它是这样。排中律的公式是："甲是乙，或者是非乙，不能同时是乙又是非乙。"排中律可以说是同一律和矛盾律的结合，它的意思就是不容许我们在运用思想的时候，同时把事物看做有同一性的，而另一方面又认为它是对立的。你或者说樱桃是商品，或者说它不是商品，不能同时说它又是商品又不是商品；你或者说日本（或美国）是帝国主义国家，或者说它不是，不能同时说它又是帝国主义国家又是反帝国主义的国家。这一个定律，也和同一律、矛盾律一样，虽然有一方面的道理，但如果严格按照它的规定来运用思想，就不可能反映事物的全部真相，尤其不能反映事物发展变化的生动面目。因为我们从活的事实的全部情况来看，就一定要说，市场上的樱桃是商品，同时按照它的发展变化方面来说，它就不是商品而是食品；日本（或美国）是帝国主义国家，但如果从它的广大人民的发展前途来看，它同时也是反帝国主义的和准备推翻帝国主义的国家。

形式论理学的三定律和辩证法针锋相对，它不能反映事物的全部真相。 我们把形式论理学的三条思想定律说明过了。形式论理学要我们在运用思想的时候，不许违背这些定律。你们从以上的说明，就可以了解，如果我们严格遵照这些规律，我们就不可能把世界上的事物看做有条件的，就不可能看到事物的发展方面，就不可能分析事物本身的矛盾。总之，它们和辩证法的规律是针锋相对，它们不容许我们用辩证法的方法来想问题。但是，辩证法是客观事物的普遍规律，世界上的一切事物都是依照辩证法的规律变化发展的，这我们早已说得清清楚楚，而你们也不会怀疑这个道理了。因此，你们也就可以了解，如果我们按照形式论理学的这些定律来思考问题，一定不可能认识事物的完全的真相，或者甚至于要发生认识的错误。要使我们的认识不发生错误，我们一定要按照辩证法来运用思想，来认识事物，而不要形式论理学。

认为日常生活谈话中可以完全由形式论理学支配，这也是错误的。 但是，形式论理学在世界上，曾经有很长的时间受到人的信奉，现在也还有许多人拥护形式论理学。因此，我们可以想象得到，对于我们以上所谈的话，说不定会有人要出来反对。他们会举出许多例子，来证明形式论理学的定律是如何应该遵守。他们说，倘若你的朋友问你："日本是否帝国主义国家？"你怎样回答呢？你当然应该简单明了地回答说："日本是帝国主义国家！"如果你一定要照辩证法来说话，回答你的朋友说，"日本是帝国主义国家，同时也是包含着反帝国主义的人民运动的国家"，那岂不是很不必要吗？如果你在日常生活中，对于别人的问题，任何时候都是这样一正一反地回答，人家岂不要笑你是疯子和痴子吗？可见在日常生活中，只要形式论理学的同一律就够了，不必要什么辩证法。

这种说法，是想给形式论理学和辩证法论理学划分地盘，说日常生活谈话中，应该让形式论理学支配，在科学研究中，因为要研究事物的发展，才应该给辩证法支配。这种划分地盘的思想，曾经有一个时期很流行，但也是不对的。因为当你的朋友问你日本是否帝国主义国家的时候，他要求你答复的，只是关于日本这个国家今天的主要特点，他并没有要求你告诉他日本的全部知识，也不要求你答复日本将来的前途，更没有问你日本是否永久是帝国主义国家。他的问题是有条件的，因此你的答复也是有条件的。你不必在日本国家今天的主要特点之外再啰里啰唆地告诉他更多的东西。所以你的答复，好像是遵照了同一律来说话，实际上你这个同一性，仍然是相对的同一性。如果你的朋友再多追问你一句，再多要求你告诉他一些知识，那么，你就不能不超出这同一性的范围了。例如他要是追问你："那么，是不是日本人全是帝国主义者呢？"那么，你就不能不指出日本国内反帝国主义的一方面来了。可见就是在日常生活中，我们的思想也不见得就要受形式论理学的支配。

形式论理学之所以有些用处和曾经受人拥护，是因为有些人要把事物的一方面孤立起来研究。

但是由这一个例子，也可以看出形式论理学为什么有时也会受人拥护。这就是说，当我们只要求了解事物的一个方面、一个特点，而不去联系到其他方面和其他的特点时，或者说，当我们把事物的一个方面孤立起来研究时，形式论理学就有一些用处了。我们把日本国家的帝国主义性质这一方面孤立起来，不问它的发展前途如何，不问它的其他方面性质，在这时候我们就可以用同一律的方法来答复问题，正如我们面前已经说到过的一样。过去很长的时期，形式论理学有人拥护，而现在也还有人拥护，就是因为这些人研究问题，总是要把事物的一部分孤立起来，把它从别的部分分离开来，并且看做是固定不变的东西，这样就可以应用形式论理学。但是，这样单纯分析地研究问题的时代是过去了。单纯分析的研究，只能使我们认识事物个别方面的死的形象，不能使我们认识完全的事物，以及它和其他事物的活的联系。我们要求把分析了的又综合起来，找出它们中间的互相联系，认识它们的发展变化。我们承认"日本是帝国主义国家"这一个答复是对的，但我们又要说单单这个答复是不够的。

形式论理学是低级的思想方法，只能把它包括在辩证法里应用，不能有单独地盘。 因此，我们现在要用辩证法来看问题，而不满足于形式论理学的定律。形式论理学只是一种比较低级的思想科学，它只反映了我们思想活动的一小部分规律，只反映了我们在分析研究问题时的一部分思想规律，而不能反映完全的思想规律。只有辩证法的论理学才能完全反映我们思想活动的规律。因此，我们运用思想的时候，有时好像也可以按照形式论理学的定律活动，但那只是在一定的条件之下的情形，也就是说我们必须把它融化在辩证法里，作为辩证法论理学的一个部分。要使我们的思想能够正确活动，不至于成为错误的或片面的认识，那我们就不能让形式论理学有独立支配的地盘，而是要把它有用的东西吸收和融化在辩证法论理学里，使它成为高级的思想方法的一个组成部分，也就是说要用辩证的论理学来"否定"了它。

二十　七十二变

——现象和本质

看见"七十二变"四个字，读者当然会想起《西游记》上的孙悟空来。不错，我们现在就要从孙悟空讲起。我们要讲这个猴子靠着它的七十二般变化的本领，曾经把一切的天神和魔王都哄骗过，把天宫、地狱、水殿都闹得个一塌糊涂。结果是祸闯得太大了，到处树立起敌人，天上也派兵来讨伐它，终于把它制服了。

这一切的故事，《西游记》上写得很详细，用不着我们重说。我们现在要讲的只是那七十二般变化的厉害处。它忽然变做水中的鱼，忽然变做天上的鸟，忽然又成为一块石头，忽然又变成一座庙宇，但是不论变来变去，始终只是为着一个目的：就是要在天上地下到处捣乱。它依靠着变化，能使人看不清它的原形，能隐蔽起它的捣乱行为和计谋，使人一时迷惑起来，所以就让它偷吃了天上的蟠桃，骗走了赴会的大仙，天兵天将来讨伐它的时候，还吃了它不少的亏。因此，要制服它，第一件事情就是不要被它的变化所迷惑，要看清它的原形和捣乱行为，然后才有对付它的方法。

果然，当天上派了二郎神来和它对敌的时候，他们就看到了这一点。他们首先用一面照妖镜，不论它怎样变化，始终能看出它的底细，使它无法藏身。同时也靠着二郎神的聪明，能够细细观察它的变化，随时都猜得透它的来龙去脉。譬如当它战不过二郎神，逃到水边忽然不见了的时候，二郎神能猜中它一定变成鱼逃到水里去了。当它变成一座庙宇来骗二郎神的时候，二郎神由那庙宇背后的一根异样的旗杆，看出这是猴子变成的。在每一次的变化里，二郎神都能够细心察觉事情的根底，所以能够始终追逐着它，使它无可逃遁。这样，曾经把天地都闹翻了的猴王，才终于被擒了。

我们讲了这一大篇，性急的读者一定有点忍耐不住了。"鬼话！鬼话！"你们一定要叫起来，说，"谁相信《西游记》上的鬼话呢？这只是小说作者的幻想罢了。请你讲一点现实生活里的哲学吧，不要把我们带到幻想的云雾里去！"不错！我们现在得要马上把幻想带住了。不过我们上面所说的一篇也并不是完全无理由的鬼话。请你们仔细想一想，你们生活中不也曾遇见过七十二变的孙悟空吗？自然，世界上决不会真有孙悟空这么一个怪物，你们永远也不会遇见它。但是你们生活中所遭遇的事情、人物以及一切的现象，不也常常是变幻离奇，几乎和孙悟空有些相像吗？说小一点，用个人的事情做例子吧。例如你交了一个朋友，在你未和他做朋友以前，他不是和你全不相识吗？由陌不相识成了你的朋友，不是一个变化吗？这个朋友一个时期和你关系很好，成为亲密的好友，在另一个时候忽然又和你有了争执，甚至为了某些问题和你大吵大闹起来，这不又是一种变化吗？如果你是一个没有交朋友的经验的人，这种变化，往往就会使你吃惊，觉得这朋友前后仿佛是两个人。你如果只从这一点去想，不去了解这朋友的根本的性情，你就会觉得这人面貌态度简直有点变幻莫测，你就弄不清楚这是一个好人还是一个坏人，是能帮助你的还是对你有敌意的。因此你也就不知道怎样对付他才好，是把他做朋友看待呢？还是和他作对呢？

看吧，一个朋友的面貌和态度的变化，是决不会像孙悟空的七十二变那样变得厉害的，但是如果你不加以研究，你也就会为这种变化的现象所迷惑，不知道怎样对付它才好。天上的神仙为孙悟空的变化所迷惑，不知怎样制服它，那情形也就和这差不多。

再举大的例子来说。美国是帝国主义国家，但就它对中国的关系来说，在抗日战争的前半期，它好像是一个中立者，珍珠港事变以后成了与我们共同作战的同盟国家，日本投降后几次宣布尊重中国的独立，希望中国成为和平民主统一的国家，并且派来了马歇尔，一时之间俨然成了中国国内问题的公正调解人，不久以后又暴露它是在积极帮助反动派，压迫中国人民和民主运动。这就是美帝国主义对中国关系的变化，而这种变化，也曾一时迷惑了中国人民和民主人士，分不清美帝国主义者究竟是好朋友还是侵略者。这种变化虽然好像没有孙悟空的七十二变那样厉害，但它迷惑人的作用还不是一样吗？

再举中国的反动派做例子：反动派要实行独裁，捣乱中国，正如孙悟空要捣乱天宫的和平一样，为着达到捣乱的目的，它何尝不是也变来变去，像孙悟空一样？忽然又对解放区人民进行军事进攻，忽然又说要"政治解决"，忽然又压迫人民的民主运动，暗杀民主人士，忽然又召开"国民大会"，制定一套御用宪法。这一套套的把戏，对于没有政治经验的人，不是也能引起迷惑的吗？

事物都有两方面，外表变化不定的形状，这是现象方面；内部的一定的关系，这是本质方面。

现在我们要回到哲学问题上来了。这次我们讲了上面一大套，只为着要说明两个哲学上的范畴：现象和本质。我们从上面所举的例子，可以看出世界上的事物都是有两方面的。一方面是它外表上变化不定的形状，好像孙悟空的七十二变，朋友的亲密和争吵，美帝国主义对中国的种种不同态度等等；另一方面是事物内部的一定的关系、作用，像孙悟空一定要捣乱闯祸，朋友终归是朋友，美帝国主义一定要侵略中国等等。我们思想中的两个范畴，现象和本质，就是反映事物的这两个方面。事物的外表上变化不定的形状，就是它的现象方面；事物内部的一定的关系、作用等等，就是事物的本质方面。任何一件事物都有这两个方面，都有它的现象和本质。这两个方面在每一件事物中密切地结合着，现象和本质，就是反映这种结合的普遍范畴。

现象和本质常不一致，而且有时好像相反，这是现象和本质的矛盾。　我们从以上的例子，又可以看出，现象和本质是常常不一致的，而且往往好像是相反的。美国的本质是帝国主义国家，但在马歇尔来中国的初期，你从他的一切表面行动上，就看不出他是一个帝国主义的代表者，相反的却俨然是一个和平使者。独裁政府口头上也常常讲民主，也开"国民大会"，制定宪法，如果只从这些现象上看，就往往不容易了解它的本质。变成了鱼的孙悟空，从表面上决看不出它是一个捣乱鬼。事物表面上的现象是五花八门、变幻不定的，往往使人捉摸不到它究竟是什么东西，但本质上的关系、作用，却是相当固定的。关于这一点，有一个有名的比喻：

例如河水的流动，从表面上看，往往觉得它的方向好像没有一定，部分的水有向河岸流的，有打漩涡转圆圈的，有飞溅到空中的，甚至于有倒流的，但如果从河流的根本关系上看，那么河水的总方向始终是往下流，这却是一定不变的。这个比喻，是很巧妙地说明了现象和本质的矛盾或对立的情形。一切事物的现象和本质，都是处在这样一种矛盾或对立的情形之中。在现象中往往有和本质表现得完全相反的，在哲学上就叫做假象。

在现象中表现得和本质完全相反的，哲学上叫做假象。 但是，如果你再作进一步的研究，你又可以发现，现象和本质的这种对立和矛盾，并不是绝对的。许多现象虽和本质不同，甚至于似乎是完全相反，但它并不是和本质没有关系，更不会打消了本质，相反的，现象和本质是分不开的，它就是本质的表现，对于本质的发展，它还是必不可少的东西。孙悟空变成鱼，并不会使捣乱的猴子消灭，相反的却是猴子的捣乱本质的表现，是为着达到捣乱目的所必须的变化。马歇尔的公正面貌，不是帝国主义侵略本质的打消，这种虚伪的表现乃是为了欺骗世界，而更便利于侵略的目的。如果我们按照形式论理学的矛盾律，把现象和本质的对立看做绝对的对立，以为侵略的国家决不能有和平公正的面貌，或者以为和平公正的手段决不能出自侵略国的代表，那么我们就不可能认识中国人民与美帝国主义的真正关系，就要大大地上当。我们要不上当，就要按照辩证法来运用我们的思想，不单只要认识本质和现象的矛盾和对立，而且要看出它们的同一性。要能够看穿：一切五花八门的现象，甚至于与本质似乎完全相反的"假象"，都是本质的表现，或者都是在本质发展中各个部分的表现。而这些表现，都不是偶然的，都和本质有一定的不可分的关系，就好像河流中的逆流、横流、飞沫、漩涡等等现象，都不是在河流根本动向之外产生的，而正是河流激荡过程中必然要有的现象。

现象和本质的矛盾不是绝对的。现象就是本

质的表现，与本质有不可分的关系。不单只要认识现象和本质的矛盾，而且要看出它们的同一性。事物的本质，常常不是直接就能认识到的。 我们由以上的例子，又可以看出，事物的本质，常常不是直接能够认识到的。本质是事物的内部关系和作用，它平常都不暴露在事物的表面上。我们直接认识世界，是依靠感觉器官，而我们的感觉器官所能接触的都是事物的表面现象。如果我们只凭直接的感性认识或经验知识来认识世界，我们就不可能了解事物的本质，我们就要为变幻不定的现象或假象所迷惑，就不能了解事物的真实的关系。我们已经说过天上的神仙怎样为孙悟空的变化所迷惑，一部分中国人怎样曾经一时为马歇尔的公正面貌所迷惑。我们还可以指出无数的事例，表明现象是如何经常地迷惑人的认识，以致看不清楚自己应走的道路，摸错了奋斗的方向。中国是封建社会残余势力很强大的国家，我们不妨举封建的土地关系做例子。所谓封建的土地关系，就是地主把土地出租给农民耕种，地主一年到头，不必做任何劳动，就可以用租子的形式，把农民劳动的大部分果实收归自己享用，所以，按照事情的本质来说，本来是地主依靠农民的劳动生活，如果农民不劳动，不交租，地主就无法维持生活。但是，从表面的现象来看，情形却好像恰恰相反，好像是农民依靠了地主，没有地主租给土地，农民就不可能生活的样子。几千年来，地主都是用这种表面现象的看法做理由，来证明剥削农民是应该的，而农民也为这种现象所迷，还以为反抗地主的剥削是不合乎道德良心的事。这种颠倒的思想，妨害了农民群众的觉悟。因此，最近几年来在解放区动员农民，要他们自己起来实行减租减息和耕者有其田的政策时，首先不能不提出"谁依靠谁？"的问题，来启发他们的思想，让他们了解从来以为农民依靠地主是错的，而地主依靠农民生活才是真的，这样打破了他们的迷惑，使他们了解事情的真实本质。这样他们才感觉到理直气壮，知道反对地主的剥削和为自己争取土地是应该的，完全合理的，才知道自己以前是无理地被压在地上，才积极起来为自己翻身而斗争。这一个例子，证明我们进行革命运动，是如何需要揭露事物的本质，如果我们为现象所迷，不认识本质，对于革命运动是如何地有害。

只从表面现象认识事物，就常常会受到迷惑。指导群众进行革命运动需要揭露事物的本质。要认识事物的本质，必须作科学的研究。 认识事物的本质，是这样重要，但本质又不是直接能够认识到的。怎样才能不为现象所迷，而达到认识本质的目的呢？这就需要对事物加以科学的研究。怎样叫科学研究呢？聪明的读者，听我们讲到这里，可能会想起以前我们讲过的关于感性认识和理性认识的问题。我们的认识之所以要由感性的阶段提高到理性的阶段，其目的就是为着要撇开现象的迷惑，找出事物的本质的认识。感性的认识或经验的知识把事物的现象反映到我们头脑里，我们再进一步运用我们的理性能力来理解这些现象中间的内部关系，找出它们的一定的作用，掌握它们的规律，这样就得到了本质方面的认识。这样，由感性认识提高到理性认识，由经验提高到理论，就是使我们的认识由事物的现象方面深入到本质方面去的过程。

由感性认识提高到理性认识，由经验提高到理论，这就能够由现象的认识深入到本质。 我们以前讲过，理性的认识，并不是在感性认识之外，而是要以感性的认识做基础，运用我们的理解能力去加以分析研究，就可以发现事物的内部关系和规律知识，就可以提高到理性认识。因此，要认识事物的本质，也不是离开事物的现象知识，凭空可以达到目的，而是要把各种现象做基础，运用我们的理解能力，加以研究分析，把各种现象之间的内部关系和规律寻找出来，这就是本质方面的认识。

要认识本质，必须以现象的认识做基础，加以分析研究。 比如我们要认识河流的本质方面，是不是闭着眼睛，不去观察任何河流的现象，凭着脑子里的空想就可以达到目的呢？当然不能。我们首先必须睁开眼睛，去察看河道、河床、水流、漩涡、逆流等等现象，然后从这些现象中加以分析，研究哪些现象是决定河流方向的主要条件（如河道、河床的方向），在此条件之下，哪一部分的水流只是一时激荡成的逆流和漩涡，哪一部分的水流才代表坚定正确的方向，最后你才能确定河水是流向什么地方。你要了解美国的帝国主义性质，是不是闭着眼睛不看马歇尔以及各种美国政府代表人物的行动，凭着脑子的空想就能做到呢？当然不是，我们今天所以能深刻认识美帝国主义的本质，正是首先观察了魏特梅耶、赫尔利、马歇尔以及各种美国代表人物的前后行动，加以分析研究，同时还研究美国的一般政治现象和经济现象，认清了决定美国政治的根本条件仍是帝国主义的经济势力，认清楚了马歇尔的公正和平面貌只是一时的手段，然后才深刻地认识到，美帝国主义者是想要独霸世界侵略中国，把中国作为殖民地，是一定要帮助中国反动派，压迫中国人民和中国的民主运动。这才完全认识了美国的帝国主义本质。

要认识本质，必须以大量的现象认识做基础。眼光狭窄，一知半解，就易为现象所迷。 要由现象进一步认识到事物的本质，有一个重要的要点，就是要以大量的现象作为研究的基础，切不可以部分的或少量的现象为满足。只认识部分的或少量的现象，这叫做眼光狭窄，叫做一知半解。人为什么会被现象或假象所迷惑？其最主要的原因，正是由于眼光狭窄和一知半解。如果有人竟会深信马歇尔是真正的"和平使者"，那没有别的原因，只是因为他仅仅看见马歇尔来华最初一个短时期的行为，那时马歇尔在外表上装得公正无私，好像真是一个不偏不倚的调解人。你如果不把他的前后表现联系起来研究，而只孤立地去看这一段现象，那你无论如何也看不出他的帝国主义的本质。又如中国的反动势力，在现在已经是日趋没落了，但是在一定地方或一定时间内，当它以疯狂挣扎的姿态向民主势力进攻的时候，尤其是在美国帝国主义帮助之下，它会显得好像很强大，就如患肺病的人将死时的"回光返照"一样。如果你只看见这一时的或这一个局部的现象，你就为现象所迷，以为它是一个向上生长的反动势力，而看不见它在本质上已是走向死亡。现在的反动派是"纸老虎"，如果你只看见那老虎的凶狞的形象而不连带看见那是一张纸，你就也许要给它吓倒。所以，我们要认识事物的本质，必须首先观察大量的全面的现象。从前我们说过要达到理性认识，必须搜集大量的材料，积累多量的经验，这也不外就是要使我们有机会观察大量全面的现象，把许多现象联系起来，加以比较分析，才可以得到理性的认识。"狭隘经验主义"，就是拘泥于少量的或局部的现象知识，因此也就容易为局部的现象所迷而发生错误。

大量现象中存在的关系才是本质的、巩固的关系，才不是暂时的现象。 为什么一定要研究大量的现象呢？因为在大量的现象中普遍存在的关系，才是本质的关系，才是巩固的关系而不是暂时的现象。河流的水，大量都向下流，只有局部是逆流和漩涡，所以本质的关系是向下流的方向，而逆流和漩涡则是附属的暂时现象。马歇尔的公正面貌只是暂时的，而美国政府的代表人物以及美国军队、美国商品对中国的大量关系，却是破坏中国的和平民主和安定幸福的生活，所以侵略的关系才是它的本质关系。又如中国社会的大量现象，是百分之八十的农民在帝国主义侵略和封建制度的压迫下痛苦不堪，只有少数局部的地方，如上海等大城市有资本主义、有工厂和受压迫的工人。因此中国革命的本质是广大农民要得到解放，是新民主主义革命。如果只看见上海之类的大城市，以为中国革命的问题主要的是要使工人起来推翻资本主义，是在今天就实行社会主义革命，而看不见大量的农民要求，这就是为局部现象所迷的狭隘经验主义的错误。

广大群众要求解决的问题，才是革命运动中的根本问题。 因此，要认识事物的本质，就要观察大量的现象，找出大量现象中普遍存在的关系，那就是事物的本质关系。由此也可以知道，为什么在研究社会问题时，一定要有群众观点，一定要以广大人民的利益为自己的立场，因为只有广大人民要求解决的问题，才是支配社会动态的大量问题，才是一个社会的最本质的问题。只有抓着广大群众所迫切要求解决的问题（如在中国抓住农民的土地问题），才能正确解决社会的根本问题。

科学研究的任务，就是要打破现象的迷惑，认识事物的本质。 科学研究的任务，就是要打破现象的迷惑，认识事物的本质。我们获得了本质的认识，就更容易了解为什么会发生各种现象，为什么会发生假象？例如我们认识了美国的帝国主义本质，我们就容易了解为什么马歇尔要假装公正的面貌；认识了河流向下冲激，也就容易了解为什么在一定的地方要荡起旋涡和逆流；认识了中国革命的本质是广大农民群众的解放，那就更容易了解中国工人阶级今天的革命任务是和农民联盟，领导农民进行新民主主义革命。至于社会主义革命，那是要在今天的革命任务完成之后，在将来中国经济大量发展到必要程度的时候，才能作为第二阶段的革命任务来完成它。

认识是要由现象深入到本质，而认识了本质，就更容易了解各种现象的意义。 这样，我们的认识，是要由现象深入到事物的本质，认识了事物的本质，我们就不会为现象所迷，相反却能够更清楚地了解每一现象，以至于"假象"的原因和意义，这样，我们在实际行动中就不会为"假象"所迷而犯错误，就能正确地应付一切现象和局部的临时的事变，就能够顺利地达到我们斗争的目的。

我们在日常生活中的思想，本来就有深入事物本质的能力。科学的研究使我们能够更提高这种能力。 我们的思想，本来就有从现象深入到事物的本质的能力。例如以前说过的，我们从樱桃的买卖，就想到这是货币和商品的交换，而不只是樱桃和钱币调换位置。后者就是感性的现象的认识，而前者就是向着事物的本质深入了一步，就是向着内部的普遍关系深入了一步，这种普遍关系的认识，是我们日常经过千百次的买卖经验积累而成，也就是观察了大量的买卖现象而得到的认识。这就是说，这种认识事物本质的能力，在我们日常生活中也有的。但是，科学的研究，可以帮助我们把这种能力提高，使我们能够更深刻更有系统地认识事物的本质，也就是认识事物内部的更深刻的关系和更多的规律。例如我们由经济学的科学研究，我们就不但能认识樱桃的买卖是商品和货币的交换，我们还可以更进一步地认识到为什么它们中间能进行交换，我们发现商品和货币的交换是由于它们都有一定的价值。我们不但认识它们有一定的价值，我们还可以一层比一层更深入地研究它们的价值从何而来。我们从人类生产商品和货币的大量材料来研究，就发现它们的价值是由于人类生产出这些商品要花费许多劳动，花费劳动多的价值就大，花费劳动少的价值就小。栽种樱桃要花费劳动，铸造钱币要花费劳动，所以它们都有价值。呼吸空气就不花费劳动，所以空气就没有价值。

科学的研究使我们能由一系列的本质，深入到更深的本质，以至于许多再深的层次。 总之，我们从商品的交换里，还可以一层比一层深入地研究出它们的许多内部关系。我们可以从一系列的本质，研究到更深的再一系列的本质，以至于许许多多的层次。我们由马歇尔的前后行动，认识了他的侵略本质，更认识到这是美国国内反动派的一贯的政策，再进一步还可以认识到这种政策是由于经济的原因，是由于美国独占资本在第二次世界大战中大大扩张了，不能不向外找出路，甚至于妄想独霸世界。我们还可以认识到美帝国主义经济的危机将要到来，美帝国主义之急于要向外侵略是要延缓危机的到来，我们更可以由此认识到美帝国主义的这种侵略行为不是表示它的向上生长，而是表现它走向死亡，不是表示它的力量无敌，而是表示它自己的困难重重。这样一层比一层深入地认识了美帝国主义的本质，我们就能看出世界与中国人民的光明前途，就不会为它的一时的强大现象所迷惑、所吓倒，这样，我们在为中国的独立民主自由而斗争的时候，就能够有明确的方向，有坚强的胜利信心。

二十一 "谈虎色变"

——形式和内容

老虎是可怕的猛兽，普通人一谈起老虎，精神就要有几分紧张，所以有一句成语，叫做"谈虎色变"。老虎，单单它的样子也是很可怕的，把它画在纸上，胆小的人看了，就会觉得毛骨悚然，所以又有一句"纸老虎吓人"的俗话。我们现在把世界上的帝国主义和中国反动派比做"纸老虎"，因为现在世界上的帝国主义分子和中国的反动派，已经遭到了广大人民的痛恨和反对，所处的地位非常孤立，而且日愈走向没落，就好像纸上的老虎，看起来好像很凶猛，实际上却吃不了人，它可以吓唬一下胆小的人，但对于胆大勇敢、敢于和它斗争的人，它就没有什么可怕的地方了。

认真说起来，不要说"纸老虎"吃不了人，就是真正的活老虎，也不过是一个普通的动物，没有什么特别了不起。你说它凶猛，甚至于称之为兽王，但它在实际上也没有能够独霸了动物世界，即使它想独霸世界，也只是忘想，没有办法达到目的。它不能到空中去征服飞鸟，也不能到水中去捕捉鱼类，连土中的蚂蚁，看起来好像非常弱小，也照样能够生存繁殖，不但不比老虎差，而且种族繁盛，老虎的生活和它们比起来，反而显得凋零冷落了。

弱小的蚂蚁，为什么竟能够与强大的老虎并存在世界上，而且甚至于比老虎生活得更繁荣呢？这有种种原因，我们现在不是在讲动物学，所以不想详细解释这个问题。我们现在只想讲一点，即老虎和蚂蚁，不但有强弱大小的不同，而且它们的生活形式也有根本的不同，这是它们能并存在世界上的原因之一。老虎的生活形式是孤单的，它强大凶猛，但是它与一切兽类为敌，甚至与它的同类也要互相残害，这就是所谓"一山不能容二虎"。蚂蚁的生活是集团的形式，它们经常是一大群在一起共同生活，相互间有帮助，有分工，蚂蚁虽然弱小，但靠着这集团的力量，能够维持繁盛的生活。

任何事物，都有它的内容，也有一定的形式。事物在一定形式中变化发展，变化发展的全部过程就是它的内容。 老虎和蚂蚁的谈话到此要停止了，我们谈了这些，目的是为要引到哲学问题上来，现在已经引到了我们的目的地了，它已经使我们接触到这一次要谈的哲学范畴——形式和内容。这又是两个普遍的范畴，它反映了一切事物的两个方面。任何事物，都有它的内容，也有它的一定的形式。我们前面说到了两种动物生活的形式，一种是老虎的单独生活的形式，一种是蚂蚁的集体生活的形式。我们还可以说没有一种东西没有它自己的形式，鸡蛋是椭圆的形式，桌子有方或圆的形式，水有流动的形式，泥土焦炭不成一定的形状，而不成一定的形状，也就是泥土焦炭的形式，这叫做无定形的形式。以上只就自然界来说，若就人类社会的情形来说，那就有封建社会的形式，有资本主义社会的形式，以及社会主义、共产主义社会的形式。社会内部的革命斗争，有政治的形式，有文化的形式，有军事的形式；政治斗争中又有公开的斗争与秘密的斗争、合法的斗争与非法的斗争等不同的形式；军事斗争中又有游击战、运动战、阵地战等不同的形式。思想上有新旧思想的不同形式，文学上有贵族的文言形式和白话文学等等的形式。总之，任何事物，都在一定的形式之中发展变化，它的发展变化的全部过程，就是它的内容。蚂蚁在集团的形式中生活，它的生活的全部过程，由产卵、孵化、成长、工作、养育后代以至于死，就是蚂蚁这种动物的生活内容。八路军在抗日战争中以游击战争的形式和敌人斗争，这些游击队伍的产生、训练、发展、战斗过程、游击队与人民及解放区政府的关系、战争的结果和影响等等，都是敌后游击战争的内容。

形式使各种事物在外表形状上有所区别。形

式与内容常不一致。形式不同的事物往往内容相同，反之亦然。　事物的形式，使它具有一定的外表形状，不同的形式，使事物在外表现象上有所区别。同是军事斗争，分散零星的游击战和集中的较大规模的运动战，是在外表上一看就可以分辨出它们的不同。一篇白话文和一篇文言文，拿来一读就立刻感到不同的味道。但这种区别既然是外表的，形式不同，不一定就是全部内容的区别，因此往往有形式不同而内容却基本上相同的事物，也有形式上好像一样，而内容却完全不同的事物。中国人民军队在抗日战争中主要打游击战，有时也打运动战，但不论形式是游击战或运动战，就其内容来说，都是中国人民对日本侵略者的民族战争。日寇投降后解放区人民军队主要用运动战歼灭进攻的反动军队，在很多地方也坚持游击战争，但不论形式如何不同，两者的内容都是人民为独立民主而战，都是反对独裁反对给美帝国主义者做殖民地的爱国自卫战争。白话文可以写一篇革命的宣言，用文言文也可以写出基本相同的内容。这就是形式不同而内容上却基本相同的例子。希特勒曾经举行所谓"国民投票"来选举他做"大总统"，罗斯福做美国总统也是经过人民投票选举的形式，两种投票选举的外表是相同的，但内容却大不相同。希特勒的选举是法西斯独裁政府欺骗人民的手段，罗斯福的选举，却是一个资本主义国家普通的民主程序。汪精卫开过"国民大会"，反动独裁政府也开"国民大会"，真正民主政府也可以开真正的国民大会，这都是形式上似乎一样，而内容却完全不同的例子。

认识事物，不可单从形式上着眼，而要从内容上着眼。因为形式往往会造成假象，模糊了内容。 所以，我们辨别事物，不可单从形式上着眼，而要同时从内容上着眼。事物的形式，往往造成一种外表的"假象"，模糊了内容，这就是现象与本质矛盾的因素之一。如果我们只看见形式，不注意它的内容，就往往发生迷惑，看不清它究竟是什么东西，或者认错了它的真正性质。反动派欺骗人民，就是常常在形式上耍花样，例如开"国民大会"之类，如果有人竟会被它们欺骗，那就是由于只看事物的形式，而不看它们的内容的缘故。

形式与内容不可分。形式就是内容本身的结构状态。　因为形式与内容有以上的矛盾，因此往往有人把它们误认为可以随便分开的东西，并且用瓶子和酒的关系来作比喻，把形式比做瓶子，把内容比做酒。有些事物是旧内容新形式，如封建独裁者开"国民大会"，这叫做"新瓶装旧酒"。有些事物是新内容旧形式，如用文言文写革命思想的文章，这就叫做"旧瓶装新酒"。这个比喻，在谈文艺的问题时用得特别多，但是在实际上并不完全恰当，因为它把形式和内容比做两件可以随便分开的东西，而没有看见两者深刻的内容联系。没有酒，瓶子还是瓶子；没有瓶子，酒还是酒；把酒装进瓶子去，仅仅是装满了瓶子，对于瓶子本身，也没有什么影响。用哲学的术语来说，酒和瓶子的关系只是外在的关系。内容和形式的关系，却不是这样隔膜的。一切事物的形式，就是它的内容本身所具备的形式，就是内容发展中所表现的结构状态，决不是像瓶子那样从外面装上去的东西。方形的桌子，是在制造桌子的时候就同时形成，决不是先制成了没有一定形状的桌子，然后再把方形装上去。蚂蚁生活的集团形式，决不能和蚂蚁的生活分开，它就是蚂蚁生活过程的组织构造状态。独裁者伪装民主，这伪装民主的内容本身就一定要具备"国民大会"、伪造宪法一类的假民主形式。形式和内容是不能随便分开的，这种关系在哲学上叫做内在的关系，与瓶子和酒的外在关系是不同的。

形式与内容的内在的关系。内容的优越地位或决定作用。 形式和内容的内在关系，首先表现在内容的优越地位或内容的决定作用上。形式既然是内容的结构，因此一定的内容，要求一定的形式，并且在它的发展中，必然要形成它所要求的形式。在抗日战争中，八路军与新四军坚持敌后战争，由于敌我力量对比的悬殊，这种战争要求我们采取游击战为主的形式，在战争发展的过程中，在正确的领导下，必然地形成了普遍广泛的游击战形式。日寇投降以后，八路军、新四军以及一切人民军队的力量壮大起来了，在抵抗反动派进攻的自卫战争中，力量对比与以前不同了，这时的战争内容，就要求运动战为主的形式——自然在敌人占领的地区还保持游击战为主的形式——并且在正确的领导下大大发展了这种形式。不适合内容要求的形式，在发展过程中是会被淘汰、被消灭的。例如在抗日战争中，如果采取大规模运动战甚至于阵地战的形式，就要遭受严重的损失，甚至于遭受失败。在反动派势力统治较巩固的地区，革命工作要求采取合法斗争和秘密斗争的形式，如果采取相反的形式也要遭受严重损失和挫败。内容对形式的这种决定作用，与瓶子和酒的关系显然是不同的。酒决不会要求一定的瓶子，更不会形成它所要求的瓶子，只要是瓶子，不论新的、旧的、方的、圆的、玻璃的、瓷制的以至于葫芦之类，都可以把酒装进去，而不发生什么问题。

不适合内容要求的形式，在发展过程中会被淘汰、消灭。内容所要求的形式，是依其本身发展情况及周围条件来决定。 内容既然要求一定的形式，为什么有时新内容竟可以采取旧形式，有时旧内容又会采取新形式呢？这是因为内容所要求的形式，是依照它本身的发展情况，和它所处的条件来决定。在一定的情况和条件之下它要求这样的形式，在另外的情况和条件之下它又要求别一种的形式，决不是固定不变的，这正是辩证法的关系。在中国几千年的封建社会里，专制统治都是在"真命天子"的名义下采取公开独裁的形式，但在人民的民主要求一天天高涨的条件之下，反动派要想实行专制独裁，决不敢像满清以前一样，一旦掌握了政府的大权，就立即把专制皇帝的形式公开摆布出来。它不能不采取一些伪装的民主形式，如像袁世凯一样，要经过一连串伪造民意的办法，才敢宣布帝制，或者连皇帝的招牌也根本拿不出来，就在"执政”、“主席”、“总统”的名义之下实行专制独裁。新的事物在发展的初期，在旧的事物还强大而有力的时期，以及其他条件之下，常常要采取旧的形式出现。中国的太平天国运动，在内容上说是近代中国人民反帝反封建战争的先驱，但采取了旧农民战争的形式，其结果也好像和过去的农民战争一样，只以一个皇朝的争夺为结局。欧洲的资产革命初期，是采取了宗教改革的形式。新民主主义的文化运动，在广大人民文化水平还很低的时候，在旧文化的影响还很深，而老百姓对新的文化形式还很难接受的时候，必须适当应用旧的民间文艺形式，以便首先能够得到老百姓的普遍接受，以提高他们的文化水平和觉悟程度，并准备逐渐引导他们接近新的较高级的形式。这就叫做“普及基础上的提高”。不论旧形式新内容，或新形式旧内容，都是在一定发展情况和一定条件之下，由内容决定它所需要的形式，而且在这种情形之下，内容对于形式也并不是毫无影响。旧酒装进新瓶，瓶的“新”不受影响；

旧内容采取新形式出现，这新形式就要受到影响，就像孙悟空变成庙宇，而后面不能不留一根特异的旗杆一样，这种"新形式"要终归露出它的伪装的尾巴。独裁者的"国民大会"伪装民主，假扮了顽固派和民主派的激烈斗争，吵闹得个天翻地覆，最后是"领袖"出来大喝几声，全场就此"鸦雀无声"，这就是独裁的尾巴在伪装民主形式中暴露的一例。再说新内容采取旧形式而出现时，那旧形式也不会保持旧的原样。新内容的秧歌剧或平剧，在形式上也不会完全保持旧秧歌剧或旧平剧的原样，这是一切观众都了然的事。旧瓶装了新酒，瓶仍然是旧瓶；旧形式有了新内容，那旧形式就会开始蜕化，并由此成为新形式形成的起点，这也正是内容的决定作用的一个重要方面。

形式对内容也有它的反作用，并不是完全被动的东西。 但是，内容的决定作用，只是形式和内容的内在关系之一个方面，还有另一个方面，那就是形式对内容的反作用。形式并不是单纯被动的东西，它作为一定内容的发展形式，是有它的作用和意义的。简单地说来，是在两种情形之下，表现为两种相反的作用。第一种情形：如果形式是适合内容的发展情况和条件的，换一句话说，如果它是内容所需要的恰当的形式，那么，它就有促进内容发展的作用；第二种相反的情形：如果形式是不适合内容的发展情况和条件的，换一句话说，如果它是内容所不需要的形式，那么这种形式对于内容的发展就会发生阻碍的作用。专制独裁政治为广大人民所反对，因此反动派需要采取伪装的形式，而这种形式就对于他们的欺骗阴谋的施展能起某些帮助的作用。因此，在这种情形下，对于反动派的斗争，首先就要揭露他们的伪装形式，使它变为公开暴露的形式，这样反动派的欺骗就会破产，专制独裁的阴谋就要在广大人民的反对面前被粉碎。在抗日战争中采取游击战为主的军事斗争形式，就能有力地打击敌人，增长抗日人民的力量，这是由于形式适合内容发展条件；如果采取运动战为主以至阵地战的形式，就会使抗日人民受到损失，这就是由于形式不适合于内容。日寇投降后人民军队的力量壮大了，这时如果对反动派的进攻仍采取游击战为主的形式，那就反而束缚了自己的力量，不能有力地粉碎敌人的进攻。对老百姓宣传革命思想，要用老百姓自己的语言形式，才能发挥宣传的力量，因为这样的形式才适合于内容的情况，用文言文写新内容的文艺作品无论如何没有白话文好，就因为形式不合内容的需要。

形式如果适合内容的发展要求，它就有促进内容发展的作用。形式如果不适合内容发展的要求，它就有阻碍内容发展的作用。内容是变化不停的，形式则是比较固定的。 形式和内容比较起来，内容是变化不停的，而形式则是一种比较固定的东西。譬如中国的旧戏，戏的内容可以有千万种，但曲调却是翻来覆去只用有限的几十个。旧的平戏和改良的平戏以至于编入革命内容的平戏，所用的调门基本上总是一样的。中国人民中间民主思想的传播很早，但传播这种新思想所用的文字形式，在"五四"以前很长久的时期都是旧的文言文。鸡蛋在孵化的过程中，蛋的内容时时刻刻都在变化，而蛋的形式，则一直到小鸡破壳以前，始终保持原状。抗日游击战发展的过程中，人民武装力量一天天在壮大，但在转变为运动战以前，游击战为主的形式不变。

适合内容的形式，当内容发展到一定程度时，也会变为不适合的。 这些例子，证明形式对于内容，也有它相对的独立性，它并不一定时时刻刻随着内容的变化而不断变化。内容发展了，而形式却仍保持原状，这是形式和内容的矛盾，由于这个矛盾，就产生这样的规律：某种形式在一定的情形下，本来是与它的内容适合的，是能促进或帮助内容发展的，但等这内容发展到一定的程度，同一形式就变成不适合的了，就成为内容发展的阻碍物了。椭圆的蛋壳，本来是保护蛋黄蛋白孵化的，但等小鸡孵化完成时，它就成为内容继续成长的障碍了，就成为内容所不需要的了。

形式和内容的关系，由互相依赖变为互相排斥，内在的变为外在的，就发生内容和形式的冲突和斗争。 内容和形式的这种关系的变化，用哲学的专门术语来说，叫做由内在的关系变为外在的关系，也就是由互相依赖的关系变为互相排斥的关系。到了这种时候，形式和内容的矛盾就尖锐化起来，就要发生冲突、斗争。这种冲突和斗争的原因，是由于内容必须要冲破原来的形式，才能够继续向前发展。因此其结果就是：或者是原来的形式被冲破，或者是内容的发展被停止、被窒息。或者是小鸡破壳而出，取得独立活动的形式以继续繁殖；或者是蛋壳坚固不破，蛋的内容终于腐坏、死亡，而壳也自然同归于尽。用文言文宣传民主思想，到一定的时候就要引起文学革命，抛弃文言形式采取白话形式。旧戏改造的工作发展到一定程度，必须打破旧的调门限制以及其他固定形式的限制。内容和形式的关系由内在转变为外在的时候，就必须依照内容的发展要求，向旧形式作斗争，以取得新形式。

一种社会形式只在一定时期适合社会生产力的发展，在另外的时期就变为不适合，就要发生革命，打破旧社会形式。 人类社会的变化，就其内容与形式的关系来看，是很有实际意义的。一种社会形式，在一定的情形之下，能促进社会生产力的发展，待到生产力发展到一定程度，它就成为后者的阻碍物了。封建社会形式比较奴隶社会，是更能促进生产力（主要是农业）的发展的，但在封建社会中间渐渐产生了资本主义的生产力，这种生产力发展到一定程度，就必须冲破封建社会，才能继续发展，这就是资产阶级民主革命的经济原因。资本主义初期是能刺激生产力发展的形式，但在末期变成了垄断资本主义，就成为生产力的桎梏，为着冲破这一个桎梏，就有社会主义的革命。在中国，除了解放区以外，是半殖民地半封建社会形式，大地主大买办资产阶级的统治，是生产力发展的根本障碍，是经济破产民不聊生的根本原因。中国现阶段的革命运动，就是要打破半殖民地半封建的社会形式，建立解放区一样的新民主主义社会形式，使社会的生产力能够发展，广大的人民能过自由幸福的生活。

革命工作首先要看有没有具体内容，而不要看形式上像不像革命工作。 按照形式与内容的这种辩证法关系，在我们进行革命工作的时候，首先就要使工作有具体的内容。所谓革命工作的具体内容，就是要能解决斗争中的一定的具体的问题，就是要对于反动派的一定的具体行动给予打击。或者是粉碎它的一个进攻的队伍，或者是揭露它在宣传上的某种欺骗，或者是打击它在政治上的某一个阴谋，或者是帮助农民解决土地问题，或者是替老百姓解决一个其他困难问题（如生产问题）。由于内容的优越地位，所以对于工作首先要看有没有内容，而不要看形式上像不像革命工作。

形式主义、洋八股、党八股的错误都是由于没有内容或不看重内容。 我们反对形式主义（其中包括党八股、洋八股），就是因为它只有形式，而没有内容，下笔万言满纸革命名词而对于当前的革命问题毫无关系，这是写文章的党八股、洋八股，在房子里作报告、填表格、开会，空喊激烈的口号而不去接触群众，了解和解决群众中真正存在着的问题，这是工作上的形式主义。此外还有种种的形式主义，都是要不得的。

革命工作首先要有内容，其次就要按照具体情况和条件，采取适当的斗争形式。 我们首先要使工作有切实的内容，其次就要善于按照工作的具体情况和条件，采取适当的斗争形式或工作形式。革命斗争有文化斗争、军事斗争、政治斗争、经济斗争等等形式，有利用旧的形式的斗争，有采取新的形式的斗争，有和平斗争，有暴力斗争，革命工作者应该依据情况，善于选择和掌握最能发挥工作力量的形式，而不应拘泥于某一种形式。特别在情况变化的时候，要善于抛弃不适合的形式，随时调换另外适合情况的形式。例如文艺工作，在城市里有条件可以容许我们采取新文艺形式，到农村里就必须广泛利用民间原有的旧形式。

在多种多样的斗争形式中掌握主要的形式。

在复杂的斗争环境中，可以同时采取多种多样的形式，但又要能掌握主要的形式。中国的革命，有"五四"以来城市学生运动的形式，有新文化运动的形式，也有经济斗争的形式（由农民抗租、抗捐、分土地、清算诉苦、工人罢工到资产阶级罢市、请愿、反对苛捐杂税等等），但就中国革命的全部历史说来，其中最主要的革命斗争形式，则是武装斗争，是人民军队对反革命军队（包括帝国主义侵略军队）的战争形式。自然，这并不是说，任何地方、任何时期都要采取以武装为主的斗争形式。相反的，如果不是就中国革命的全部历史过程来说，而是就某些时期和某些地方来说，仍然可以以军事以外的其他形式为主。例如"五四"时期中国人民主要地是进行了文化斗争，在一定的时期又可以和反动派在城市里进行政治斗争等等。在适当时期斗争形式的变化，以及主要斗争形式的掌握，是为了推进革命工作不可忽视的重要艺术。

二十二　规规矩矩

——规律与因果

社会上一般人都很重视规矩，对人说"你不懂规矩"，他就会觉得是一个侮辱。要说服别人听自己的话，叫一声"规规矩矩的"，也可以成为一个很好的理由。上海的黄包车夫要钱，也说"规规矩矩要多少"，这表示他所要的数目是很正当的，你应该照给，乘客还价，总说"规规矩矩只能给多少"，表示少给一点才合道理。反动的统治者利用人的重视规矩的习惯，就强调政府要实行"法治"，强调人民要守法，这意思就是说要遵守专制政府所定下来的种种规矩，这样他们就有理由来反对人民的各种民主要求，反对实行民主政治。当然，人民并不是要反对规矩，并不是不要守法。问题是要先问"法"的内容是什么？是民主的法，还是独裁专制的法？如果是民主的法，当然就要遵守；如果是独裁专制的法，那就一定要反对，一定不遵守。总之，不能只从形式上看问题，不能一看见凡是有"法"的外表的东西就一定非遵守不可。

在封建社会里，规矩和法，被人看做神圣不可侵犯的东西，并且认为不但人要遵守规矩和法，就是宇宙万物，也为一定的神秘的法和规矩所管制。月到阴历十五必圆，天气在夏季必热、冬季必冷，其他事物的存在变化，都有一定的秩序，而这些秩序，就是一种神圣的法和规矩的表现。如果世界上的事物忽然不按照一定的秩序出现，例如说十五日发生月蚀，或者冬季忽然转暖了，那就叫做反常，就以为有什么触犯神灵的事情发生，而世界上的人就要受到什么可怕的惩罚了。

世界上各种事物的变化，都有一定的秩序。

这种思想，当然是属于迷信之列，凡是有一点自然科学常识的人，都不会有这种神怪思想，都不会相信世界上事物的秩序，是由于一种什么神灵预先给它们定下了规矩。但是，世界上各种事物的变化，也的确是有它的一定的秩序，一定的过程。从表面的现象上看来，这世界真是眼花缭乱，错杂不堪，但只要细细加以研究，就可以从每一种事物中找出它一定的变化秩序。战争现象，可以说是最错杂缭乱的了。第二次世界大战现在才完结不久，如果从"九一八"算起，那就是打了十五年，世界各个角落都受到波及，打来打去，表面上看好像混乱不堪，但是我们还是能够找出它的根本的秩序：例如说这战争始终是全世界人民反法西斯的战争，在战争的初期是法西斯进攻，战争的过程中反法西斯的国家和人民愈更团结，愈更觉悟，愈更强大，终于把法西斯侵略者打败。这些变化的秩序和过程，是确定了的，这就决定法西斯必败，民主势力必胜，世界一定要照这样的秩序发展，而不会有相反的过程。这样，在表面上看起来不论怎样混乱而没有秩序的事物，在实际的变化发展中却有一定的秩序和道路。

事物的发展都按一定秩序，这叫做规律性或合法则性。 我们这次所讲的问题，以前早已重复地讲过几次了，我们这里所谓事物发展的一定秩序和过程，就是以前讲的事物的规律（它叫做法则）。任何事物都按一定的秩序或过程而变化，这种性质，叫做事物的规律性（或叫合法则性）。世界上并没有神灵，事物的变化也不是依照神灵在冥冥中定下的规矩而变化，事物是依照它自己本身的规律性而变化。我们用科学的方法来研究事物，目的就是在于认识事物的规律，这样我们就可以知道每一事物是如何变化发展，就可以预测事物变化的将来前途，以便指导我们的工作。

规律决定于事物的发展情况和条件。 怎样认识事物的规律？其方法的要点，以前也讲过了。现在再概括地说明一下：规律决定于事物的发展情况，和它所联系的条件；要认识事物的规律，就必须首先了解这些情况和条件。我们认识抗日战争是持久战，以及持久战大体要经过三阶段的规律，是由于研究了种种敌我条件，即敌强我弱、敌小我大、敌退步我进步以及敌在国际上寡助而我多助，这是以前已经讲过的了。在第二次世界战争已经结束了的今天，我们研究现在世界上的各种条件，又认识了今后局势发展的一个新规律：即美帝国主义者一定要一天天更孤立，全世界各国人民将要形成反对美国帝国主义的民主统一战线。这一个规律今天还没有完全表现出来，但我们已经可以预测它一定要这样表现，因为我们已看到了这样的一些情况：美国的垄断资本主义生产在第二次世界大战中大大地膨胀了，为要给这样的生产找出路，它要求独霸世界的市场，由此产生了美国政府今天的扩张政策，这种政策一定要损害其他资本主义国家（首先是有广大殖民地的英国）的利益，一定要向殖民地半殖民地进行侵略，因此一定要遭到各资本主义国家以及殖民地半殖民地人民广泛的反对运动。所以，要认识事物的规律，必须从两方面研究：一方面是该事物本身的发展情况，如抗日战争中的敌退步我进步和敌强我弱，美国资本主义生产在战后的空前膨胀；另一方面是周围的重要条件，如抗日战争中的敌小我大，敌寡助我多助，美国周围的资本主义国家和各殖民地半殖民地人民的力量。事物的规律，就决定于该事物和一些重要条件相互间的关系。

上面讲的是社会变化的规律，自然界的规律，也是一样的，例如河流的方向，是决定于水向下流的性质，加上地形的条件；植物的生长，是决定于种子的情况，加上土质、水分、空气、阳光等等条件。相同的种子，加上相同的条件，就会发生相同的发展规律。同一种谷物，春天同时下种，用相同的方法耕耘，它的生长和成熟状况也一定是相同的。自然科学上的实验，就是用人工造成一种标准的环境条件，使一定的实验物品和这些条件结合，然后观察它的变化情形，这样来确定该事物的规律。例如把一种植物放在人工制成的温室里，让它的周围经常保持一定的温度，加上一定的肥料和水分，来观察它在这种标准条件之下的生长过程。

自然科学的实验，是用人工造成标准条件，来确定事物的规律。在现实世界里事物所处的条件复杂，因此变化的情形也非常复杂。规律知识只是标准条件下的一般知识，对现实事物的预测只能指出一般的方向。　规律决定于事物和它周围的一定条件。在现实的世界里，每一事物周围的条件都是很复杂的，绝对不容易找到一种完全合乎标准的条件，如像自然科学的实验那样。因此，即使是同一事物，它们的变化规律，决不会完全一致，例如人的一生，在一般正常条件下，都是由幼年、青年的时代，经过壮年达到老年，然后死亡，这是一定的过程，一定的规律。但在实际上千万个人的生活过程，就有千万个不同，有的可以正常地达到老死，所谓"终其天年"；有的在壮年、青年甚至于幼年婴孩时代就死了，这叫做短命夭折；有的高年还像青年一样健康；有的未老先衰。照现在科学上的研究，如果一个人能得到最圆满的生长条件，不论饮食、运动、精神各方面都很合理，那么最长应该可以活到一百四五十岁，但在实际上是"人生七十古来稀"。因此，我们对于事物的一般规律知识，都只是依照某些最重要的条件，来了解它的一个标准的发展秩序，我们的规律知识只是一般的知识。在现实世界上，由于事物关系万分复杂，除了最重要的条件之外，还有其他的条件能够给事物的变化以影响，因此它就不可能按照标准的规律的道路变化，就一定会发生各种各样的偏差，与标准的规律有许多具体的不同。因此，当我们按照自己的规律知识来预测现实事物变化的前途时，我们就只能指出一个大体上的一般方向，而不能像算命先生一样，把每年每月每日的具体细节都说清楚（事实上算命是骗人的）。例如说抗日是持久战，在抗战初期我们只能规定它时间是长久的，不是一两次战役可以胜利，并且规定它大体上要经过三个阶段，至于究竟长到多少年，三个阶段又各占多少年，这些具体情形，就不能妄自武断，而要看战争将来发展中其他条件来决定了。例如苏联在战争的第八年参战，这就是没有预先知道的条件。这个条件使战争过程立即结束，使中国的反攻阶段缩得很短。如果苏联不参战，显然战争还要延长相当的时期。又例如我们今天预测美国经济危机两年内要到来，但也可能因政治上或其他的原因，而略为拖长或缩短了时间，我们可以说大体上必然在两年内，而不能呆板地说哪年哪月一定要来。

我们能撇开复杂影响，了解标准的规律知识，这是思想上的抽象能力。 因此，我们的规律知识，都是只就标准的重要的条件之下来了解事物的变化过程，而把现实世界上一定会出现的其他复杂影响撇开了（或抽去了）。我们能够撇开具体的复杂现象，而理解到这种纯粹的规律知识，这种能力，叫做思想上的抽象能力。规律知识反映了事物的根本发展过程，反映了事物的一般的变化方向，比较起表面的复杂现象的认识来，它是一种更深刻的更正确的认识。但是，它又是抽象的、纯粹的、固定的知识，它又只能反映事物的一方面（虽然是深刻的、本质的方面），而不能反映现象中的复杂生动的东西。列宁说，"规律只能抓着静止的东西，因此一切规律都是狭隘、不完全、近似的"，"现象比规律更丰富"。这些话是很重要的，它的意思也就是要我们在应用规律知识的时候，不要把它当做算命先生的死公式，而只能用它指示事物发展的一般方向，以及指出我们实际行动的一般方针。而对于详细的具体发展过程，要在事物的发展经过中去具体地加以认识和了解。

事物发展中如果条件改变，则规律性也要改变。 事物的发展条件是常常要改变的。在发展的过程中，如果出现了新的重要条件，事物的规律性就要有新的改变。例如日寇投降，抗日战争结束了，日本帝国主义侵略者与中国人民的矛盾解决了，这时中国却出现了新的条件，即美帝国主义者支持中国的反动派，进行反人民的内战。这时中国人民虽仍然要为独立民主而战，但它的规律已不再是持久的游击战争，也不再是三阶段的过程，这个战争是循着新的规律发展。就已表现的情形来说：例如由于人民军队力量的壮大以及全国人民反对内战的高涨情绪，因此在敌人方面，曾不得不采取伪装的"和平"谈判的手法，以图欺骗人民和争取调兵遣将大举进攻的时间；而人民军队方面，则必须一面不断地揭露敌人假"和谈"的欺骗，团结全国广大人民来反对专制独裁的卖国贼，一面坚决自卫，歼灭进攻的敌人，一直达到争取真正和平民主的时候为止。这是一个例子。又如中国革命的任务，是要反帝反封建，要为发展资本主义扫清道路，因此它是资产阶级性的民主革命。但中国革命是处在世界的无产阶级革命时代，这是一个新的时代条件，在这条件之下，中国革命的规律，已不同于旧的资产阶级民主革命规律，而是有了它的新的规律，即它的发展道路，已不是由资产阶级领导，和建立资产阶级的单独统治的政府，而是由无产阶级领导和建立反帝反封建的各阶级人民联合当政的政府，这就是新民主主义革命的道路。

应用规律知识必须注意条件变化及规律变化，不要把一种规律当做死的公式应用。 辩证法的方法，要求我们在应用自己的规律知识的时候，要注意到事物条件的变化和规律的变化。不要把一种规律知识看做永远不变的公式，不管条件变化与否，都同样拿去应用，同样作为预测事变的方针，如果这样做，一定要犯错误、碰钉子。如果把旧的资产阶级革命规律作为公式，认为中国革命仍然要资产阶级领导，并且也在实际行动上做了，那么，不管你主观上怎样想，在事实上就会成为向帝国主义和封建势力投降。因为中国民族资产阶级力量很弱，如果无产阶级放弃领导，那领导权就自然而然地会为大地主大买办资产阶级所夺取，使中国走向反动的道路。这种错误，就是以前说过的教条主义或公式主义的错误。

普遍的规律和特殊的规律。要用特殊的规律补充普遍的规律知识，才能掌握活的理论。 有比较普遍的规律知识，这种规律是决定于比较长时期和广泛地存在的条件；有比较特殊的规律知识，这是决定于一定的时期和一定的地方所存在的条件。一切资产阶级革命都是要推翻封建制度和便利资本主义发展，这是比较普遍的规律知识，这一条规律知识不论在旧民主主义革命或新民主主义革命时代都是适用的。资产阶级民主革命由无产阶级领导，这是只在无产阶级革命时代条件下才有的特殊规律，也只在新民主主义革命时代才适用。我们需要普遍的规律知识，因为它能指示事物发展的一个大的方向，因此也使我们在研究事物和实际行动中能看出大的方向；同时我们又必须掌握当前事物发展的特殊规律，这样我们才能看清眼前应该走的具体道路。一方面把较普遍的规律知识作为研究的引导，一方面按照具体条件找出特殊的规律知识，作为指导当前行动的方针。辩证法的方法，就要求我们从这两方面来掌握规律知识。如果只知道普遍规律，而不能或不注意特殊的规律，就要犯教条主义、公式主义的错误；如果没有普遍规律知识作为研究的引导，那就无从掌握特殊的规律知识。狭隘经验主义者就是不注意或不善于应用普遍的规律知识，因此虽然有实际经验，却不能加以总结而使之成为特殊的规律知识。只有一方面能以比较普遍的规律知识作为引导，一方面又能从当前实际中找出特殊的规律知识，来补充、发展一般的规律知识，这样才能掌握事物的活的规律知识，也就是掌握活的理论。马克思主义的理论，就是这种活的理论，它任何时候也决不能停止在某些一般的原理、一般的规律知识上，它要求我们不断地把普遍原理和具体实际条件结合起来，不断地用特殊规律知识来加以补充、发展。

中国共产党发展了马克思主义理论。 中国共产党就是能够把"马克思主义的普遍真理和中国革命的具体实际结合"，就是能够用中国革命的特殊规律知识来补充、发展马克思主义（例如用新民主主义的理论来发展马克思主义关于资产阶级革命的一般理论），因此，中国共产党就掌握了活的马克思主义理论，就能够领导中国人民进行革命，获得伟大的胜利。

一般人的因果观念常是歪曲、错误甚至属于迷信性质的。 谈到规律，必须附带讲一讲因果规律。因果观念，是在一般人头脑中很普遍的思想。"凡事必有其原因"，"一定的原因，必定产生一定的结果"。这是一般人脑中的因果观念。但是这种因果观念，常常是歪曲的、错误的甚至于是属于迷信性质的。例如旧社会的"因果报应"的思想，认为人遭受苦难，是由于前生做了坏事，遭受神的惩罚；反之，生活幸福的人，是由于前生做了好事，因此得神灵好的报应。这种思想把一切事情的原因归之于神的力量，而使人忘了真正的原因。它不但是错误的、迷信的，而且是在帮助剥削阶级说好话，把剥削阶级压迫人民的罪恶生活掩盖起来，把他们的腐化的奢侈的生活享受看做是好人应得的好报，把被压迫人民的穷困生活看做是活该受罪。这种思想里，当然没有丝毫因果规律的成分。

因果规律是事物本身的规律。 我们说的因果规律的思想，是要承认事物发生的原因，都可以在客观世界里去找，可以在事物和事物的关系中去找，用不着什么神灵的力量。有一定的原因就产生一定的结果，这是事物本身的规律，而不是什么神定的法律和规矩。这是谈到因果规律时首先要承认的基本思想。

普通人所指的事物发生的原因，往往不是重要的或真正的原因。　虽然如此，但是一般人在应用因果规律知识的时候，常常还是会发生错误。当他们指出某一事物是另一事物的原因时，在实际上所指出的往往不是重要的原因，甚至于不是真正的原因。例如日本帝国主义的投降，有许多美国报纸把它归之于原子炸弹的力量，中国有许多受美国影响的言论机关，也是这样看。其实原子炸弹虽然对日本的战争力量也起了相当的破坏作用，但并不是使得日本很快投降的真正原因，真正的原因乃是苏联的参加远东战争，因为苏联的大军迅速撞进东北，把日本帝国主义最后的立脚点都摧毁了，这才使日本不能不立即投降。美国报纸的言论不过是替美帝国主义宣传而已，并不是真正说出了事物的原因。又例如美军强奸北大女生，引起了全国学生的反美大示威。表面上看起来，前者好像就是后者的原因，其实最根本的原因，还是在于日寇投降以后，美帝国主义者对中国一贯的侵略行为，以及中国反动独裁政府一贯的卖国行为。强奸的事件，只是一个刺激的原因，也叫做"机因"。这种"机因"，本来只是一件较小的事情，单单它的本身，决不可能引起那么大的群众怒潮。小事情之能成为大风暴的原因，乃是由于另外有了更深刻的其他原因。在这种情形下，如果以为小事情就是重要的原因，那就反而把重要的原因掩蔽起来，便利了帝国主义者和反动派的欺骗宣传，那是错误的。

事情的发展是由于许多条件，不会只有"唯一的原因"。 有的人喜欢讲"唯一的原因"，以为一事物的发生，就只是由一个原因所决定，而用不着其他的原因，这也是一种错误，也是不合乎事实的。例如苏联的参战，是促使日本立即投降的最重要的原因，但我们仍然不能说这是唯一的原因，因为中国人民八年抗战的作用，和全世界各同盟国反法西斯统一战线的作用，对日本的投降都有促进的力量。我们早已讲过，事物的发生，是决定于许多条件，因此，如果以为所谓因果规律，就是指一种原因，必定能产生一定的结果，而不会产生另外的结果，那就不合事实，就一定错误。事实是同一的原因，在不同的条件之下，可以产生不同的结果。相反的，不同的原因，如果有各种适当条件的配合，却往往产生相同的结果。希特勒的侵略行为，在法国得到了胜利的结果，在苏联却完全失败，这就因为以前法国是处在反动资产阶级统治的条件之下，而苏联则有社会主义的条件。美军强奸北大女生引起了全国学生的广大运动，其直接的原因与"一二·九"学生运动不同，但结果却有同样的性质。

要研究事物发生的全部原因，也即是各方面的条件。 因此，要正确地了解一件事物发生的意义，必须研究它的全部原因，也就是要研究它的各方面的条件，切不可把一两种条件，或不重要的事情看做唯一的原因。辩证法关于联系的规律，在事实上就包含了因果规律，而且是使旧的因果规律思想得到了更充实更完备的内容。

内因和外因。外因必须通过内因才发生作用。事物发展最后的决定作用在内因。 事物的存在，有它自己本身所具备的内部条件，也有外部的条件，因此就有内因和外因的分别。中国从鸦片战争以来，长期沦为半殖民地，这种结果的外因，是世界上许多帝国主义竞争中国的市场，而内因则是中国的反动统治者出卖国家利益，压制人民的民族斗争。如果中国没有反动统治者的卖国专制行为，让广大人民都能动员起来反对帝国主义，那么帝国主义者就不可能使中国沦为半殖民地。所以，外因是通过内因才发生作用。事情的结果，最后决定于内因，而不是最后决定于外因。法国之被希特勒打败和苏联之能打垮法西斯国家，也可以由内因的最后决定作用来给予说明。当我们和一个敌人进行斗争时，第一件重要的事情就是要把自己的阵线巩固和壮大起来，才有可能获得胜利，这就是研究事物的外因和内因的关系时，我们所应得到的实际结论。

二十三　在劫者难逃

——偶然、必然与自由

这次想先讲一个故事。

从前，有一个地方发生战争，老百姓都纷纷逃难。那时消息很不灵通，只听见传说兵灾要来了，究竟从哪里来，到哪里去，老百姓都不清楚，因此逃难的人也不知道要逃到哪里才好。城里人只管逃到乡下去，乡下人又只管向城里逃上来。逃来逃去，谁也不知道哪一块是真正安全的地方。结果是乡下固然遭到了军队的蹂躏，城也终于被攻破，全城人大多数都遭屠杀。事情过了以后，就听见一种传说，说在事变当时，有许多人跑到一个大寺庙里去祈求菩萨保佑，并且问和尚们应该逃到哪里去才好？乡里还是城里？而和尚们的答复却很玄妙，他们说："城里也好逃，乡里也好逃，在劫者难逃。"

这种答复很滑头，它并没有给逃难的人指出任何一条生路，而是采取一种不负责任的态度，那意思就是说："不管你逃到哪里都好。如果你逃在虎口里送了命，那是你命中注定要死的，你是在劫者，谁也没有办法救你！"

但正因为是那样滑头，反而发挥了欺骗作用。如果负责地指出某条路是生路，而结果却死了人，那么，哪怕只是偶然死了一个人，也会影响人们的信仰。现在这样不着边际地说一套，迷信的群众反而以为这真是佛家的大道理，平常的人莫测高深，除了服服帖帖地信仰"佛法"以外，是没有办法了。

宿命论主张人的命运为神灵操纵，这种命运有一种不可避免的性质。 这个故事，表示和尚之类以传播宗教迷信为生的人，都有一套迷惑人的办法，他们能利用各种机会，把一种特别的思想打进老百姓的头脑里。这种思想，就是我们以前说过的"宿命论"的思想，它叫人相信一切都是神灵在暗中算定了，人的生死是命中注定的，所谓"在劫者"，就是指命定要遭受灾难的人，这种人要想避免或反抗灾难，都是不可能的，你只有听天由命，得过且过地活下去就行了。

我们现在不想专门讨论"宿命论"的问题，但宿命论的思想中包含着的见解，与我们这次讲的题目有些关系，所以先要把它提一下。宿命论的思想，认为一切事物的出现，都是为命运所决定，无论如何不能避免。宿命论者把这种不可避免的性质，归之于神灵在冥冥中的操纵力量，它是一种宗教迷信的思想，而宗教迷信的思想都是骗人的，与事实的真理并不符合，这是我们以前屡次讲到过的了。

事物按规律变化，也有一种不可避免的性质，这种性质就叫做必然性。事物的必然性，是事物本身的性质，决不是出于什么神灵的意志。 但我们反对宗教迷信，并不是要把事物发展中的某种不可避免的性质也完全推翻。我们反对的，只是那种迷信神灵，并且认为神灵支配一切的思想，至于事物本身发展中所有的一种不可避免的性质，却是我们不能加以否认的事实。前次我们讲过，事物在一定的条件之下，就会按照一定的规律发展变化，而且是一定不移地要依循着这种规律的过程，而不会随便走其他的过程，这种"一定不移"的性质，也就是事物发展的不可避免的性质，在哲学上又称做必然性。我们说法西斯主义必然要消灭，就是说它一定不移地要走向没落的过程；我们说全世界人民的民主运动必然要胜利，也就是说胜利的前途，是民主运动发展的一定不移的规律。任何事物的发展变化，都有它一定不移的规律，都有按照这些规律发展的必然性。而这种必然性，是从哪里来的呢？是不是从神灵的意志来的呢？当然不是。希特勒演讲的时候，常常说要得到上帝的帮助，但是谁也没有看见什么上帝来帮助他成功，成功的恰恰是苏联，是反对上帝和不相信宗教的共产主义者，而不是法西斯主义者的希特勒。事物的必然性，是事物自己本身的性质，它不决定于什么神灵的意志，而决定于它自己本身发展的情况和周围的条件，我们只要知道了这些情况和条件，就可以断定它必然地会按照什么规律发展。例如在第二次世界大战以后的今天，我们知道了苏联的强大，知道了全世界各国人民对于战争的厌恶，以及其他条件，我们就可以断定，各国的反动派和法西斯残余要想挑起美苏战争的阴谋，是必然要失败的，苏联新五年计划的和平建设，是必然可以进行下去的。

夏天空气里水蒸汽多，在一定条件下必然要下雨；北方冬天很冷，在一定时候必然要下雪。风调雨顺，农人的庄稼必然长得好；久不下雨或下雨太多，就必然成为旱灾或水灾。这些自然界的必然性，和社会现象的必然性一样，都是事物本身具备的性质，都决定于事物发展的情况和周围的一定条件，这是唯物论的必然性思想，这是客观事实的真理，与宿命论的荒谬神话是根本不同的。

偶然性是与必然性对立的范畴。有许多事情在事物发展中不是一定不可避免的，这就是带偶然性的事物。 与必然性对立的范畴，就是偶然性的范畴。我们把许多一定不移的事件，叫做必然的事情；相反的，有许多事情，按照事物的发展规律看起来并不是一定要发生或不可避免的，但在事实上却出现了，这种事件，我们就说它是偶然的事件。一个中国的女大学生，在北平某夜偶然被两个美国兵强奸，居然就引起了全国规模的反美示威运动。中国妇女被美兵强奸的事不少，唯独这一次引起了反美运动，而其他无数次都无声无息地过去了，这岂不是偶然？学生的爱国运动也有好多次，每次引起来的直接原因，都不必一定是由于妇女被污辱，而这一次却恰恰是这样一件小事成了引火的原因，这也是偶然。希特勒在第一次世界大战时是士兵，没有被打死，后来居然成了德国法西斯的头子，如果希特勒早被打死了，德国的法西斯是不是就会没有头子了呢？当然不会，如果没有希特勒，一定会产生另外的头子。德国法西斯的头子恰恰是希特勒，这并不是一定非如此不可的事，所以这也是偶然。今年冬天下雪，恰恰在某日某时，而去年冬天下雪，却又在另外的时间；夏天的冰雹，恰恰打坏了某家农人的庄稼，而别家的庄稼却丝毫也没有受灾，这些自然现象，也是偶然性的。如果我们注意一下自然界以及社会的现象，我们可以找出无数偶然性的例子。我们思想中的偶然性这个范畴，就是反映这类不是一定非出现不可的偶然事件，它与那一定不移的必然事件，是处在恰恰相反的情形之下。

思想中的偶然性的范畴，就是反映发展中不是一定非出现不可的偶然事件。 有一些人，主张世界上没有偶然的事物，认为一切都是必然的。照他们的意见，过去德国反动派中产生了法西斯主义以及法西斯主义者的反苏战争之失败，固然是必然的，法西斯主义的头子恰恰是希特勒而不是别人，也是必然的；美帝国主义者侵略中国要引起广大人民反抗，固然是必然的，某一女生被强奸成为人民的反美大示威的机因，也是必然的。我们每天要吃饭睡觉，固然是必然的，我昨天夜晚几点几分时候被跳蚤咬了一口，在我的一生中也是必然的。我们平常以为是偶然的事物，在这些人看来，都是它必然要发生的道理。为什么他们要这样主张呢？他们的理由是：无论什么事物，它的发生总有一定的原因，不但我们平常认为是必然的事物，有它发生的一定原因，就是我们认为偶然的事物，也有它的发生的原因。希特勒如果没有相当的反革命活动能力，为什么能成为德国法西斯头子？某女生如果不是夜晚出去看戏，为什么会碰上美国兵而遭受污辱？我昨晚如果不是睡在床上，而是在街上走路，怎么会被跳蚤咬那一口？谁能说这些事情没有原因呢？既然要承认这些事件的发生都是有原因的，那也就必须承认这是必然的，因此也就不能说世界上有任何偶然的事物。

机械论者主张世界上没有偶然性，认为一切事物的发生都是有原因的，因此都是必然的。

有这种主张的人，在哲学上叫做机械论者。他们认为客观世界的一切事物发生，都只有必然性，而没有偶然性。我们所说的偶然性，在他们看来，只是一种主观上的错误思想。他们认为，我们之所以把许多事物称做偶然的，那并不是因为它真的有偶然性，而只是因为我们对于它的发生原因弄不清楚。所以，他们就说，偶然性的范畴，乃是由我们自己主观上的无知所产生，而并没有反映着任何客观的事实，倘若我们能知道一切事物的原因，那么世界上就没有任何偶然性可说了。

机械论者的思想，粗粗一看，好像也很有道理。一切事物都是有原因的，因此都是必然的，这不是很对吗？但你仔细研究一下，就可以发现这里很有毛病。一切事物的发生，都是它所以会发生的原因，这是不错的。如果不承认这一点，就不能坚持唯物论的观点，因为这样一来，就等于说世界上有许多事物是找不到来由，是神妙的奇迹，如果你真的这样相信的话，那你就和宗教迷信靠拢起来了。

有原因的事物，并不就等于必然性的事物。

我们早已证明宗教迷信的荒谬，也证明了唯物论是真理，我们不能否认任何事物都有它产生的原因。但是承认一切事物都有原因，或承认它们的发生都依照一定的规律，这并不等于要断定一切事物都有必然性。因为以下的事实，并不因此而有丝毫的改变：即在事变发展的过程中，有些事件是不可避免地要贯彻和实现，而另外有些事件，却是可有可无，它的出现与否，都不能够影响事变的根本过程。它可以把事变的进程加以多少的促进，或者给予多少的阻碍，或者使事变过程发生多少曲折，但不能使事变根本转移方向，或者它本身的作用就被其他许多复杂细微的相反的事件和倾向所抵消，而对于发展过程全然表现不出什么影响。女生被污的事件如果不在某夜发生，全国学生的反美爱国运动就不会在那些日子爆发，所以这一件事是促进了爱国运动，但是即使没有这一次事件，爱国运动迟早仍要爆发，爱国运动的爆发是不可避免的，而女生被辱事件，则是在爱国运动中可有可无的，在爱国运动中，这种不幸的"机因"是可以避免的，例如"五四"、"九一八"以及"一二·九"的学生运动，就完全是由另外事件所触发。

在发展中成为支配倾向的，一定要贯彻实现的事件，就是有必然性的事件。 所以，事实是很明白，有些事件在事变的过程中是不可避免地要发生，它成为发展中的支配的倾向，这种事件我们就叫做必然性的事件；有些事件是可有可无，不能改变事变的根本过程，在过程中没有支配作用的，我们就叫做偶然性的事件。不但必然的事物在客观世界里存在着，偶然的事物也同样存在于客观世界里；不只必然性的范畴是客观事物的一种性质的反映，偶然性的范畴也同样是客观事物性质的反映。偶然性并不是我们主观上错误的认识，并不是由于我们对于原因无知。我们即使完全知道了某些偶然事件的原因，仍然不能改变它在事变中可有可无、不成为支配倾向的性质。机械论者是把必然性和偶然性混淆起来，更正确些说，是把必然性降低到偶然性同等的地位，那是不合乎客观事实的错误思想。

在发展过程中没有支配倾向的事件，就是偶然性事件。 有的人要说，偶然的事件，既然是有原因的、合规律的，就其本身来说，还是有它的必然性。跳蚤饿了，恰恰跳到睡觉的人身上，一定要咬一口，这有它的必然性。这自然也有它的道理，但是我被跳蚤咬一口，对我睡眠的过程不会起根本的改变，即使咬醒了，我仍然可以继续睡下去，就我睡眠的过程来说，它总是可有可无的偶然事件。就这一方面说来，偶然性本身也有它某种的必然性，但这种必然性是可有可无的必然性，所以，在哲学上，又把偶然性叫做"外在的必然性"。

大量存在的条件，是产生必然性的原因；细微的、影响作用很小的条件，是产生偶然性的原因。 同是由一定原因产生的事件，为什么有必然性和偶然性的两种对立性质呢？这是由于原因本身有它们的区别。一般来说，凡是以大量存在的、有广泛影响的条件作为原因时，它产生的结果就成为支配的规律，这种规律的发展就有必然的性质。美帝国主义者在第二次大战后对于中国的侵略行为，中国反动政府的卖国媚外政策，全国人民在这种侵略行为和卖国政策下所遭受的苦难和所引起的忿恨，解放区军民的坚决有力的斗争，都是大量存在的、有广泛影响的条件，以这些条件作为原因，引起广大人民的爱国运动，就是必然的，任何人也不能加以阻止，并且不到胜利不会停息。一个女生一时高兴要在夜晚看戏，两个美国兵在同一时间喝醉了走到街头来，这些都只是一个地方一个时间和在个别人身上存在的细微的条件，而不是大量存在并有广泛影响的条件，以这些细微的条件作为原因所产生的事件，就是个别的、偶然的、在广大中国人民爱国运动中可有可无的事件。这里有量和质互相转变的规律，即原因本身的量的大小区别，就使它所产生的结果有必然或偶然的对立性质。

必然性一定要通过无数的偶然性。必然性转化为偶然性，偶然性转化为必然性。 客观事物的联系是非常复杂的，在任何一事物的发展过程中，经常都要遇到各种各样细微复杂的条件，对于发展过程形成无数的偶然影响。所以，事物发展的必然过程，随时随地都和无数偶然的事件结合着，并且要通过这无数的偶然性而贯彻下去。爱国运动不但由女生事件偶然触发，爆发以后，又偶然由某一些学生首先带头领导，某些学生首先热烈响应，某校学生恰恰在某时开会或某时走上街头，某些市民偶然出门遇上队伍，偶然又由某个学生递给他一张传单等等，示威运动就通过这无数的偶然事件而必然地发展下去。总之，在必然性的发展过程中，由于各种复杂条件的结合，随时随地都会产生许许多多的偶然性，这许许多多的偶然性，由于它不能成为发展中的支配的倾向，由于它们的互相抵消，所以最后又都转化为必然性，就像无数的小溪汇合成长江大河一样，无数的偶然事件的总汇，就成为必然事变的洪流。必然性向偶然性转化，偶然性又向必然性转化，两者密切地联系着，这就是事物发展中必然性和偶然性的辩证法的统一。

不单只要认识事物的规律性，而且要把发展中的必然性从偶然性中分别开来。 我们认识事物，不单只要认识它的发展规律，不单只要认识正确的因果关系，我们还要把发展中的必然的东西和偶然的东西分别开来。所谓认识必然性，就是要从无数纷乱复杂的偶然的摇摆倾向中，找出一定不移的发展方向。必然性的认识，对于我们的实际行动有很大的意义，因为它使我们有可能预测事变的前途，以便决定我们行动的方针，使我们有可能依赖着一个坚定的方向前进，而不致被偶然事件所迷乱、所动摇，或者甚至把暂时的偶然的事件误认为长久的方向，因此走了错路。在第二次大战后，美帝国主义者对世界实行扩张政策，对中国积极侵略，这是一个必然的规律，而女生被美兵污辱，乃是这必然规律中的偶然事件。我们认识了必然规律，因此把污辱女生事件看做帝国主义的侵略行为，也看做反动政府的卖国政策的结果，因此我们应该承认，广大学生为此事而发动抗美运动，是完全合乎正确的方针。如果我们把女生被辱事件看做单纯的道德风化问题，以为可以简单用法律了结，那我们就是被偶然事件所迷惑、所蒙蔽，就不能得到真正解决问题的方法。而美帝国主义者和中国的反动派，就正是要想引我们这样做，因为如果广大人民都只注意法律问题，只关心法庭上的审判，而忘了这是帝国主义者的侵略行为，那结果甚至于可以把爱国运动阻延下去，使它不会因这一事件而爆发起来。

认识必然，就不至于为偶然事件所迷惑。 在政治斗争中，有些党派采用暗杀手段，马克思主义则反对这种手段，因为暗杀个人，只能在政治斗争中消灭一个偶然的因素，不能根本解决问题。在苏德战争以前，如果有人杀死了希特勒，是不是德国法西斯运动就会停止，反苏战争也不会爆发了呢？决不会的！死了希特勒，定然还会有另外的人出来做头子，德国法西斯运动依然要发展下去。所以反对法西斯的正确道路，不是暗杀法西斯头子，而是建立广大人民的反法西斯统一战线，只有这样的统一战线才能打败法西斯主义。再例如一九三六年十二月十二日的"西安事变"，在中国抗日民族统一战线的发展过程中，是一件偶然事变，中国共产党努力使这件事和平解决，是因为看清楚民族统一战线的形成是一种必然性，所以要使它和平解决，以便民族统一战线能较快形成，而事实上也是如此。如果看不清楚这必然性，不但不能使"西安事变"和平解决，反而使它成为中国进一步分裂的因素，那么，民族统一战线形成的时期将要推迟，中国人民将要遭受更大的内战与日寇侵略的双重痛苦。

因此，认识必然性，把发展中的必然倾向和偶然事件加以清楚地分别，对于我们的实际行动，是非常重要的。第一，认清楚了什么是发展中坚定不移的必然的倾向，我们对于自己在实际行动中所应走的道路才能有明确的认识，才不至于走上违反必然性的道路，或者用普通的话来说，就是不走违反潮流的、一定要碰钉子的、灭亡的道路。用今天的例子来说，就是要走民主政治的道路，而不走专制主义的道路。第二，认清楚什么是发展中偶然的摇摆、偏差、曲折甚至暂时的逆转，我们就不会因为碰到意外的困难、挫折或其他变故，而在行动中发生动摇、退缩，甚至变节转向。第三，认清楚了一切偶然性与必然性的联系，认清楚必然性要通过无数的偶然性来贯彻它的方向，我们在行动中，就不但不为偶然事变所迷惑，而且学会正确对付一切偶然事变，利用各种"机因"，以促进必然性的发展。如像经过"西安事变"的和平解决，以促进抗日民族统一战线的建立。要善于引导偶然性的各种小溪，使它转移和汇合到必然性的洪流里去，使它加强而不抵消必然性洪流的力量。

认识必然，就有了"自由"，就能够在行动上有自觉性，避免盲目乱撞。 认识必然，能够坚定地朝着正确的方向，不为偶然的变故所迷惑、动摇，并且能驾驭偶然事变，这就叫做在行动上有了"自觉性"，这就叫做有了"自由"。哲学上所谓的"自由"，就是"对于必然性的认识"，就是能够把必然性和偶然性分开，能够把偶然的事变引向必然的道路。如果不认识必然，看不清正确的方向和没有能力抗拒偶然性的迷惑和影响，这就叫做行动上的"盲目性"，这就要走错路、碰钉子，以至于灭亡，这就是哲学意义上的"不自由"。机械论者把偶然性和必然性混淆不分，就有引导我们走到盲目性和不自由的危险。因此，我们要反对机械论，不只因为它不合事实，并且也因为它在实际行动中是有危害性的。

二十四　猫是为吃老鼠而生的

——目的性、可能性与现实性

我们对于世界上的事物，平常多半不注意去想，马马虎虎过去，便也不觉得什么。若注意去想，便会觉得，即使最简单的事物，也有令人惊奇的地方。譬如我们渴了要喝水，世界上也恰恰就有水给我们喝。为什么恰恰就有水喝呢？这不是很奇妙的事吗？老鼠伤害人的器物，恰恰就有猫生在世界上，可以替我们捉老鼠。为什么恰恰又有猫呢？这不是太凑巧了吗？老虎豹子生来只会吃荤，没有活的动物的肉，就过不了活，恰恰就在它们身上生着锐利的爪牙，使它们便于捉到别的动物。鹿马之类的走兽，身上没有爪牙，容易受虎豹的伤害，却恰恰又生了四只善于逃跑的腿，便于逃脱虎豹的追捕。虎豹的爪牙和鹿马的腿，用处虽然不同，然而恰恰能够适合它们生活的需要，不是也很凑巧的吗？为什么能生得这样巧呢？这不是很令人惊奇的现象吗？

惊奇尽管惊奇，事实却是很普遍很平常的事实。如果仔细考查一下，就会发现世界上的事物大半都是这么凑巧的。于是我们就进一步要求加以解释：为什么会有这么多凑巧的事物呢？有一种人就会答复我们说："事物之所以会这样凑巧，并不是偶然，乃是预先有了安排的。水本来就是安排好要给人喝的，猫是生来就为了要它来吃老鼠的，虎豹的爪牙是安排好了来捉小动物的，……换一句话说，天生万物，在先本来就有一定的目的，一定事物产生出来，都是为了要达到一定的目的。水是为给人喝而存在的，猫是为吃老鼠而才生的。……"

事物的存在适合一定的目的，就叫做目的性。目的论的世界观，认为一切事物都是为着实现预先安排的目的。 这个答复，是想叫我们相信：世界上存在的一切事物，都有一定的目的，并且它的一切构造，也都适合一定的目的。事物适合一定目的，这种性质在哲学上叫做"目的性"。所谓"目的性"，是不是真的有这一回事呢？自然是有的，目的性这一个范畴，的确反映了某些事实。水适合于解渴的目的，猫适合于捕鼠的目的，这些情形，我们都不能否认，因此我们也不能否认客观事物里有目的性这一回事。但我们要反对的是有一种人把这目的性的作用太夸大了。上面那一个答复者，就是这样的人，他以为在这世界上，目的性是支配一切的，一切事物，都是为着实现预先安排好了的目的才产生的。这种见解，叫做目的论的世界观。如果我们相信了这种目的论的世界观，相信世界上的一切事物都先有一个目的，那我们就不能不问：这样的目的，是谁来安排的呢？答案不外是，"要能够管辖世界万物的全能全智者，才能够替世界的一切规定它们的目的"，这样的全能全智者，除了神灵以外，还有谁呢？于是我们就不能不向宗教迷信投降，相信起神灵，相信起宿命论来了。这就是目的论的世界观里所包含的阴谋把戏。

目的论的世界观否认事物本身的规律性，是一种接近宗教迷信的思想。 目的论的世界观既然以为世界上一切都是为一定的目的而安排了的，于是我们以前说的什么"规律"呀，"因果"呀，都在排斥之列了。因为谈到"规律"和"因果"时，我们的意思是说，事物是按照自己本身的规律而发生发展，事物是一定原因所产生的一定结果。事物除了它本身的规律和因果关系之外，决不受外来的任何目的所规定。而目的论的世界观，却和这种思想恰恰相反，就是认为事物的存在和变化，都是被一种外来的目的所规定，而不一定要依照它自己本身的规律和因果关系。神灵的主宰高高在上，万物的存在和变化，都是为了实现神灵的目的，只要能实现这目的，即使违反规律，出现神异的奇迹，也是完全可能的了。所以，目的论的世界观，和主张事物有自己的规律性的唯物论，是不能相容的。

客观事物的目的性，归根结底都是规律性的产物。 我们主张唯物论，认为事物都有自己的规律，认为这才是真理，而目的论的世界观，则是违背了事实真理。因为从我们人类长久的经验以及科学的研究，都可以证明，除了荒诞的神话之外，世界上决没有什么神异的奇迹，而任何事物都有它自己的规律，都有它一定的产生的客观原因。不错，前面也说过，我们应该承认世界上某些事物的确有一种目的性，但是这些现象，归根结底，还是一种规律性的产物，还是有它的因果基础。例如水适合给人解渴的目的，这固然是事实，但这事实的存在，乃是由于人的身体的生长和维持，需要不断地补充水分，而因为人的身体有这样的规律，所以水才适合人喝的需要。这种目的性，完全可以用规律性来解释清楚。所以，如果现在有人用目的论的世界观来加以解释，说水是造物主或神灵特别安排来给人喝的，那么，只要稍微有一点合理的常识的人，就都会立即起来反驳，指出这是荒谬的神话。

当然，喝水的例子是太简单了，目的论者要用这样的例子来证明他们的主张，是很容易被我们驳倒的。但是，如果目的论者用更复杂的例子来进行宣传，那要驳倒他们，就比较要费一些力了。例如就虎豹的爪牙来说吧，目的论者在这里就可以振振有词了。他们说："虎豹的爪牙，恰恰适合捕捉小动物的目的，这种目的性，难道也能用'因果'和'规律'来解释吗？如果说爪牙不是虎豹生前就安排好了的，而是在生后依一定规律或由于什么原因产生的，那么，为什么一切虎豹的身上恰恰都长起爪牙来，而绝不长出牛角或马蹄来呢？为什么周围的复杂原因对于这样凑巧的现象竟不能加以动摇呢？"对于这样凑巧的现象，你如果说不出一个道理来，你就驳不倒目的论的世界观，你就不能不承认爪牙之类，都是在虎豹生前神灵为它们安排好了的，都是为实现一定目的而产生的东西。

生物构造的目的性，是生物进化规律的产物。

这一个难题，在两百年以前，本来是比较难解答的，但是，幸而后来科学发展了，在英国出了一个生物科学家，名字叫做达尔文，他发现了世界上生物发展的规律，按照这个规律，不但可以说明为什么虎豹身上恰恰生出爪牙，并且可以说明为什么一切生物的生活现象，都有某种目的性，为什么它们的身体构造，恰恰适合于生存需要的目的。这个规律，就是关于生物进化的规律，它的内容，简单说来，就是说现在的一切生物，都是过去多少万年进化的结果。过去长久年月中，产生了无数的生物种类，其中有的种类，因为身体构造不适合环境条件，不能达到保护自己生存的目的，或先或后都灭亡了，只有那些身体构造能够适应环境条件，能够保护自己的生存的种族，才能够维持发展到现在。总之，一切生物在世界上为了维持生存都必须与周围环境进行斗争，这叫做生存竞争，竞争的结果，不能适应环境条件的生物就被消灭，这叫做"自然淘汰"，只有能够适应环境条件的，才能保持存在，这叫做"适者生存"，这就是达尔文发现的进化规律，也叫做达尔文的进化论学说。有了这个进化论的学说，我们就能够完全明白，为什么虎豹恰恰生着爪牙，为什么现在一切生物的构造，都恰恰能适合它自己生存需要的目的。原来这并不是什么神灵预先安排下的，原来这是过去长久时期生物进化规律的产物，是因为不适合生存目的的生物，都被自然环境淘汰了的结果。所以，照进化论的学说，一切生物构造的目的性，都不是神灵预先的安排，都可以用客观事物的规律和因果来说明，这是毫无疑

430

义的了。

不论无生物（如水），或有生物（如虎豹），它们的目的性都是由一定的规律所产生，都是一定原因所产生的结果。所以，客观世界并不是依预定的目的而变化，目的论的世界观是不能成立的。然而，目的论者似乎还有一个最后的退路，他们会说："无生物界和生物界，都依从你们的意见罢。但我们的目的性，还有一个独立自主的大本营，不受一切因果和规律的支配。这个大本营就是人类。人类的一切行为，都是先有目的的。一个人，不论一举一动，总预先会想到一个或大或小的目的，毫无目的的举动，在人类是不会有的。如果有，那除非是疯子，或者是在梦游状态中。例如解放区的人民参加反对反动派的自卫战争、生产运动、土地改革运动，不是每一个人都看清了自己的目的才会来参加的吗？国民党统治区的人民参加爱国民主运动，反对专制独裁，不是每一个人都看清了目的的么？反动派的宣传者常常污蔑爱国民主运动，说这是受'别有用心者'的挑拨，说这是'盲从'的'无意识'的举动，也即是说这是没有目的的举动，试问每一个参加爱国民主运动的同胞，你们听到了这种话，能够不认为是污蔑，能够不愤怒地起来反对吗？当然，你们一定要起来反对，因为你们对于自己的行动，是能够负责的，你们是知道自己的行动的目的的。由这一个例子，就可以看出，人类的生活行为，是决定于一定的预定目的。我心中的目的是怎样，我就怎样做，我是自由自在，不受什么因果规律的支配或束缚。"

人类行为的目的性，是社会发展规律的产物。

这一套理由，自然说得有几分道理。但社会科学又告诉我们，这一套理由是不充分的。正如自然科学的进化论，帮助我们反驳了生物中的目的论一样，社会科学帮助我们反对人类社会的目的论。按照社会科学的理论，我们反驳上面的说法，我们说："人类的行为是有目的性的，这一点我们也不否认。但是，我们要问，人类的目的又是哪儿来的呢？是神灵帮助决定的吗？是无缘无故出现的吗？抑或是仍然由其他物质原因决定的吗？为什么有的人有这种目的，而有的人又只能有那一种目的？为什么广大人民都以实行民主为奋斗的目的，而决不会以拥护独裁为目的？为什么反动派却相反，一定要以维持独裁为目的，而决不愿以民主政治为目的？这些目的是从哪里来的呢？"当然不是无缘无故凭空来的，更不是神灵在冥冥中决定的。

人的目的决定于他的社会地位，在阶级社会就决定于他的阶级利益。 社会科学告诉我们，人类的目的，是决定于人所处的社会地位。在有阶级的社会里，人的目的决定于阶级的利益，不同的阶级，有不同的利益，因此就有不同的行动目的。反动派是属于大地主大资产级阶级的一群，他们是靠着残酷地压迫人民和剥削人民，来维持穷奢极欲的生活。他们的阶级利益，使他们害怕民主，而要求专制统治。广大的人民的利益却相反，他们迫切需要推翻大地主大资产阶级的压迫剥削，因此他们奋斗追求的目的就不能不是民主政治。这是大的例子，如果缩小一点，就个人的生活目的来说，也是一样。人在吃饭之先，先在心目中有一个要吃饭的目的，这目的首先决定于生理的原因，就是肚子饿的刺激。同是吃饭的目的，穷人和富人又有不同，穷人只要求清汤淡饭，乞丐则只要求残汤剩饭，富人却要求珍馐美味，这种目的性的不同，表面上似乎是各人自由自在地想起来的，实际上则是不同阶级的物质生活条件规定的。

人类有选择自己的目的的能力，但这种选择，仍有一定的规律和原因。 我们说人类的目的决定于一定的阶级利益，这并不是说人绝对没有选择目的的能力。有些人出身在大地主大资产阶级的社会或家庭，但他们走了民主的道路。这种事实，是不是推翻了我们前面所说的一套道理了呢？当然不是。因为，第一，这种情形，在大地主大资产阶级中的人说来，是个别的、极少数的，整个大地主大资产阶级，一般的都不会超越自己阶级的利益，而选择真正民主的道路，他们只能坚持自己的阶级利益，采取坚决反民主的道路；第二，这种少数人乃是脱离了他们本阶级立场的分子，他们之所以能够那样选择，也有其原因，首先这是表示他们阶级内部的分裂，这些少数分子，大致是与他的阶级中最得势的集团有了利害的冲突，其次是由于他们对社会发展的规律有了认识，了解走专制主义的道路必然要失败，而民主的势力必然要得到胜利。所以，他就自觉地选择了民主的道路。这样人类能选择自己的目的，这并不是说他们的目的性是无缘无故的，一个人为什么要选择这一个目的而不选择另一个目的，归根结底，仍可以找出一定的规律和原因来。

唯物论反对目的论，但决不是宿命论。 我们驳倒了目的论的世界观，说明人类生活的目的有一定的因果性和规律性，是不是又变成宿命论，而认为人的主观努力没有丝毫作用了呢？善于怀疑的读者们，是一定要发生这样的疑问的。但是细心的读者，看了上面所说的一切，自己就可以得到解答：

即我们反对目的论，并不就等于主张宿命论。因为宿命论是说人类本身没有丝毫的自由，一切都是生前决定了。但我们却已经说过，人类对于自己的目的，不是完全没有选择的自由。怎样能够有选择的自由呢？这里就用得着前面说过的"自由是必然性的认识"的道理。如果我们对于社会发展的规律没有丝毫认识，那么我们的行动就完全被自己的阶级利益所决定，我们就只能盲目的跟着一个决定了的目的走。反之，如果我们能认识社会发展的规律，例如说我们能深深了解民主的道路必然要胜利，专制独裁的道路必然要失败，那么我们就有可能在专制和民主两个目的之中进行选择，我们就能够避免盲目，自觉地走上必然胜利的道路，而离开必然失败的道路。

人的目的能否实现，要看这目的是否合乎社会发展规律。 我们的目的，只是我们主观的希望，只是我们努力的目标，并不就是事实。有了目的，不一定就能实现。目的能否实现，首先要看你的目的是否合乎社会发展的规律，如果你的目的是违背了社会发展的规律，例如说你要想学袁世凯做皇帝，要想把专制独裁制度永久维持下去，那么，你这种目的就只能永远是主观的妄想。当然，专制独裁主义者们，决不肯承认自己的目的是妄想，他们总以为它是有实现之可能的，但在事实上，这种目的决没有变为事实的可能性，因为今天的中国，已不是一百年前封建的中国，今天的中国社会里，已没有建立一个专制帝国的条件了。

事物的出现，只在一定情形下才会成为事实，这就是可能性。 现在我们已讲到另一个哲学范畴——可能性的问题上来了。什么是可能性呢？事物的出现，不是必然的倾向，只在一定的情形之下就会成为事实，这就是可能性。中国的新民主主义革命一定要得到完全胜利，这是必然的倾向，但是达到这胜利的道路，就有种种可能的情况：或者会很快胜利，或者会要拖延得很迟，或者比较顺利比较很少痛苦地得到胜利，或者在中途要遭受一定时期的严重挫折，付出很大的牺牲代价。这种种情况之中，无论哪一种都不是一定不移的必然倾向，但都可以在一定情形之下出现，而且种种情况之中必有一种出现。所谓一定的情形是指什么呢？主要的就是指民主势力对反动势力的斗争情形，如果民主势力在斗争中掌握正确的策略，不失去一切有利的条件和机会，那么胜利就会比较快，比较少些痛苦；如果在斗争中犯了错误，那么胜利就会拖迟，就会遭受损失或一时的失败。总之，在斗争的过程中，这种种可能必有一种成为事实，但无论哪一种都不是必然的。

在一定情况下的确可以成为事实的可能性，叫做"实在的可能性"。根本不能成为事实，只在人的主观上以为可能的，叫做"抽象的可能性"。

但是，我们这里所说的可能性，是指那可以成为事实的东西，它们虽不是必然要成为事实的，但只要实际上有一定的情况出现，就可以成为事实，这样的可能性，叫做"实在的可能性"。还有一种人们所谓的可能性，是根本不能成为事实，而只是在人的主观上觉得可能。例如前面说过，反动派想要在今天的中国建立专制帝国，这就是根本不能成为事实，而只是反动派的妄想。这是把实际上不可能的东西当做可能，这就不是"实在的可能性"，这叫做"抽象的可能性"。如果有人要想不经过任何斗争和挫折，太平无事地得到民主的胜利，这种想法，也是抽象的可能性。抽象的可能性，是脱离事实的无益的空想，这种无益的空想，是从事革命运动的人必须要避免的，切忌不要使它成为我们指导行动的思想。

可能性转向事实，并在发展中成为必然的东西时，就叫做由可能性转变为现实性。 可能性并不是事实，抽象的可能性根本不能成为事实，但实在的可能性，在适当的情况之下就会转变为事实。当一种可能性已向事实转变，并且在发展中成为巩固的、必然的东西时，我们就说这种可能性是实现了，或者说可能性转变为现实性了。在广大人民努力斗争的情形下，革命任务完成的时间的确在事实上加速了，反动派要想动摇这种事实以延迟革命胜利的一切企图都被粉碎了，那么，革命胜利的时间之缩短就成为现实性了。现实性这一个范畴，是指那不仅仅在事实上存在，而且在事变发展中成为巩固的必然的东西。

事实上虽然存在，但不是发展中巩固的、必然的东西，这就不能算现实性。 如果在事实上虽然存在，而在发展中并不巩固，例如袁世凯宣布做皇帝，反动派开了"国大"，伪造了"宪法"，这些虽然也是事实，但并不是现实性，因为它经不起一点风吹草动，就像水中的泡沫一样容易消散。

事物发展中的对立势力之斗争，使它有种种的可能性。 事物发展中为什么会有种种可能性，这是由于发展过程是矛盾的，是在对立势力的斗争中开展的。而对立势力的斗争，又联系着各种复杂的条件。斗争的结果是必然的，即新生的东西最后一定胜利，而腐朽的东西最后一定失败，这一点是一定不移的，必然的没有什么改变的可能性。但由于条件的复杂，斗争的情况和发展的情况就有种种变化的可能性。

一种可能性能否实现，决定于各种条件，而人的主观努力就是一个重要条件。 对新生的东西有利条件愈多，它的胜利就愈快，如果这种条件愈少，而困难条件增多，它的胜利就要拖延。而在这中间，人的主观努力也是一个最重要的条件。更多的主观努力，更正确的政策掌握，更广大的群众觉悟和团结起来参加斗争，那么加速胜利的可能性也就愈大。如果有了有利的客观条件，我们又能紧紧地抓住这些条件，加强人的主观努力，把广大人民群众的力量发动起来积极参加斗争，那么我们就能够把加速革命胜利的可能性变为现实性。如果有了有利条件，而我们却不能抓紧时机，进行正确的革命指导，那么有利条件就不能发挥作用，结果成为现实性的，就不是革命的加速胜利，而是革命胜利时间的拖长和痛苦的加重。以最近世界上发生的例子来说，南斯拉夫在第二次世界大战后，就是能够抓紧革命的有利条件，正确掌握政策，发动人民群众起来对反动派进行坚决的斗争，因此就能得到胜利。希腊的情形却相反，虽然人民的军队已把侵入的德国法西斯军队打败，造成了民主革命胜利的有利条件，但因为指导革命者掌握政策的错误，对旧的反动势力让步，而不能发动革命人民群众的一切力量来坚决保卫已得的果实，结果坐失时机，让英帝国主义的军队登陆，增强了反动势力的力量，革命人民就遭受到很大的打击，民主事业就碰到了严重的挫折。虽然民主势力并不会完全被消灭，而它将来的胜利也仍是必然的，但希腊的民主革命时间还是大大地被拖长了。

革命指导的任务，就是要能选择最有利的可能性作为斗争目的，努力争取它成为现实性，同时要充分准备应付最坏的可能性。 由此可见，辩证法唯物论并不是宿命论，虽然我们主张新民主主义革命的最后胜利是历史的必然，但并不是说人的努力毫无作用，一切都是命定。相反的，人的努力可在革命发展过程中起很大的作用。正确的人的努力，可以争取一切有利的可能性实现，而避免严重挫折的可能性之成为事实。革命指导者的任务，就是要能够认识事变发展的规律，估计发展中的各种可能性，选择最有利的可能性作为斗争的目的，努力争取它成为现实性，以便避免痛苦和时间的拖延。同时须努力以充分的准备来对付最坏的可能性，以便有余力来随时克服一切困难。

怎样才能使我们要求的可能性变为现实性呢？根据以上所说，必须注意三点：第一，要看清斗争的对象，以便集中力量打击最重要的目标，例如在中国必须打击大地主大资产阶级的反动势力；第二，要注意各种条件，抓紧一切有利的条件进行斗争，而努力克服困难条件；第三，要掌握正确的政策，发动广大人民群众的运动。群众的力量是保证革命胜利的最根本的条件，没有群众运动，革命就不可能得到真正胜利。

我们要重复说一遍以前说过的话：哲学的重要任务是在于要改变世界。要改变世界，就需要我们打破一切听天由命、得过且过的思想，积极起来进行斗争，以促进现在新民主主义革命的完全胜利和减少斗争中的痛苦的可能性，以便将来同样顺利地和最少痛苦地过渡到社会主义的革命。只要我们正确地为此目的而努力，那么这些可能性是一定可以变为现实性的！

一九四七年五月二十七日校改毕于屯瓦